Traitement photo
avec Adobe Photoshop
Lightroom 2

Traitement photo
avec Adobe Photoshop
Lightroom 2

CATALOGUEZ, CORRIGEZ ET DIFFUSEZ
VOS PHOTOS NUMÉRIQUES

Stéphanie Guillaume
Journaliste, rédactrice en chef du magazine Création numérique/Pixel

Rémi Gruber
Photographe, formateur à l'école de photographie internationale SPEOS

DUNOD

Maquette de couverture : Jean-Christophe Courte
Mise en pages réalisée par Arclemax

ISBN 978-2-10-052224-8

Table des matières

Chapitre 2 – Importation

Chapitre 3 – Découverte de l'interface

Chapitre 4 – Bibliothèque

Chapitre 5 – Développement

Chapitre 6 – Diaporama

Chapitre 7 – Impression

Introduction

Vous aimez la photographie, vous la pratiquez et si vous avez utilisé un jour des films, vous avez sans doute rangé vos appareils argentiques au placard pour utiliser désormais un appareil numérique. La quantité de photos que vous avez aujourd'hui à gérer dans votre ordinateur a considérablement augmenté. Il fallait un outil permettant d'organiser, de trier, de développer, de corriger, de présenter et d'expédier toutes ces images de façon rapide et efficace. Lightroom s'est avéré un des outils les plus efficaces dans ce domaine et a réussi à s'imposer comme l'application de référence. La version Lightroom 2 avec son lot de nouveautés a répondu à de nombreuses attentes des photographes.

C'est cette nouvelle version avec toutes ses innovations que nous vous proposons de découvrir, en nous adressant aux professionnels comme aux amateurs. Un minimum de connaissance de votre ordinateur (Mac ou Windows, le programme est identique sur les deux), c'est tout ce dont vous avez besoin pour commencer à travailler avec Lightroom.

Vous savez peut-être, ou vous le découvrirez à travers cet ouvrage, que Lightroom est un logiciel permettant de réaliser différentes tâches pour lesquelles vous deviez auparavant utiliser plusieurs applications. C'est pour cette raison que Adobe a choisi une structure par « module » permettant un flux de travail simplifié et cohérent sur vos photos. Pour vous apprendre à utiliser Lightroom, nous avons choisi de respecter cette organisation, en divisant le livre en huit chapitres, les trois premiers étant consacrés à la découverte de l'application et les cinq derniers, à l'utilisation de chaque module.

Le chapitre 1 donne quelques conseils pour l'installation de l'application et livre un guide des préférences que l'on a souvent tendance à ne pas aborder car elles apparaissent incompréhensibles.

Avec le chapitre 2, vous commencerez à utiliser Lightroom en créant un catalogue et en important des photos. Toutes les manières d'accomplir aisément et efficacement cette dernière tâche y sont présentées.

Le chapitre 3 vous fera découvrir l'interface avec ses panneaux et, nouveauté de Lightroom 2, la possibilité de travailler avec un second écran.

Le chapitre 4, consacré au module Bibliothèque, propose toutes les façons d'utiliser Lightroom pour examiner, choisir, organiser et archiver ses photos. Nous verrons la manière la plus judicieuse de décrire ses images à l'aide des métadonnées et des mots-clés afin de les retrouver facilement.

Le chapitre 5 traite du module Développement et permet de maîtriser les outils destinés à retoucher et améliorer le rendu de vos images, et notamment les nouveaux outils de retouche locale. Après avoir expérimenté la méthode que nous vous proposons, vous serez apte à faire face à tous les problèmes que pourraient vous poser vos images.

C'est dans le chapitre 6 que vous découvrirez comment présenter votre travail en réalisant très rapidement un Diaporama, avec la possibilité nouvelle de créer une page d'introduction et de fin.

Le chapitre 7 décrit la façon d'imprimer vos images à partir du module Impression et aborde la question de la gestion des couleurs Nous découvrirons comment utiliser des modèles de mise en page ou créer les vôtres.

Avec le chapitre 8, nous verrons toutes les possibilités qu'offre Lightroom pour présenter vos photos sur le Web en réalisant une galerie. Ce dernier chapitre est disponible sur la page dédiée à l'ouvrage sur le site dunod.com où nous nous efforcerons de réactualiser les nouveaux modèles que de nombreux contributeurs mettent à la disposition sur le Web.

En choisissant de présenter de manière extrêmement pratique et rigoureuse, toutes les fonctionnalités de Lightroom, ce livre profitera aux nouveaux utilisateurs, mais aussi aux plus expérimentés qui découvriront de nouvelles fonctions au service d'une gestion efficace et rationnelle de leurs photos.

Remerciements

Je remercie tous ceux qui m'ont apporté leur aide précieuse pour la réalisation de ce livre, Denis-Pierre Guidot de chez Adobe, Claire Stalder de Speos et Emmanuel Molia. Et je n'oublie pas Félix et Lélia pour leur soutien et Catherine pour sa lecture attentive.

SPRINKLER
FIRE-ALARM

1 Présentation

Dans ce premier chapitre, nous allons vous guider à travers l'installation de Lightroom et sa prise en main. Après cette installation, nous examinerons immédiatement le réglage des Préférences de Lightroom. Si vous êtes déjà familier avec Lightroom, c'est peut-être l'occasion d'aller voir toutes les possibilités de réglages que vous aviez tendance à négliger. Vous y trouverez sans doute de quoi améliorer votre flux de travail. Si vous découvrez Lightroom pour la première fois, passez cette partie de réglage des Préférences qui va vous paraître rébarbative, mais n'oubliez pas d'y revenir quand vous aurez commencé à pratiquer Lightroom 2.

Configuration

Si vous avez choisi ce manuel avant de vous décider à acheter le logiciel, sachez qu'il vous faudra au minimum les configurations suivantes.

Macintosh

- ✓ Système d'exploitation : Mac OS X 10.4 ou Mac OS X 10.5.
- ✓ Processeur : Power PC G4, G5 ou processeur Intel.
- ✓ RAM 1 Go.
- ✓ 1 Go d'espace disque libre.
- ✓ Écran avec résolution d'affichage de 1 024 × 768.

Excellente nouvelle si vous utilisez un Mac et un PC sous Windows : Lightroom est fourni sur un CD proposant les deux versions, Mac et PC. Cette prise en considération du fait que les photographes peuvent travailler sur les deux machines est vraiment un pas en avant et une belle initiative de la part de Adobe. Il n'est en effet pas rare que les photographes travaillent sur des tours Mac chez eux mais emportent des portables PC en reportage, ou l'inverse.

Sur le CD, dans le dossier **Français**, vous trouverez une documentation très riche, également accessible par le menu **Aide**, ainsi qu'une version de AdobeReader pour lire les fichiers PDF comme par exemple les diaporamas que vous allez créer.

Figure 1.4 – Mise à niveau d'un catalogue réalisé dans la version Lightroom 1.

Attention, si vous utilisiez la version Lightroom 1.4, vous pouvez très bien installer Lightroom 2 et essayez la version d'évaluation de 30 jours. Lorsque vous lancerez Lightroom 2, un processus de mise à jour de votre catalogue se mettra en route, enregistré sous un nouveau nom, mais votre catalogue Lightroom 1 sera sauvegardé. Vous aurez donc toujours la possibilité de revenir à la version 1.4 et d'utiliser votre ancien catalogue. Notez que tout travail réalisé dans votre catalogue sur Lightroom 2 ne sera pas disponible dans Lightroom 1.

Si votre Installation ne comporte pas la mise à jour 2.1, allez la télécharger car elle corrige un certain nombre de bugs présents dans la version 2. Il est inutile de vous en faire ici la liste car au moment où vous lirez ce livre de nouvelles versions de mise à jour seront disponibles (voir page 5).

Réglage des préférences

Les préférences d'un logiciel sont très importantes. Souvent, on ose à peine y toucher car on ne comprend pas la moitié des fonctions. Voici un petit guide des préférences de Lightroom. Sur PC faites

Édition/Préférences... Sur Mac, faites **Lightroom/Préférences...** Les préférences contiennent six onglets : **Général**, **Paramètres prédéfinis**, **Importer**, **Edition externe**, **Gestion des fichiers**, **Interface** (voir figure 1.5).

Certaines options qui se trouvaient dans le menu des préférences dans la précédente version de Lightroom se retrouvent maintenant dans **Paramètres du catalogue...**

Onglet Général

Certaines préférences sont simples et sans grande conséquence... Ainsi, dans cet onglet, vous pouvez choisir **d'Afficher l'écran de démarrage au cours de l'initialisation**. Il s'agit d'une petite fenêtre de présentation de la version de Lightroom et de ses auteurs qui s'affiche très furtivement au démarrage. Cela n'aura pas beaucoup de conséquence pour votre travail. Si vous désirez afficher cette fenêtre et avoir le temps de lire les informations, allez dans le menu **Lightroom/A propos d'Adobe Photoshop Lightroom2...**

Plus important, vous pouvez cocher la case **Vérifier automatiquement les mises à jour**. Les mises à jour mineures de Lightroom sont gratuites. C'est une fonction importante car chaque appareil photo générant son propre format RAW, il se peut qu'une mise à jour de Lightroom soit nécessaire pour que le RAW de votre appareil photo puisse être reconnu. Il en va de même pour le plug-in Camera Raw de Photoshop. Savoir qu'il existe des mises à jour et les installer systématiquement sont deux choses différentes. Ne vous précipitez pas pour les installer. On a déjà vu pour des logiciels des mises à jour qui n'étaient pas au point et qu'il valait mieux ne pas installer. Essayez de vous renseigner sur les forums d'Internet ou de consulter le site d'Adobe.

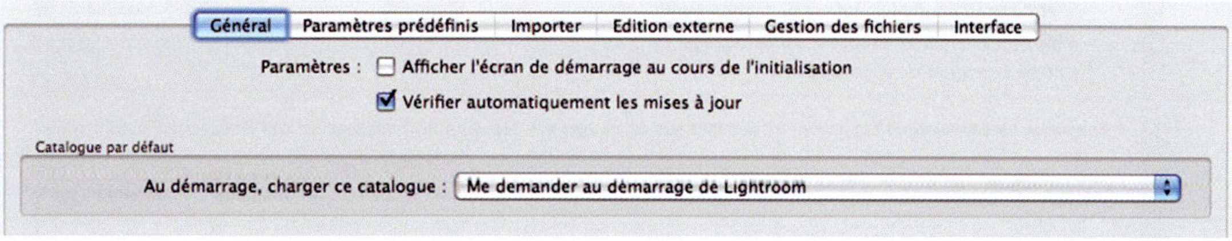

Figure 1.5 – Dans l'onglet Général des Préférences, « Vérifier automatiquement les mises à jour » est sélectionnée.

Catalogue par défaut

Pour classer vos photos, Lightroom crée des catalogues. Nous vous recommandons de n'en utiliser qu'un seul dans lequel vous importerez toutes vos photos. Si pour une raison qui vous est propre, vous voulez en créer plusieurs, vous pouvez le faire (voir menu **Fichier>Nouveau catalogue...**).

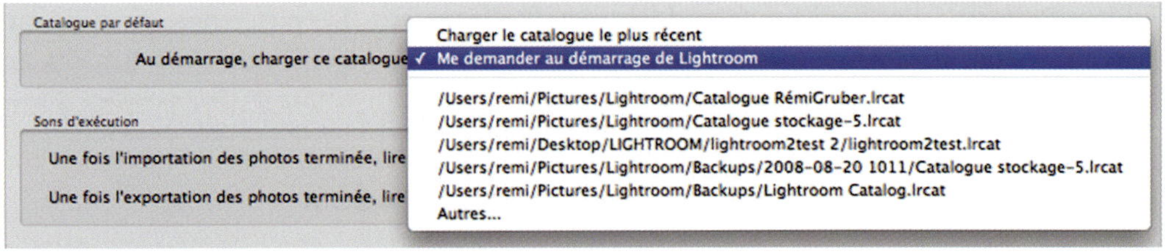

Figure 1.6 – Au démarrage de Lightroom, définissez quel catalogue vous désirez ouvrir.

Vous aurez donc la possibilité de choisir dans le menu déroulant quel catalogue charger au démarrage. Soit :

- ✓ **Charger le catalogue le plus récent**, si vous en utilisez plusieurs.
- ✓ **Me demander au démarrage de Lightroom**, si vous préférez choisir au démarrage (voir figure 1.7).
- ✓ **Au démarrage, charger ce catalogue**, que vous pouvez choisir dans une liste, si vous en avez créé plusieurs, mais que vous voulez toujours démarrer avec le même.

Après avoir choisi une de ces trois options, vous pouvez bien sûr les modifier à tout moment, et elles prendront effet au prochain démarrage. Mais vous pouvez aussi modifier votre choix en appuyant sur la touche Alt (Option sous Mac) au démarrage de Lightroom et en la maintenant enfoncée jusqu'à ce que la fenêtre **Sélectionner un catalogue** apparaisse.

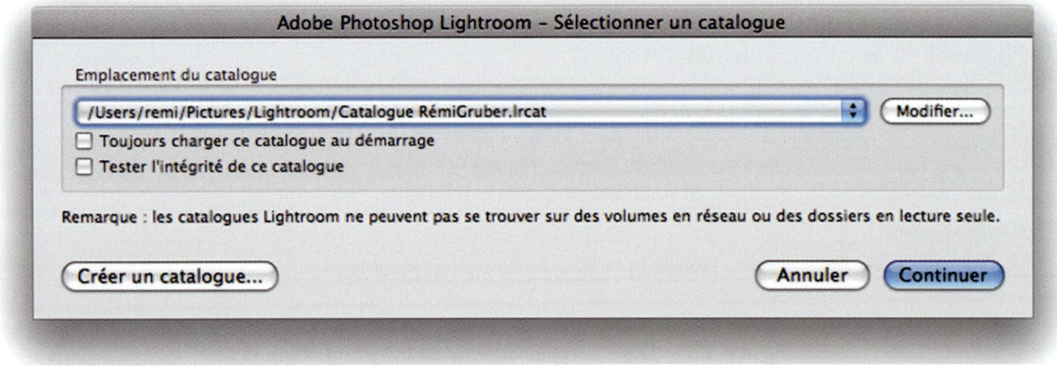

Figure 1.7 – À l'ouverture de Lightroom, vous avez la possibilité de sélectionner un catalogue.

Les catalogues de Lightroom ont l'extension **.lrcat** (comme **L**igh**tr**oom **cat**alogue). Ils sont enregistrés par défaut sur PC dans **Mes documents/Mes images/Lightroom** et sur Mac dans **Utilisateurs/Nom de l'utilisateur/Images/Lightroom**. Vous pouvez choisir de sauvegarder vos catalogues sur un autre disque dur.

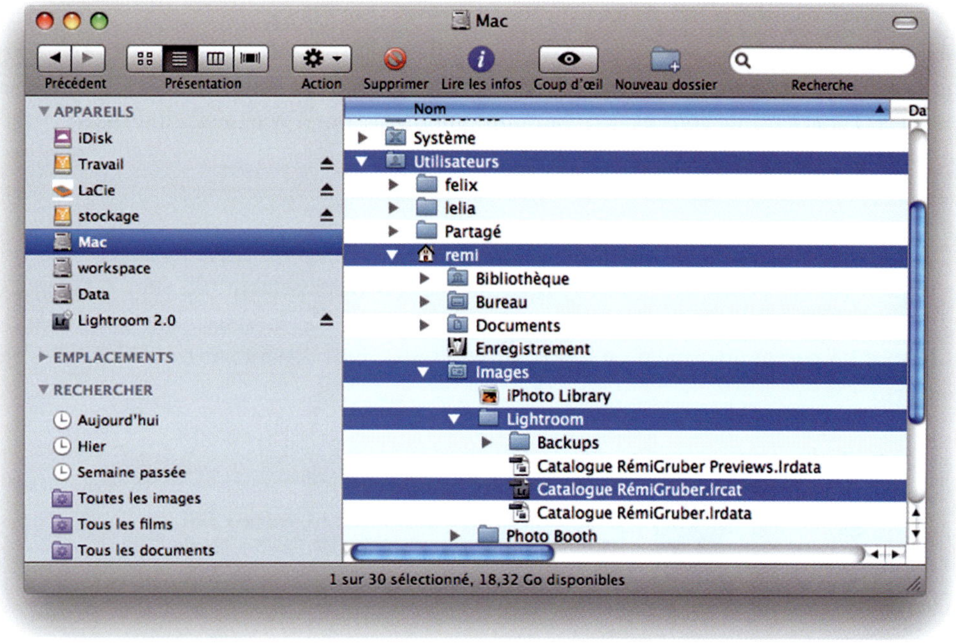

Figure 1.8 – Lightroom installe son catalogue dans le dossier Images.

Sons d'exécution

Dans cette section, vous pouvez choisir si un son sera joué à la fin de l'importation des photos et de leur exportation. Pourquoi ? Parce que Lightroom peut importer et exporter en tâche de fond tandis que vous continuez à travailler sur vos images. Un son vous préviendra lorsque l'une ou l'autre des actions sera terminée.

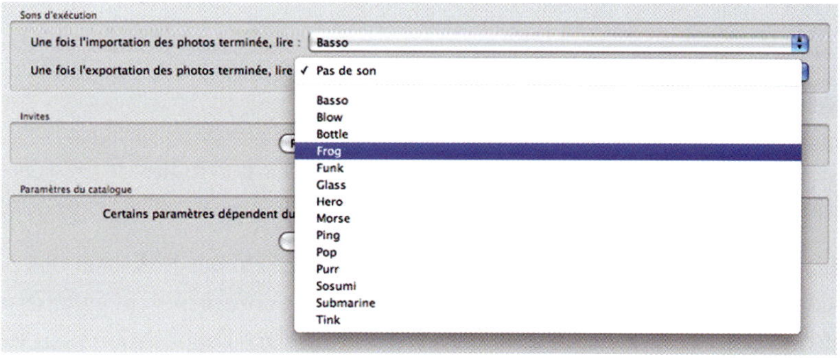

Figure 1.9 – Options de sons d'exécution.

Choisissez parmi une liste de sons du système. Sous Mac vous pouvez ajouter un son dans le dossier **Bibliothèque/sounds** du répertoire de départ, et il sera disponible dans la liste. Sous Windows, une autre option est disponible. En cliquant sur **Configurer les sons système**, vous avez accès aux réglages systèmes (**Propriétés de sons et périphériques audio**) si jamais vous souhaitez faire des modifications sur les autres sons, ou encore créer un modèle de sons.

Invites

La section **Invites** permet de réinitialiser les messages d'avertissement. En effet, à l'usage, vous finirez par bloquer l'affichage de certains messages dans Lightroom. Ces messages sont utiles quand on débute, ils le sont un peu moins quand on a pris ses habitudes. En cliquant sur ce bouton, ils s'afficheront à nouveau.

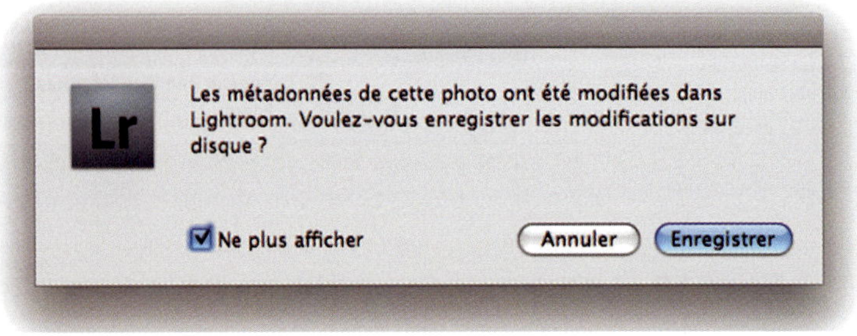

Figure 1.10 – Si vous cochez « Ne plus afficher », ce message n'apparaîtra plus, à moins que vous choisissiez d'appuyer sur le bouton « Réinitialiser tous les messages d'avertissement ».

Paramètres du catalogue

Cette section concerne les paramètres du catalogue ouvert. Vous pouvez y accéder en cliquant sur **Aller à Paramètres du catalogue**. Nous verrons plus loin les différents réglages possibles (page 19).

Onglet Paramètres prédéfinis

Dans tous les différents modules de Lightroom, vous avez la possibilité de créer et d'utiliser de nombreux paramètres prédéfinis. C'est une manière pour vous de personnaliser l'application.

En cliquant dans la section **Emplacement** sur le bouton **Afficher le dossier des paramètres prédéfinis Lightroom...**, vous avez accès à tous les dossiers où sont enregistrés ces paramètres prédéfinis. Nous reprenons la liste ci-dessous en vous indiquant les endroits dans l'application pour les créer, et quelques endroits où ils sont susceptibles d'être utilisés. Entre parenthèses en gras, vous trouverez le nom du dossier dans lesquels sont stockés ces paramètres prédéfinis.

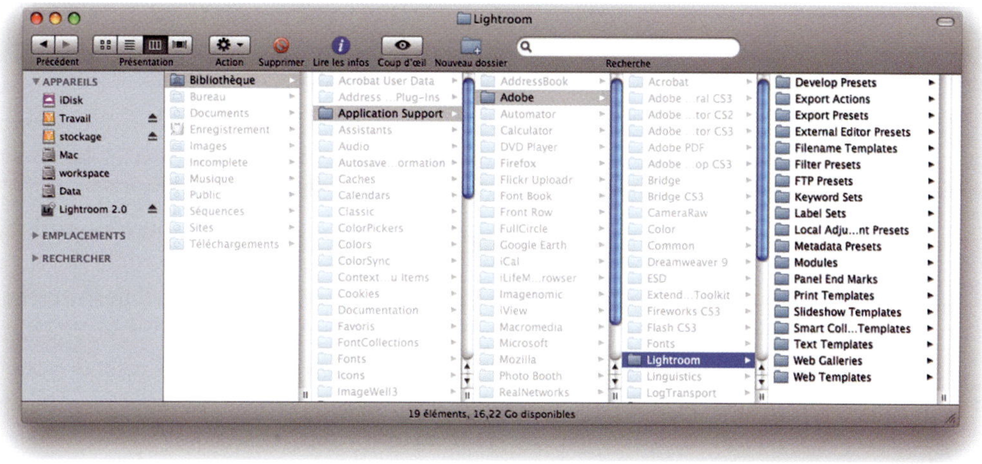

Figure 1.11 – Dossiers d'enregistrement des paramètres prédéfinis.

- ✓ Pour appliquer des paramètres prédéfinis de développement (**Develop Presets**). Vous les créez dans menu/Développement/Nouveau paramètre prédéfini… ou dans module Développement/ Panneau Paramètres prédéfinis. Vous pouvez les utiliser dans les fenêtres d'importation de photos ou dans le module Développement/Panneau Paramètres prédéfinis. Vous pouvez également y placer des paramètres prédéfinis que vous pouvez trouver sur le Web.
- ✓ Dans ce dossier (**Export Actions**), vous pouvez installer des alias d'application pour, par exemple, exporter vos images dans Flickr. Vous pouvez les utiliser dans la fenêtre Exporter/Post traitement/Après l'exportation.
- ✓ Pour exporter vos photos (**Export Presets**). Vous les créez dans menu/Fichiers/Exporter/Paramètres prédéfini de l'utilisateur (colonne de gauche)/Ajouter. Vous pouvez les utiliser dans le menu Fichier/Exporter avec les paramètres prédéfinis.
- ✓ Dans ce dossier (**External Editor Presets**) sont enregistrés les paramètres prédéfinis pour les éditeurs externes que vous créez dans Préférences/Edition externe/Editeur externe supplémentaire. Vous pouvez les utiliser dans le menu Photo/Modifier dans.
- ✓ Pour renommer vos photos (**Filename Templates**). Vous les créez dans menu Bibliothèque/Renommer les photos/Dénomination de fichier : Modifier/Enregistrer les paramètres actuels en tant que nouveau paramètre prédéfini. Vous pouvez les utiliser à l'importation ou dans ce menu.
- ✓ Pour sélectionner vos photos à travers des filtres (**Filter Presets**). Vous les créez dans module Bibliothèque/panneau Filtre de bibliothèques/Enregistrer les paramètres actuels en tant que nouveau paramètre prédéfini. Vous pouvez les utiliser dans Bibliothèque/Filtre.
- ✓ Pour configurer le transfert des fichiers de votre galerie Web sur votre serveur (**FTP presets**). Vous pouvez utiliser et créer module Web/panneau Paramètres de téléchargement/Serveur FTP/ menu déroulant/Modifier…

- ✓ Pour créer et utiliser des ensembles de mots-clés (**Keyword presets**) module Bibliothèque/panneau Mots-clés/Ensemble de mots-clés/Enregistrer les paramètres actuels en tant que nouveau paramètre prédéfini. Vous pouvez les utiliser dans Bibliothèque/Filtre.
- ✓ Pour définir le nom associé à la couleur des libellés (**Label Presets**) dans le module Bibliothèque choisissez menu Métadonnées/Ensemble de libellés des couleurs/Modifier…. Choisissez dans ce même menu le paramètre prédéfini que vous souhaitez utiliser.
- ✓ Pour définir des paramètres prédéfinis de corrections locales à vos photos avec les outils Filtre gradué ou Pinceau réglage (**Local Adjustment Presets**). Vous les créez dans module Développement/panneau de droite des Outils/Section Effets/menu déroulant Métadonnées/Enregistrer les paramètres actuels en tant que nouveau paramètre prédéfini. Vous pouvez les utiliser dans ce panneau.
- ✓ Pour appliquer des ensembles de Métadonnées à vos photos (**Metadata Presets**). Vous les créez dans module Bibliothèque/panneau Métadonnées/Param. prédef. : Modifier les paramètres prédéfinis. Vous pouvez les utiliser dans ce panneau ou à l'importation des photos.
- ✓ Dans ce dossier (**Modules**) viennent s'installer les plug-in des modules externes développés pour Lightroom et que l'on peut trouver sur le Web.
- ✓ Pour utiliser des marques de fin de panneau différentes de celles proposées par Lightroom.(**Panel End Marks**). Vous pouvez glisser dans ce dossier des images au format Photoshop, JPEG, TIFF, ou PNG. Vous pouvez les utiliser en faisant un clic-droit sur le dessin en bas d'un groupe de panneaux et en choisissant Marque de fin de panneau, où vous pouvez choisir les images créées.
- ✓ Pour appliquer des modèles d'impression à une collection de photos (**Print Templates**). Vous les créez dans le module Impression/panneau de gauche Explorateur de modèles/Bouton Plus. Vous pouvez les utiliser dans ce panneau.
- ✓ Pour appliquer des modèles de diaporama à une collection de photos (**Slideshow Templates**). Vous les créez dans le module Diaporama/panneau de gauche Explorateur de modèles/Bouton Plus. Vous pouvez les utiliser dans ce panneau.
- ✓ Pour créer des modèles de collections dynamiques (**Smart Collection Templates**). Créés dans module Bibliothèque/Panneau Collection/Bouton Plus/Créer collection dynamique. Vous pouvez les utiliser dans ce panneau.
- ✓ Pour créer des modèles de textes pouvant servir de titres ou de légendes (**Text Templates**). Vous les créez dans module Impression/Planche contact grille/Panneau Incrustations/section Informations sur la photo/menu déroulant/Modifier… Vous pouvez les utiliser dans ce panneau ou dans le module Diaporama ou Web pour tous les titres et légendes.
- ✓ Dans ce dossier (**Web Galleries**) viennent s'installer les Galeries que vous avez pu télécharger sur le Web. Ces fichiers ont une extension **.lrwebengine**. Vous pouvez les utiliser dans le module Web dans le panneau Moteur.
- ✓ Pour appliquer des modèles de Galerie Web à une collection de photos (**Web Templates**). Vous les créez dans le module Web/panneau de gauche Explorateur de modèles/Bouton Plus. Vous pouvez les utiliser dans ce panneau.

Paramètres de développement par défaut

Dans cette section, vous pouvez choisir différentes options de développement qui s'appliquent à vos photos.

- **Appliquer les réglages de tons automatiques** vous permet d'appliquer directement à l'importation les paramètres de correction Lightroom aux fonctions Expositions, Noirs, Luminosité et Contraste. Si vous choisissez cette option, vous risquez de ne pas vous apercevoir des corrections réalisées, car ce réglage ne figurera pas dans l'historique de développement.
- **Appliquer le mélange automatique des niveaux de gris lors de la conversion en niveaux de gris** vous permet d'appliquer directement aux photos un mélange automatique optimisé lors du passage en Niveau de gris dans le module développement. Le fonctionnement de cette option donne parfois des résultats différents. Vous pouvez la décocher et dans le module Développement, cliquez sur automatique après la conversion.
- **Valeurs par défaut spécifiques au numéro de série de l'appareil photo**, vous permet lors de l'importation d'appliquer des valeurs que vous avez défini pour toutes les photos provenant d'un appareil. Vous pouvez par exemple régler la saturation et le contraste dans le module développement et aller ensuite dans le menu **Développement/Définir les paramètres par défaut**. Cliquez sur **Mettre à jour les paramètres actuels**. Les réglages que vous avez effectués seront appliqués systématiquement à toutes les photos provenant de cet appareil.

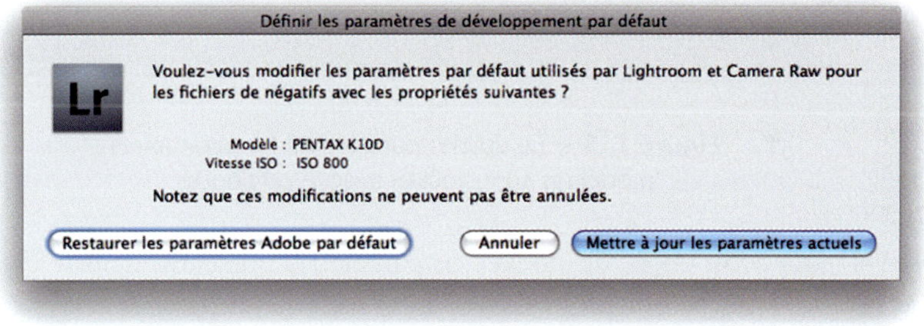

Figure 1.12 – Définir les paramètres de développement par défaut. Les modifications peuvent être annulées en restaurant les paramètres Adobe par défaut.

- **Valeurs par défaut spécifiques au paramètre ISO de l'appareil photo**. Cette option fonctionne de la même manière que la précédente et peut être intéressante en faisant des réglages de Correction de bruit.

Emplacement

Par défaut, les paramètres prédéfinis sont enregistrés dans le dossier Lightroom. Sur Mac : Utilisateurs/Vous/Bibliothèque/Application support/Adobe/Lightroom. Sur PC : C:/Documents and Settings/User/Application Data/Adobe/Lightroom.

La nouveauté de Lightroom 2, c'est que vous pouvez maintenant choisir ici de **Stocker les paramètres prédéfinis de l'utilisateur avec le catalogue** en cliquant dans la case à cocher à gauche. Les paramètres prédéfinis que vous créez vous-même sont stockés dans un dossier nommé Paramètres Lightroom, qui se trouve dans le même dossier que le catalogue (voir figure 1.13).

Les paramètres prédéfinis sont des fichiers qui peuvent être transférés par mail ou clef USB, et être utilisés sur d'autres postes de travail. Ils sont compatibles Mac et PC, mais pensez juste à relancer Lightroom pour qu'ils soient pris en compte une fois placés dans le bon dossier, car ces paramètres sont chargés au démarrage.

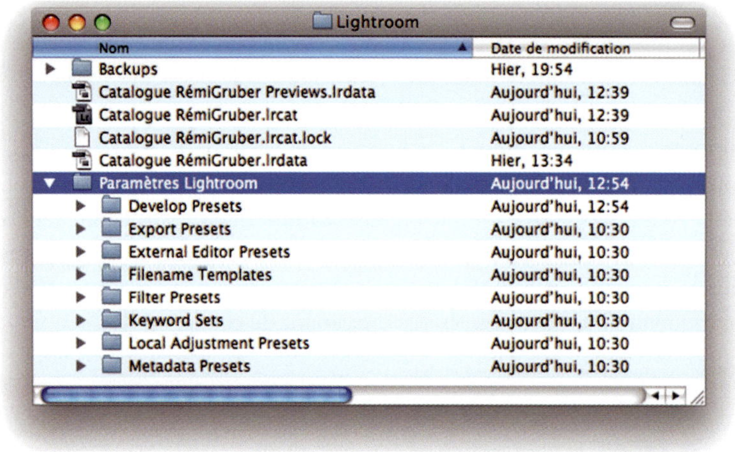

Figure 1.13 – Le dossier dans lequel les paramètres prédéfinis sont stockés avec le catalogue.

Attention, si après avoir choisi de stocker les paramètres prédéfinis dans le catalogue, vous décochiez un jour cette option, vous perdriez l'accès à ces paramètres prédéfinis. Vous ne perdez pas pour autant ces paramètres, qui seront toujours présents dans leur dossier (voir ci-dessus figure 1.11), mais vous devez alors les transférer dans le dossier d'enregistrement par défaut si vous désirez les réutiliser.

Valeurs par défaut de Lightroom

La dernière section permet de rétablir les paramètres prédéfinis. Si vous les avez modifiés ou supprimés et souhaitez retrouver les valeurs par défaut, utilisez l'un de ces boutons.

Deux nouvelles fonctions apparaissent Restaurer les paramètres prédéfinis de réglage local et Restaurer les paramètres prédéfinis de libellé de la couleur.

Lorsqu'on rétablit les paramètres par défaut, il faut redémarrer l'application pour que ceux-ci soient rétablis.

Onglet Importer

Cet onglet permet de gérer la manière d'importer des photos dans le catalogue.

- ✓ Par défaut, lorsque vous insérez une carte mémoire dans un lecteur de cartes où que vous connectez votre appareil photo numérique à l'ordinateur, une boîte de dialogue « Importer les photos à partir de Nom de la carte mémoire » s'ouvre. Elle vous permet de gérer l'importation des photos. Vous gagnerez du temps pour importer vos photos dans Lightroom en cochant la case **Afficher la boîte de dialogue d'importation lorsqu'une carte mémoire est détectée**.
- ✓ Pour ne pas utiliser les noms de dossiers créés par votre appareil photo, cochez Ignorer les noms de dossiers générés par l'appareil photo pour la dénomination des dossiers.
- ✓ Avec Lightroom, il est tellement facile de générer des fichiers JPEG que vous pouvez maintenant vous abstenir de faire simultanément des RAW et des JPEG à la prise de vue, sauf si certaines conditions de travail vous y contraignent. Si vous avez fait le choix à la prise de vue de faire des RAW et des JPEG, vous avez plusieurs solutions :
  - Vous pouvez cocher la case **Traiter les fichiers JPEG proches des fichiers RAW comme photos distinctes**. Vous avez alors le choix à l'importation d'importer ou non les fichiers JPEG. Si vous importez les deux fichiers, Lightroom catalogue les deux fichiers de manière distincte.
  - Si vous ne cochez pas cette case, Lightroom ne vous laisse pas le choix et copie automatiquement les deux fichiers, en ne cataloguant que le fichier RAW.
  - Si vous décidez après importation de les traiter de façon distincte, vous pouvez cocher la case dans les préférences, mais vous devez aller faire un clic-droit sur le nom du dossier et choisir **Synchroniser le dossier…**

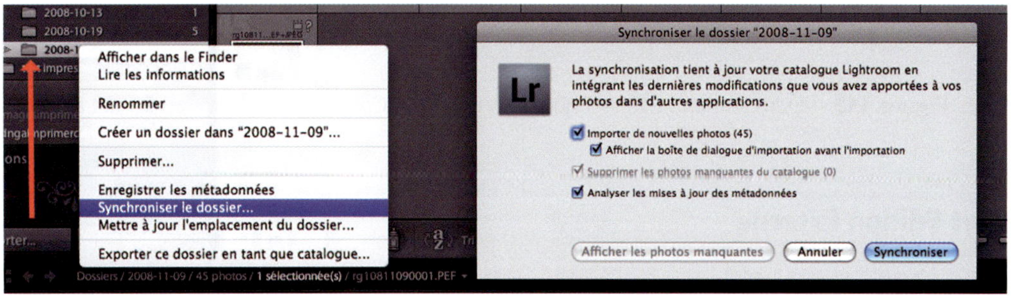

Figure 1.14 – Un clic droit sur le nom du dossier dans le module Bibliothèque, pour synchroniser le dossier.

Importer la création DNG

Lors de l'importation des photos, il est possible de transformer les formats RAW en format DNG. Il est possible de déterminer ici :

- ✓ La manière d'écrire l'extension de fichier en majuscules (**DNG**) ou en minuscules (**dng**).
- ✓ Pour la taille de l'**aperçu JPEG**, choisissez **Moyenne**. Quand Lightroom aura besoin d'un aperçu plus grand, il le créera.
- ✓ La méthode de conversion de l'image : il est recommandé de **Conserver l'image brute**.
- ✓ L'option **Compressé (sans perte)** est conseillée. La taille du fichier peut être réduite jusqu'à 50 %.
- ✓ L'option **Incorporer le fichier brut d'origine** peut augmenter la taille du fichier de 200 %, mais elle vous permettra d'utiliser des logiciels propriétaires comme ceux de Canon ou Nikon Capture Dx.

Nous pensons qu'il n'est pas nécessaire de transformer les formats Raw en DNG à l'importation. Si cela devenait nécessaire, vous pouvez toujours dans le module Bibliothèque, sélectionner tous les formats Raw que vous voulez transformer en DNG et aller dans le menu **Bibliothèque/Convertir les photos au format DNG…** Vous ouvrirez alors la fenêtre de conversion avec les mêmes options que celles ci-dessus.

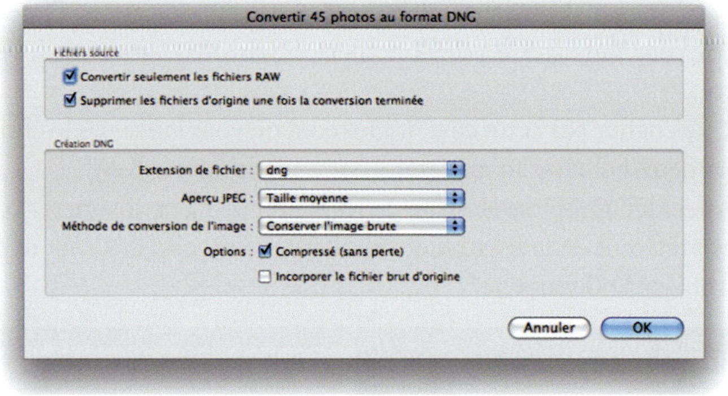

Figure 1.15 – Dans le menu Bibliothèque, sélectionnez « Convertir les photos au format DNG… ».

Onglet Edition Externe

Cet onglet permet de définir un format pour la modification dans Photoshop ou un autre logiciel de retouche si vous souhaitez faire des corrections que vous ne pouvez faire avec Lightroom.

Modifier dans Adobe Photoshop

La première section concerne Photoshop. Si Photoshop n'est pas installé, Lightroom indique son absence. Sinon, il indique la version installée. Sur la droite, Lightroom vous donne des conseils en fonction des options que vous choisissez.

- ✓ Dans **Format de fichier**, vous avez le choix entre le format TIFF ou PSD. Vous pouvez choisir dans quel espace colorimétrique votre fichier sera converti lors de son ouverture dans Photoshop.
- ✓ Vous avez le choix ente trois **Espaces colorimétriques** : **sRVB**, si après ces modifications vous destinez votre image au Web, **Adobe RVB** pour une image destinée à l'impression et **ProPhoto RVB** si vous destinez à l'archivage votre image corrigée dans Photoshop.
- ✓ Choisissez ensuite la **Profondeur** de couleur : **16** ou **8 bits**. Conserver une image en 16 bits permet de garder plus d'informations, qui peuvent être utiles si vous réalisez dans Photoshop des retouches concernant la couleur ou la tonalité. Dans Photoshop CS3, seuls quelques filtres créatifs ne fonctionnent pas sur les images en mode 16 bits. Vous pourrez toujours convertir votre image en mode 8 bits dans Photoshop par le menu **Image/Mode**. Sachez aussi qu'une photo enregistrée en mode 16 bits occupera deux fois plus d'espace sur votre disque dur.
- ✓ Le choix de la **Résolution** vous permet de voir quelle taille aura votre image une fois imprimée. Vous pouvez laisser le réglage par défaut à 240 si vous imprimez avec une imprimante jet d'encre.
- ✓ La **Compression** est possible avec le format TIFF. Les compressions LZW et ZIP sont des compressions dites « sans perte » qui ne modifieront pas les valeurs des pixels, mais réduiront la taille des fichiers. La compression LZW n'est pas disponible pour des fichiers 16 bits.

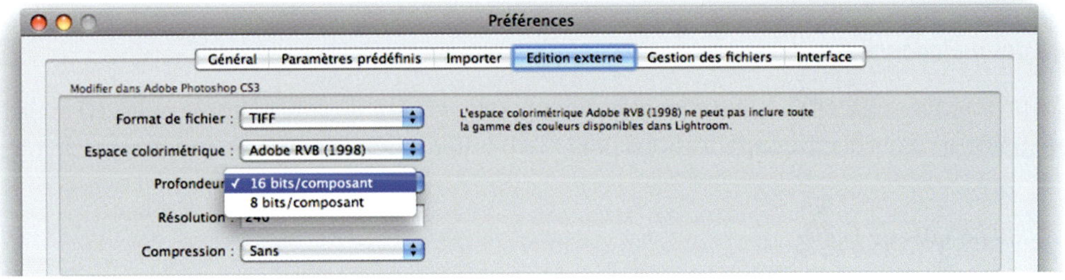

Figure 1.16 – Choisissez dans l'onglet Edition externe les options pour les photos qui seront modifiées dans Photoshop.

Editeur externe supplémentaire

Cette section permet de choisir un éditeur autre que vous pouvez définir en cliquant sur **Sélectionner**. C'est bien utile lorsque vous n'avez pas Photoshop. En cliquant sur Sélectionner, vous pouvez accéder à l'application souhaitée et la sélectionner. Son nom apparaît alors à droite de **Application**. Les options à régler sont les mêmes que pour Photoshop.

Une fois l'éditeur supplémentaire défini, vous pouvez cliquer dans le menu déroulant de **Paramètre prédéfini** et choisir **Enregistrer les paramètres actuels en tant que nouveau paramètre prédéfini...**.

Nommez-le et vous pouvez l'utiliser pour les photos sélectionnées en allant dans le module Bibliothèque ou Développement dans le menu **Photo/Modifier dans**. Vous pouvez de cette manière enregistrer plusieurs éditeurs externes.

Modifier en externe la dénomination de fichier

Lorsque vous choisissez de modifier une photo dans un éditeur externe, vous intervenez sur une copie enregistrée par défaut dans le même dossier et qui doit donc avoir un nom différent. Vous avez ici la possibilité de choisir ou de créer un modèle pour renommer automatiquement vos fichiers. Un certain nombre de modèles vous sont proposés, dans le menu déroulant, où vous trouvez également la possibilité d'éditer votre propre modèle en choisissant **Modifier...** Nous vous expliquons dans le chapitre Importation comment utiliser cette fenêtre **Editeur de modèles de nom de fichier** (voir page 39).

Onglet Gestion des fichiers

Dans cette section sont regroupées différentes préférences qui concernent les mots-clés, les noms de fichiers ou la mémoire cache de Camera Raw.

Lecture des métadonnées

Ces préférences concernent les mots-clés. Vous pouvez choisir de considérer le point (.) ou la barre oblique (/) écrits dans d'autres applications pour séparer des mots-clés comme indicateurs de hiérarchie.

Génération de nom de fichier

Vous pouvez pour vos noms de fichiers choisir d'interdire l'utilisation de certains caractères et de les remplacer par d'autres. Les choix indiqués par défaut peuvent être conservés. Pour n'avoir aucun problème avec toutes les plates-formes existantes, vous pouvez choisir de n'utiliser comme signe de ponctuation que le trait de soulignement (_) et d'interdire les espacements et les caractères accentués.

Paramètres de la mémoire cache Camera Raw

L'affichage des aperçus dans Lightroom est plus rapide si l'on utilise la mémoire cache de Camera Raw. Vous pouvez avoir acquis ce plug-in avec le logiciel Photoshop ou Photoshop Elements. Dans la section **Paramètres de la mémoire cache Camera Raw,** vous pouvez indiquer l'emplacement de cette mémoire et la taille maximale que vous voulez lui attribuer (25 à 50 Go semble être une bonne taille). Purgez-la régulièrement afin de générer plus rapidement des aperçus au format 1:1 pour le module Développement.

Figure 1.17 – En attribuant 30 Go à la mémoire cache de Camera Raw les aperçus se génèrent plus rapidement.

Onglet Interface

Ce dernier onglet gère les options de l'interface qui sont principalement des réglages graphiques. Vous pouvez tester dans la fenêtre de Lightroom ces options qui prennent effet avant même que vous n'ayez fermé la fenêtre des Préférences. Seule la modification du corps de la police sera effective après le redémarrage de Lightroom.

Panneaux

En bas des panneaux de droite et de gauche et dans chaque module, vous avez la possibilité d'afficher ou non une **Marque de fin de panneau**. Vous avez le choix entre treize modèles différents et vous pouvez en créer vous-même (voir page 10). Vous pouvez également choisir entre deux tailles de corps de la police des panneaux entre **Petit** (par défaut) et **Grand**. Choisissez cette option si vous avez une grande résolution d'écran.

Éclairage de fond

Lorsque vous passez en mode **Eclairage réduit** (dans le menu **Fenêtre>Eclairage de fond** ou avec la touche **L** comme Light/Lumière), le fond de l'interface est éclairé par défaut à 80 % et sa couleur est noire. Vous pouvez choisir un **Niveau d'intensité** différent dans le menu déroulant. La première fois que vous cliquerez sur la touche **L**, votre interface sera masquée avec le niveau d'intensité choisi. En appuyant une seconde fois sur la touche **L**, votre fond sera entièrement noir. Si vous désirez une autre couleur que le noir pour visualiser votre photo seule, vous pouvez choisir un fond Gris moyen qui n'influencera pas votre perception des couleurs, ou un fond blanc. Vous ferez ce choix dans le menu déroulant **Couleur de Trame**.

Arrière-plan

Dans **Couleur de fond**, vous pouvez choisir la couleur que vous souhaitez voir en arrière-plan dans la fenêtre principale en mode Loupe, Comparaison et Ensemble du module Bibliothèque. La couleur de fond changera pour tous les modules sauf pour le module Web. Il est également possible de choisir une **Texture d'incrustation,** concernant cet arrière-plan.

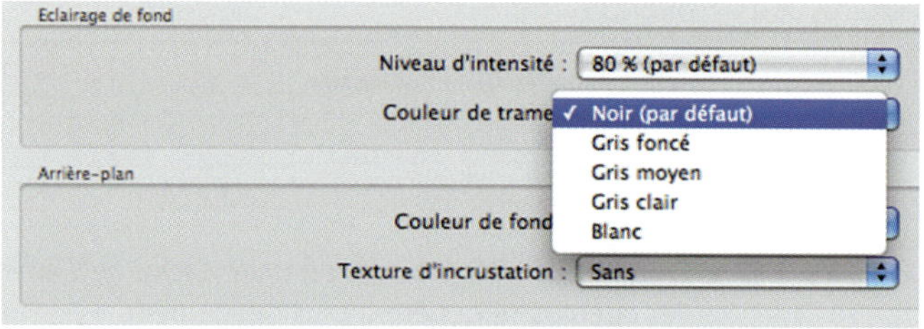

Figure 1.18 – Les réglages d'Eclairage de fond et d'Arrière-plan proposés par défaut permettent un bon examen de vos images.

Film fixe

Le Film fixe est la partie horizontale en bas de la fenêtre du catalogue dans laquelle s'affichent toutes les vignettes des photos. Il est possible de faire apparaître sur ces vignettes un certain nombre de renseignements identiques à ceux que l'on peut afficher dans les vignettes du mode Grille. Les notions de notes, marquage et badges sont décrites dans le chapitre Bibliothèque (voir page 130). Les **info-bulles** sont ces informations qui s'affichent dans un petit rectangle jaune quand vous laissez le pointeur de la souris pendant deux secondes sur un élément. Dans cette fenêtre préférence, placez le pointeur tout en bas sur **Utiliser les fractions typographiques**, une info-bulle apparaît. Pour qu'une info-bulle apparaisse sur les vignettes dans le film fixe, il faut avoir choisi d'afficher des informations pour les images en mode Loupe dans le menu Affichage/Options d'affichage des modules Bibliothèque et Développement.

Figure 1.19 – Une info-bulle sur une vignette du film fixe.

Peaufinages

Centrer le point cliqué en zoom avant est une option bien pratique lorsque vous zoomez sur votre image en cliquant dessus. Elle fonctionne aussi bien dans le module Bibliothèque que dans le module Développement.

Utiliser les fractions typographiques vous permet comme l'info-bulle l'indique d'afficher les fractions dans les champs de métadonnées à l'aide de caractères de fraction ou d'exposants et d'indices.

Paramètres du catalogue

Nous avons accès ici à des informations ou à des préférences applicables uniquement au catalogue ouvert. Pour régler ces paramètres, choisissez sur PC **Editions/Paramètres du catalogue...**, sur Mac **Lightroom/Paramètres du catalogue....**Vous pouvez également ouvrir la fenêtre des Paramètres du catalogue dans l'onglet Général de la fenêtre des Préférences.

Onglet Général

Cet onglet vous permet de choisir comment gérer votre catalogue.

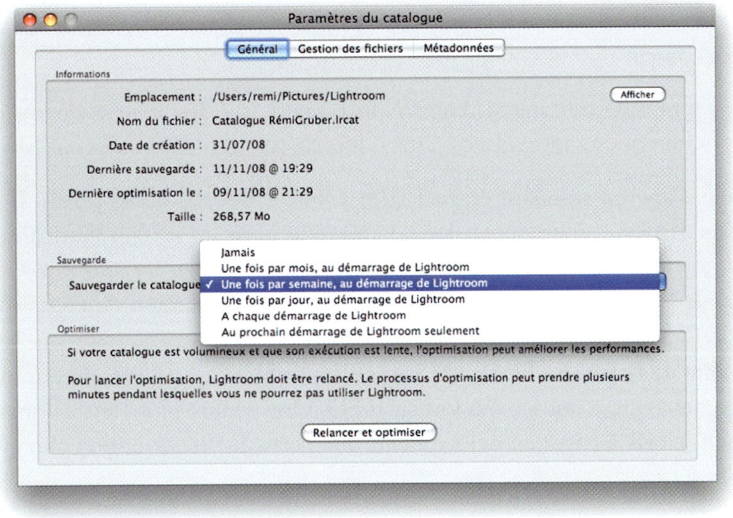

Figure 1.20 – Choisissez la fréquence de sauvegarde du catalogue dans l'onglet Général.

Informations

Vous trouvez ici les informations sur l'emplacement, la date de création et la taille du catalogue. En cliquant sur **Afficher**, vous affichez l'emplacement du fichier dans votre ordinateur.

Sauvegarde

Le catalogue étant un fichier relativement complexe, il est nécessaire pour parer à tout accident de réaliser des sauvegardes régulièrement. C'est ici que vous en définirez la fréquence selon votre activité.

Cette sauvegarde est réalisée dans un dossier Backups qui se trouve par défaut au même emplacement que votre catalogue. Afin de ne pas trop encombrer votre disque dur, il est bon d'aller de temps en temps effacer les anciennes versions de sauvegarde.

Optimiser

Si après avoir importé ou supprimé un grand nombre de fichiers, le travail dans Lightroom semble se ralentir, il est souhaitable de relancer et optimiser le catalogue.

Onglet Gestion des fichiers

Cet onglet vous permet de gérer la taille et la qualité des aperçus.

Mémoire cache de l'aperçu

Pour gagner du temps de traitement, Lightroom travaille sur des aperçus de vos photos. Ces aperçus sont utilisés lorsque vous zoomez sur vos photos lors de vos retouches. Ici vous pouvez définir :

- ✓ La **Taille d'aperçu standard** entre 1 024, 1 440, 1 680 ou 2 048 pixels. Il s'agit du nombre de pixels sur la plus grande dimension : la hauteur pour les images verticales, la largeur pour les images horizontales. Choisissez en fonction de votre résolution d'écran. Ce choix déterminera la taille de l'aperçu si vous choisissez Standard dans la section **Aperçus initiaux** de la fenêtre d'Importation (voir page 43).
- ✓ La **Qualité de l'aperçu** : **Elevée, Moyenne** ou **Faible**. Ces qualités déterminent le taux de compression des aperçus qui sont au format JPEG. Une qualité plus élevée donne de meilleurs résultats, mais le prix à payer est évidemment une perte de vitesse et une plus grosse consommation d'espace disque.

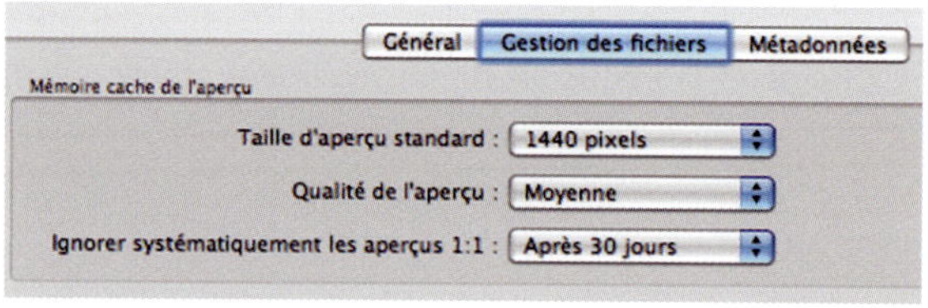

Figure 1.21 – Dans l'onglet Gestion des fichiers gérez la mémoire cache de l'aperçu.

- ✓ **Ignorer systématiquement les aperçus 1:1** après un jour, une semaine, 30 jours ou jamais. En effet, pour alléger le système, il est possible de faire disparaître ces aperçus, qui seront générés à nouveau à chaque utilisation au format 1:1 de la photo. L'idéal, si vous avez la place, est de ne jamais les ignorer.

Numéros de séquence d'importation

Cette option permet de contrôler le nombre de sessions d'importation et de photos importées, lorsque vous importez des photos et les renommez. Dans la fenêtre Editeur des modèles de nom de fichiers, il est alors possible d'ajouter au nom un **N° d'importation** et un **N° d'image** choisi dans la session **Numérotation**, et de faire commencer ces numéros à partir de ceux qui sont indiqués ici. À chaque nouvelle importation, le **Numéro d'importation** croît et le champ **Photos importées** se met à jour en comptabilisant la totalité des photos importées.

Figure 1.22 – Dans ce catalogue il y a déjà eu 18 sessions d'importation et 1 952 images importées.

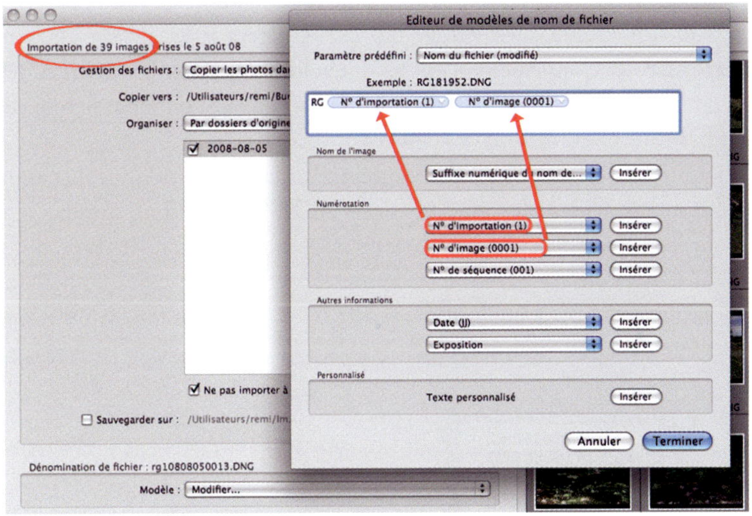

Figure 1.23 – La fenêtre **Importer les photos** est ouverte pour une importation de 39 images. Pour renommer les images importées nous avons choisi dans la fenêtre **d'Editeur de nom de fichier** d'utiliser **N° d'importation** et **N° d'image**.

Figure 1.24 – Après l'importation on peut lire dans les Paramètres du catalogue qu'il y a eu 19 sessions d'importation et 1 991 images importées.

Attention, les **Numéros de séquence d'importation** se modifient dans les paramètres du catalogue à condition d'utiliser les **N° d'importation** et les **N° d'image** pour renommer vos photos.

Métadonnées

C'est ici que vous allez choisir la manière dont Lightroom va gérer les métadonnées que vous allez écrire dans le module Bibliothèque ou les modifications réalisées dans le module Développement.

Edition

- ✓ Lorsque vous saisissez une métadonnée qui commence par les mêmes lettres qu'une métadonnée écrite précédemment, vous pouvez choisir dans une liste de suggestions en cliquant dessus. Effacez toutes les listes de suggestions quand celles-ci ne sont plus vraiment opérationnelles.
- ✓ Lorsque vous réalisez une modification dans le module de développement et que vous désiriez que celle-ci soit visible dans Bridge ou dans Camera Raw, il faut cocher la case **Inclure les paramètres de développement dans les métadonnées dans les fichiers JPEG, TIFF et PSD**. Attention car les modifications que vous réaliseriez sur ce même fichier dans Camera Raw ne seraient pas forcément récupérées dans Lightroom.
- ✓ Par défaut, Lightroom écrit les métadonnées dans la base de donnée du catalogue. Si vous cochez **Ecrire automatiquement les modifications en XMP**, un fichier annexe se créera automatiquement pour les fichiers RAW, tandis que pour les autres formats les métadonnées seront automatiquement écrites en à l'intérieur du fichier. Cocher cette case permet de rendre visible dans d'autres applications les métadonnées saisies dans Lightroom, mais nous verrons d'autres façons de gérer cette question (voir page 92).

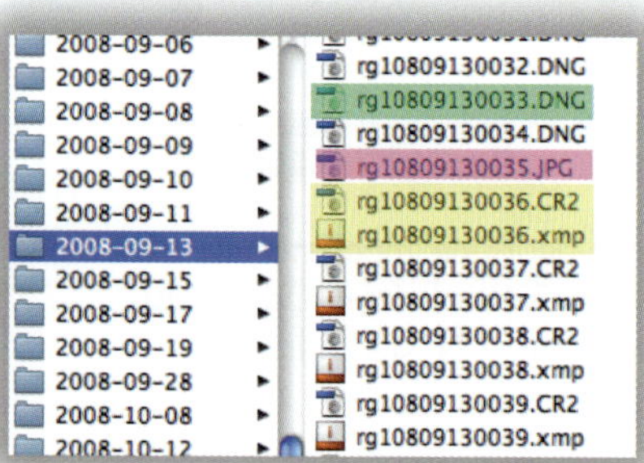

Figure 1.25 – Dans ce dossier « 2008-09-13 » des métadonnées ont été ajoutées à toutes les images alors que le choix d'écrire automatiquement les modifications en XMP avait été fait. Des fichiers XMP ont été créés pour les Raw (CR2), mais les métadonnées ont été directement enregistrées dans les fichiers JPG et DNG.

Exif

Dans le menu **Métadonnées/Modifier l'heure de Capture...** il est possible de modifier après la prise de vue, l'heure de capture si on a oublié de le faire dans son appareil de prise de vue, lors d'un changement de fuseau horaire par exemple. En cochant la case **Ecrire les modifications de date ou heure dans des fichiers Raw propriétaires**, cette modification se fera directement dans le fichier Raw même si un fichier XMP se crée en simultané.

Gestion de la couleur

La gestion de la couleur vise à établir la meilleure correspondance possible entre l'affichage sur l'écran de la photo et son impression. La question n'est pas simple pour différentes raisons. L'œil humain distingue plus de couleurs qu'un appareil photographique numérique (APN) peut en capter, et l'imprimante peut reproduire moins de couleurs que l'appareil peut en enregistrer. De plus, les appareils photos ne captent pas les couleurs de la même manière, les écrans ont des caractéristiques différentes et n'affichent pas les mêmes couleurs pour une même photo et le résultat imprimé variera en fonction de l'imprimante, des encres et du papier utilisé. Chaque appareil perçoit, reproduit ou travaille dans un espace colorimétrique qui lui est propre.

Le profil ICC et les espaces colorimétriques

Pour résoudre ces problèmes et rendre possible une bonne reproduction des couleurs, l'ICC (*International Color Consortium*) a créé un système de gestion des couleurs. Il s'agit d'abord de déterminer comment utiliser son appareil et savoir ce qu'il peut enregistrer ou reproduire par rapport à ce que notre œil humain peut percevoir en créant un profil ICC. Le profil est en quelque sorte la carte d'identité de l'appareil.

La quantité ou gamme de couleurs que peut percevoir votre œil, que peut capter votre APN ou que peut reproduire votre imprimante peut être déterminée dans un espace colorimétrique ou gamut. Cette notion d'espaces couleurs est très importante en gestion des couleurs. En important vos photos dans Lightroom, vous n'avez pas à vous soucier de ce problème car Lightroom travaille dans un espace de couleurs appelé Melissa capable d'englober toutes les couleurs que votre appareil photo peut reproduire. Ce n'est qu'au moment de l'exportation ou de l'impression que vous choisissez dans quel espace de travail vous devez convertir vos images. Nous abordons ces problèmes dans les chapitres Bibliothèque (voir page 91) et Impression (voir page 248).

Un profil pour l'écran

Dans cette chaîne graphique qui débute par la prise de vue, se poursuit par la correction sur votre écran et se termine par l'impression, le bon réglage de tous les appareils est important mais celui qui nous préoccupe au premier plan est votre écran. C'est sur celui-ci que vous allez observer vos photos et décider de corriger les couleurs grâce à Lightroom.

Pour réaliser ceci dans les meilleures conditions, il faut calibrer votre écran et établir un profil ICC de celui-ci. Pour réaliser cette opération, vous avez besoin d'un colorimètre ou sonde qui est fourni en général avec un logiciel. Celui-ci vous guidera pas à pas dans la manière d'opérer. Les logiciels de calibrage vous en laissant en général le choix, nous vous recommandons d'utiliser un point blanc à 6 500°K, et un gamma à 2,2 et une luminance à 120 cd/m^2. Une fois votre écran réglé, votre logiciel caractérisera celui-ci en créant un profil ICC. Le profil ICC de votre écran décrit comment celui-ci traite les couleurs dans ces conditions d'utilisation afin d'afficher de manière optimale les informations couleur de votre photo numérique. En calibrant ainsi votre moniteur, vous aurez l'assurance que votre photo sera perçue de manière identique sur un autre moniteur lui aussi calibré et ayant les mêmes performances.

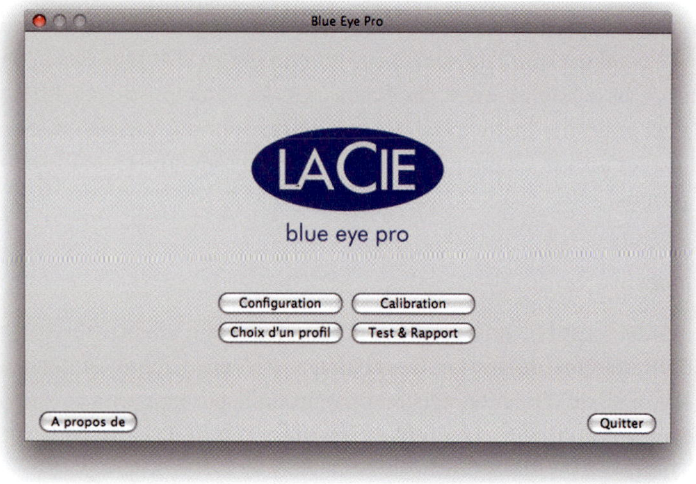

Figure 1.26 – Le logiciel de Calibrage de LaCie propose dans son menu les différentes phases.

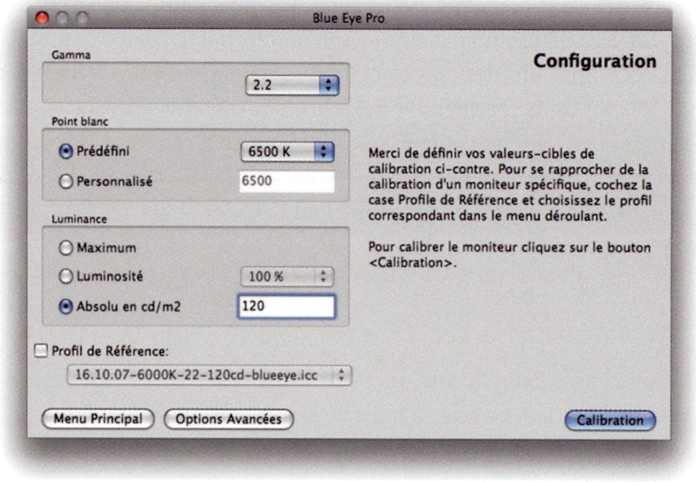

Figure 1.27 – Nous commençons par régler la configuration telle que nous vous l'avons décrite.

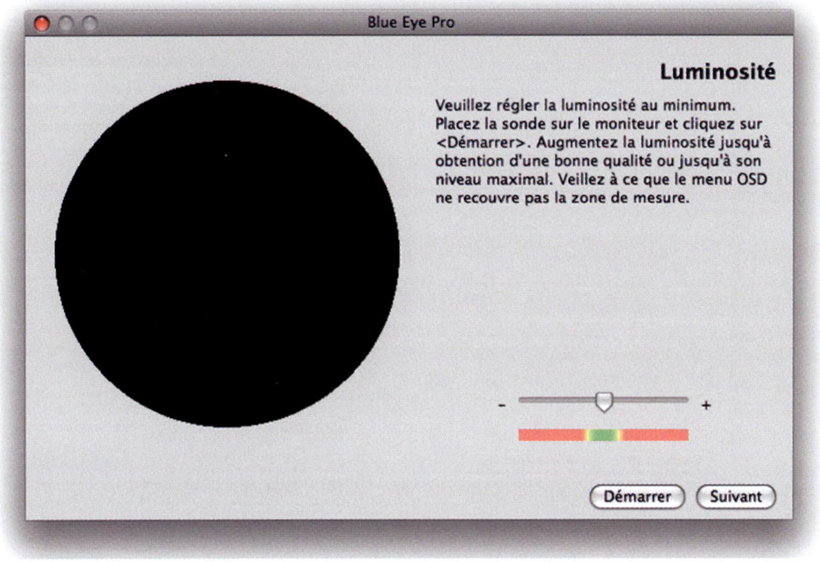

Figure 1.28 – Après avoir placé la sonde sur l'écran, le logiciel nous demande d'ajuster la luminosité, puis le contraste et le fond blanc.

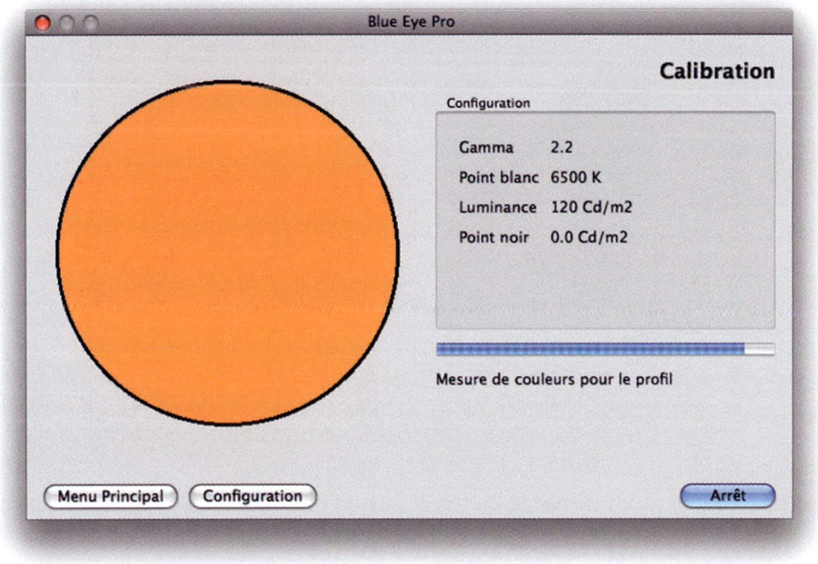

Figure 1.29 – Il mesure les caractéristiques couleurs, optimise la balance des gris et mesure les couleurs pour le profil. Nous voyons la progression du travail dans la barre bleue.

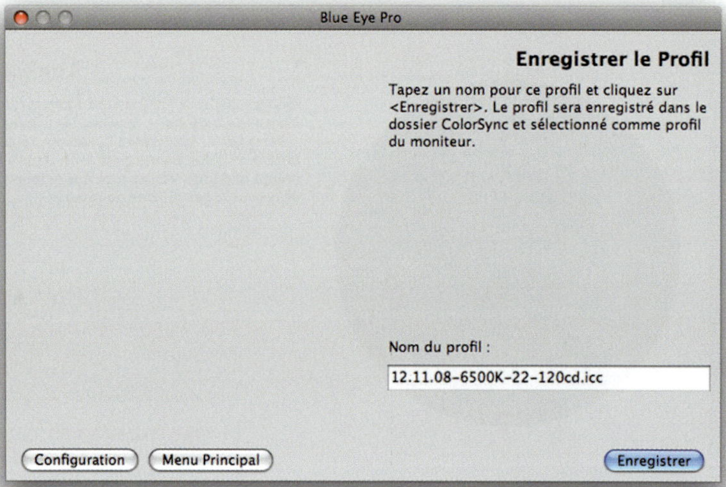

Figure 1.30 – Il nous demande d'enregistrer le profil qui sera enregistré dans le dossier ColorSync et utilisé pour le moniteur.

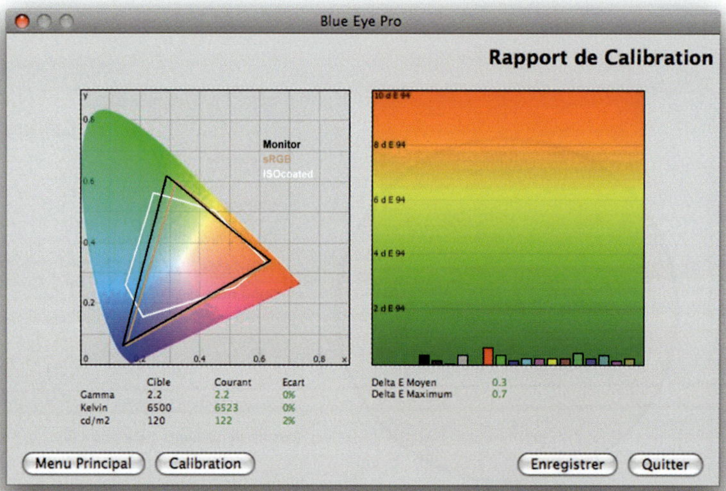

Figure 1.31 – Nous avons demandé un test et rapport et il nous a fourni ce rapport de calibration en donnant les Delta E Moyen. Dans la figure de gauche, nous avons le diagramme de chromaticité CIE 1931 représentant l'ensemble des couleurs que nous pouvons percevoir. Le triangle noir représente l'espace couleur de ce moniteur un peu plus grand que l'espace sRGB en marron. La figure blanche représente l'espace d'impression CMJN iso Coated. Cela nous permet de comparer les différents espaces entre eux et de visualiser pour quelles couleurs nous aurons des différences.

Les solutions de calibrage sont de moins en moins onéreuses, mais plus ou moins performantes. Le résultat dépendra également de la qualité de votre écran. Est-ce que celui-ci est vraiment calibrable, la luminosité et le contraste sont-ils réglables, est-ce un écran bureautique ou art graphique, possède-t-il un calibrage en mode hardware ? Autant de questions dont les réponses auront des conséquences sur la qualité de votre écran. Pensez à caractériser celui-ci régulièrement.

Un profil pour l'APN et l'imprimante

Il est également possible de créer un profil d'appareil numérique. Mais c'est une opération complexe et il faudrait en créer autant qu'il y a de conditions possibles de sources de lumière. Il est néanmoins possible dans Lightroom de faire appel à des profils génériques et de les utiliser dans le module développement (voir page 196).

Calibrer une imprimante, c'est le faire pour chaque papier photo utilisé et nécessite l'acquisition de spectrophotomètre. C'est une solution très onéreuse. Vous pouvez utiliser les profils génériques de votre imprimante qui vous sont fournis par le fabricant. Vous pouvez également faire appel à des sociétés qui vous créeront des profils pour votre imprimante et les différents papiers que vous utilisez, pour un coup raisonnable. Dans le chapitre Impression nous vous expliquons comment utiliser ces profils si vous imprimez directement à partir de Lightroom (voir page 250).

2 Importation

Nous avons commencé par voir dans le chapitre précédent les préférences de Lightroom 2 et vous aurez sans doute besoin d'y revenir quand vous vous serez familiarisé avec l'utilisation de Lightroom. Si vous avez réglé les préférences, c'est que vous avez déjà créé un catalogue, mais si vous êtes débutant et que vous avez sauté ce premier chapitre, nous allons voir comment en créer un. Une fois ce catalogue créé, nous verrons comment importer des photos. Importer des photos dans votre catalogue, c'est ce que vous ferez dorénavant à chaque fois que vous aurez acquis de nouvelles photos.

Créer un catalogue

Vous ne pouvez pas ouvrir Lightroom sans ouvrir un catalogue. Le catalogue enregistre les corrections que vous effectuez sur vos photos et les métadonnées que vous écrivez, mais ne contient pas les fichiers photo. Vous pouvez bien sûr importer dans un seul catalogue toutes vos photos, même si elles se comptent par dizaine de mille. Si votre travail l'exige, vous pouvez créer plusieurs catalogues en vue d'utilisations différentes, par exemple pour vos photos familiales et vos photos professionnelles. Mais sachez que vous ne pourrez pas ouvrir les deux catalogues en même temps dans Lightroom et, en cas de recherche, vous serez obligé de le faire successivement dans les deux catalogues. Nous vous conseillons donc de ne créer qu'un catalogue car il est difficile d'en gérer plusieurs et vous verrez qu'avec les collections, les mots-clés, les libellés de couleur, et les filtres il existe dans Lightroom de nombreuses manières de gérer des photos en distinguant celles à caractère familial de celles à caractère professionnel. Et si plus tard vous en éprouviez vraiment le besoin, sachez qu'il est possible à partir d'un catalogue d'en créer un deuxième avec seulement une partie des images du premier.

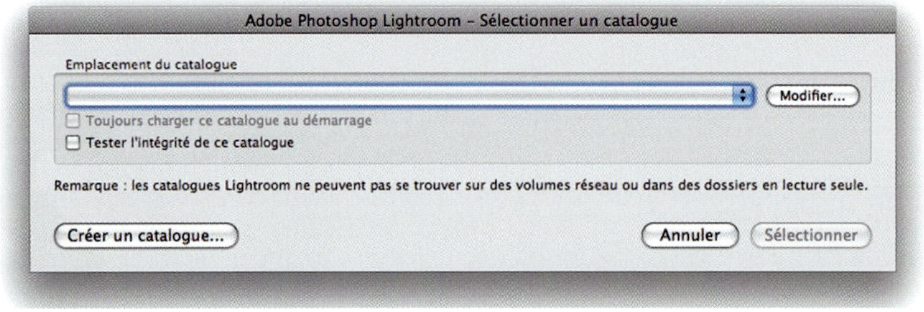

Figure 2.1 – La boîte de dialogue au démarrage de Lightroom.

Lorsqu'on démarre pour la première fois Lightroom une boîte de dialogue apparaît.

1. Cliquez sur le bouton **Créer un catalogue**.
2. Remplissez le champ **Enregistrer sous** pour donner un nom à votre catalogue « MonCatalogue », et déterminez l'endroit où vous voulez l'enregistrer. Choisissez bien l'endroit car il vaudra mieux ne plus le déplacer quand vous l'aurez créé.
3. Cliquez sur le bouton **Créer**. (Mac OS) ou **Enregistrer** (Windows).

À l'endroit où vous avez enregistré votre catalogue, vous trouverez un dossier portant le nom « MonCatalogue », contenant un fichier nommé **MonCatalogue.lrcat**. Votre catalogue est ce fichier avec l'extension **.lrcat** (comme **L**ight**r**oom **cat**alogue). Lorsque vous importez des photos, un nouveau fichier, nommé **MonCatalogue Previews.lrdata**, est créé pour le stockage des images d'aperçu JPEG.

Importer les photos

En important vos photos, Lightroom ne les rassemble pas à l'intérieur d'un même fichier. Vous pouvez donc avoir des images enregistrées à différents endroits de votre ordinateur ou sur différents disques durs, et toutes cataloguées par Lightroom. Nous allons voir maintenant les différentes manières d'importer les photos.

Importer à partir de différents supports

Lightroom permet d'importer des photos depuis des cartes mémoire lues par l'appareil photo ou un lecteur de cartes mémoire, et depuis un disque dur interne ou externe. Mais il ne permet pas d'importer directement des photos provenant d'un scanner. Les photos argentiques devront d'abord être scannées avec un autre logiciel et enregistrées sur le disque dur, avant de pouvoir être importées dans Lightroom.

Importer des photos à partir d'une carte mémoire

- ✓ Connectez votre carte mémoire à l'ordinateur à l'aide d'un câble branché directement sur votre appareil photo ou par l'intermédiaire d'un lecteur de cartes. Si dans les **Préférences/Importer** vous avez coché **Afficher la boîte de dialogue d'importation lorsqu'une carte mémoire est détectée**, une fenêtre va directement s'ouvrir. Nous vous recommandons d'utiliser cette option.

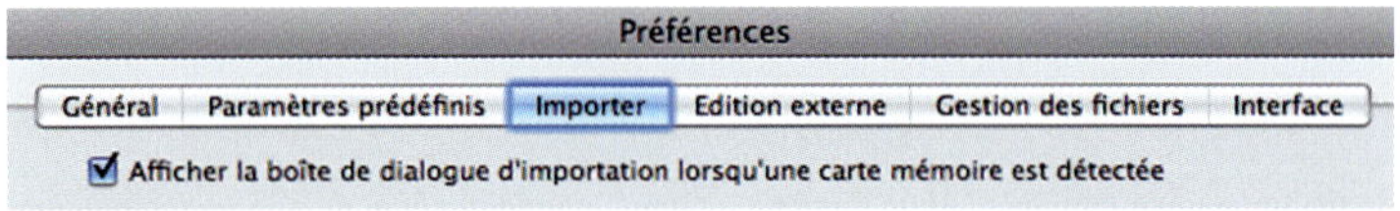

Figure 2.2 – Dans l'onglet Importer des Préférences, choisissez cette option.

- ✓ Si vous n'avez pas coché cette option et que la fenêtre d'importation ne s'ouvre pas toute seule, allez dans le menu **Fichier/Importer les photos du périphérique…**

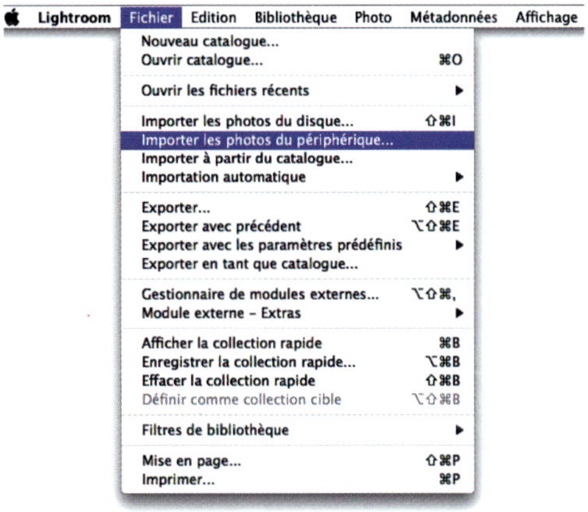

Figure 2.3 – Dans la barre de menu, choisissez Importez les photos du périphérique.

- ✓ Vous pouvez également cliquer sur le bouton **Importer** dans le module **Bibliothèque** en bas à gauche. Une petite fenêtre s'ouvrira qui vous demandera de choisir entre votre périphérique branché ou l'option **Sélectionner les fichiers…**. Vous choisirez cette dernière option si vous voulez importer des photos à partir d'un disque dur ou d'un disque amovible.

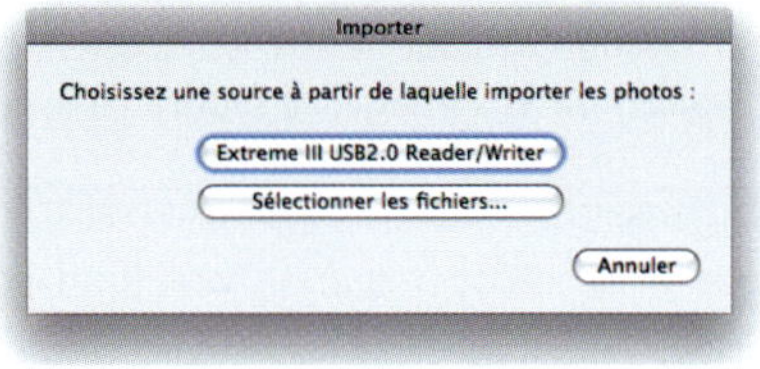

Figure 2.4 – Cliquez sur le nom de votre carte mémoire.

Nous verrons plus loin les options d'importation. Notez que les photos importées d'une carte mémoire ne peuvent pas être ajoutées au catalogue sans être copiées dans un nouvel emplacement.

Importer depuis un support amovible

Allez dans le menu **Fichier/Importer les photos du disque…** (figure 2.3), choisissez votre disque externe, puis vos photos et cliquez sur **Sélectionner** sur Mac ou **Ouvrir** sur PC. Nous verrons plus loin les options d'importation.

Nous avons vu que les photos importées d'une carte mémoire sont obligatoirement copiées. En revanche, les photos se trouvant sur un CD ou sur des disques durs externes peuvent être ajoutées au catalogue sans être copiées. Dès que le CD n'est plus dans le lecteur, le dossier qui contient la photo apparaît avec un point d'interrogation. Il est alors toujours possible de visualiser les photos, mais vous devrez connecter le disque ou insérer le CD pour accéder au fichier original et faire des modifications. En cliquant sur le point d'interrogation qui s'affiche sur les vignettes de la grille du module Bibliothèque, une petite fenêtre s'affiche. Elle vous indique sur quel disque se trouvait votre fichier original introuvable lors de l'importation.

Figure 2.5 – À gauche, le CD « 2005-08_C » est sur le lecteur, le voyant rouge signale que c'est un CD. Les voyants verts indiquent les disques durs connectés. À droite, le CD a été éjecté, le voyant est éteint, mais Lightroom a gardé en mémoire sur quel support sont enregistrées ces images du catalogue. Les points d'interrogation indiquent que les dossiers contenant les 170 photos ne sont pas accessibles. Pour travailler sur ces images, il faudra réinsérer le disque sur le lecteur.

Importer depuis le disque dur

Voyons maintenant comment importer dans Lightroom des images déjà présentes sur votre disque dur. C'est ce que vous allez faire pour toutes les photos que vous avez déjà sur votre disque dur et qui ne sont pas dans le catalogue Lightroom. Une fois ces photos importées, vous n'utiliserez sans doute plus cette manière de faire puisque vous importerez directement vos photos à partir de votre carte mémoire, sauf si vous vous décidez à scanner toutes vos photos argentiques.

1. Allez dans le menu **Fichier/Importer les photos du disque...** ou cliquez sur le bouton **Importer** dans le module **Bibliothèque** en bas des panneaux de gauche.
2. Dans la boîte de dialogue d'importation des photos, sélectionnez les dossiers ou les photos à importer.

Figure 2.6 – En 2001, Lightroom n'existait pas. Nous importons dans le catalogue de photos déjà stockées sur un disque dur externe.

3. Sélectionnez les photos que vous voulez importer. Utilisez la touche **Ctrl** sur PC ou **Cmd** sur Mac pour sélectionner plusieurs photos non consécutives. Pour sélectionner des photos consécutives, utilisez la touche **Maj** en sélectionnant la première d'abord, puis la dernière avec la touche **Maj** enfoncée.
4. Cliquez sur **Sélectionner** sur Mac ou **Ouvrir** sur PC.

Vous retrouvez maintenant la fenêtre **Importer les photos**. Nous allons voir tout de suite les différentes options d'importation.

Options d'importation

Si vous importez depuis une carte mémoire, vous disposez uniquement dans la fenêtre d'importation des photos des options de copie ou de déplacement, mais pas de l'option **Ajouter les photos au catalogue sans les déplacer**. Lightroom ayant détecté une carte mémoire destinée à être effacée pour pouvoir être réutilisée s'interdit de les importer sans les déplacer.

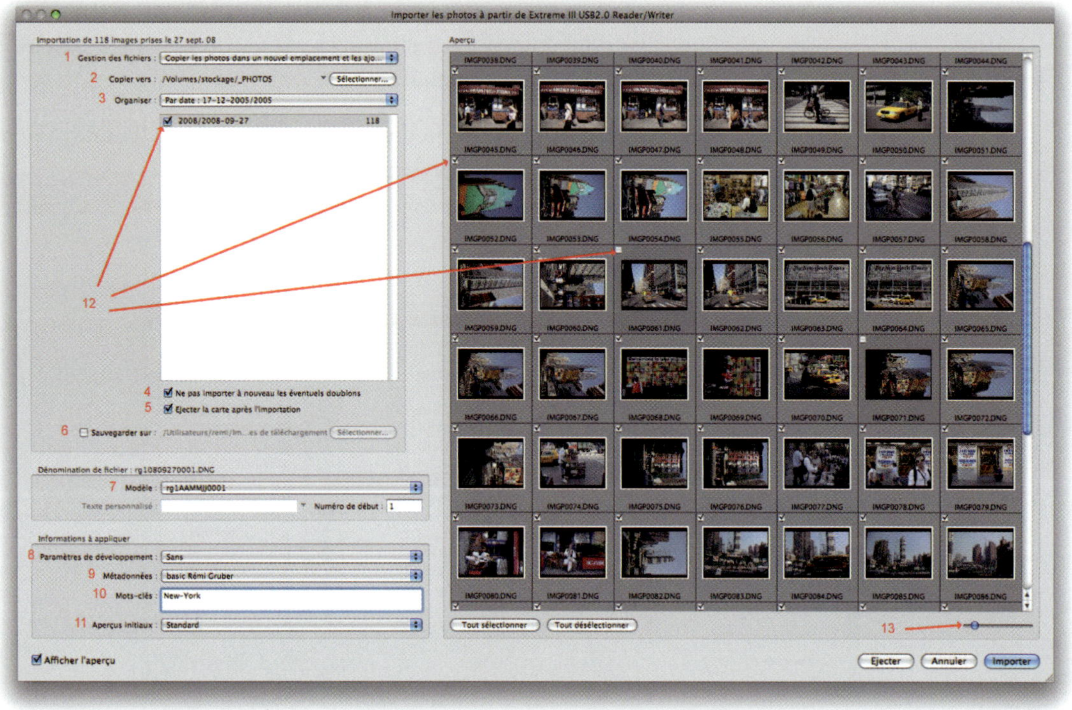

Figure 2.7 – Dans la fenêtre d'importation des photos, différents choix sont à faire : (1) Gestion des fichiers, (2) Destination des fichiers, (3) Organisation des fichiers, (4) Gérer les doublons, (5) Gérer la carte mémoire, (6) Choix d'un disque de sauvegarde, (7) Choix de dénomination des fichiers, (8) Modèles de développement, (9) Insertion des métadonnées, (10) Insertion de mots-clés, (11) Taille des aperçus initiaux, (12) Choix des dossiers ou des photos à importer, (13) Taille des vignettes à droite.

Gestion des fichiers

Lightroom va donc vous proposer d'importer les photos de plusieurs façons dans le menu déroulant **Gestion des fichiers** :

- ✓ **Ajouter les photos au catalogue sans les déplacer** (import à partir d'un disque dur interne ou externe, d'un CD, DVD, etc.).
- ✓ **Copier les photos dans un nouvel emplacement et les ajouter au catalogue** (tout type d'import).
- ✓ **Déplacer les photos vers un nouvel emplacement et les ajouter au catalogue** (import de disque dur interne ou externe).
- ✓ **Copier les photos en tant que clichés numériques (DNG) et les ajouter au catalogue** (tout type d'import). Cette solution sera plus lente.

Si vous choisissez de les copier ou les déplacer, cliquez sur **Sélectionner** pour définir le dossier où les fichiers doivent être sauvegardés. Vous pouvez choisir un dossier se trouvant dans le dossier **Images** dans lequel Lightroom installe par défaut son catalogue. Mais vous pouvez également décider de dédier tout un disque dur externe à la sauvegarde de vos images. Choisissez de préférence un disque dur avec une interface Fire Wire 800.

Si vous placez des photos dans des dossiers différents, Lightroom les listera à chaque import dans le menu déroulant indiqué par une petite flèche à gauche du bouton **Sélectionner**. Il s'agit de vos dossiers d'import favoris.

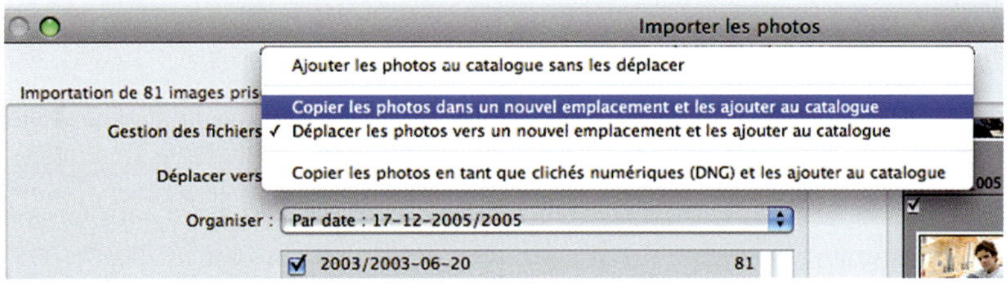

Figure 2.8 – Dans la fenêtre d'importation, ce choix en bleu concerne des photos déjà présentes sur un disque dur et que nous voulons copier.

Organiser

Dans le menu déroulant **Organiser**, vous disposez de plusieurs options pour organiser le classement de vos photos dans des dossiers.

Dans un dossier

Choisissez **Dans un dossier** si vous souhaitez que toutes les images sélectionnées soient importées dans un seul et même dossier. Cochez ensuite la case **Placer dans un sous-dossier** si vous souhaitez que les photos importées soient groupées dans un sous-dossier dont vous pouvez définir le nom dans le champ de droite.

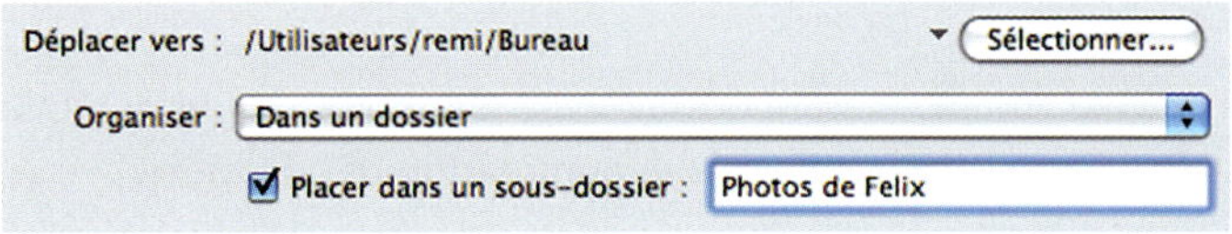

Figure 2.9 – Nous avons fait le choix d'enregistrer dans un dossier pour des photos que nous voulons modifier dans Lightroom, sans les enregistrer définitivement dans le catalogue.

Par dossiers d'origine

En utilisant **Par dossiers d'origine** vous conserverez les noms de ces dossiers. Si vous avez sélectionné des photos et non un dossier, cette option n'apparaît pas dans le menu déroulant.

Vous pouvez choisir dans l'onglet **Importer** de la boîte des Préférences d'**Ignorer les noms de dossiers générés par l'appareil photo pour la dénomination des dossiers**. Mais que vous choisissiez ou non cette option **Ignorer...**, Lightroom ne prend pas en compte ces dossiers avec certains appareils photos.

Par date

Cette option propose trois groupes de formats.

- ✓ Dans le premier groupe, deux dossiers seront créés : un dossier de l'année contenant un dossier avec les photos du jour.
- ✓ Dans le deuxième groupe, trois dossiers seront créés : un dossier de l'année contenant un dossier du mois contenant lui-même un dossier avec les photos du jour.

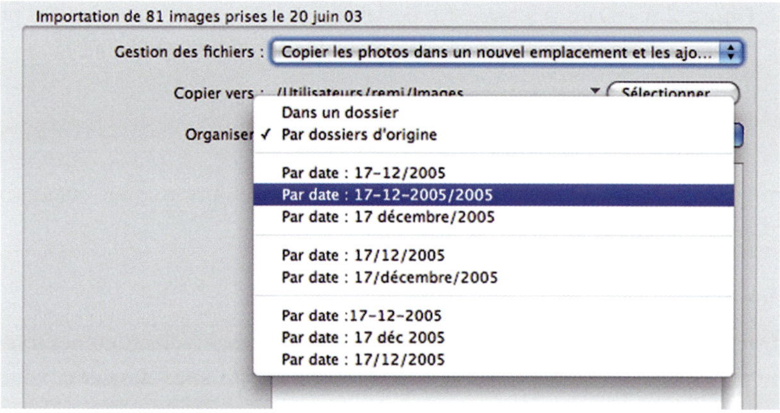

Figure 2.10 – Nous avons choisi (en bleu) d'avoir un dossier par jour enregistré dans un dossier par an.

- ✓ Dans le troisième groupe, un seul dossier avec les photos du jour sera créé. Dans chaque groupe existent deux ou trois options pour la **dénomination des dossiers**.

Choisir l'option par date peut s'avérer bien pratique et vous garantir de ne jamais avoir des dossiers avec le même nom.

Dans la grande fenêtre apparaissent les dossiers ou les photos que nous avons choisi d'importer. Il est possible à la vue des aperçus de choisir de ne pas en importer en décochant les petites cases à gauche.

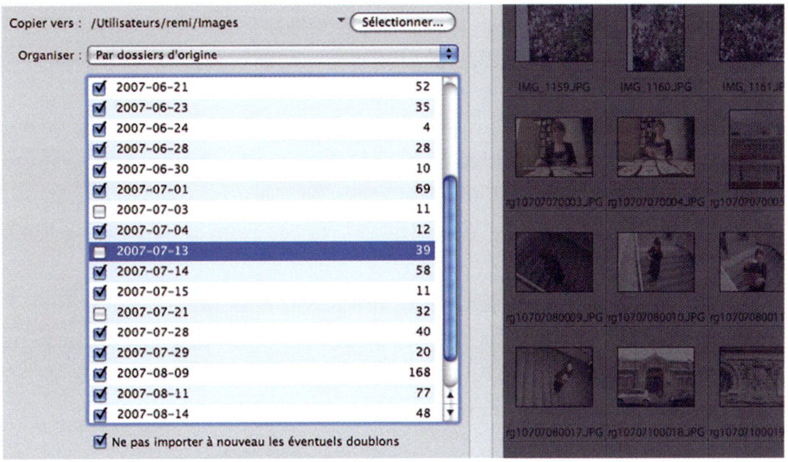

Figure 2.11 – Nous n'avons pas voulu importer les photos des dossiers « 2007-07-03 », « 2007-07-13 » et « 2007-07-21 ». Les aperçus de ces dossiers sont grisés.

Cochez la case **Ne pas importer à nouveau les éventuels doublons**, car il vaut mieux ne pas avoir dans votre catalogue deux fois la même image. Nous verrons plus loin (voir page 145) d'autres solutions pour obtenir deux versions différentes de la même image. Lightroom sait reconnaître comme différentes des images qui pourraient avoir le même nom si par exemple vous avez deux appareils photos. Si vous décochez, les doublons seront importés, non écrasés, non remplacés, mais juste renommés.

Notez que Lightroom propose en cochant la case **Sauvegarder sur** de faire une copie dans un disque de sauvegarde en sélectionnant le dossier. Le temps d'importation est un peu plus long, mais que vous le fassiez ici ou plus tard, nous ne vous recommanderons jamais assez de faire une sauvegarde de votre disque dur sur un disque dur externe. Vous pouvez aussi avoir recours à un site Internet, appelé « hébergeur », et y transférer vos données.

Dénomination de fichier

Cette section vous permet de renommer vos photos avant l'import. Dans **Modèle**, vous pouvez choisir parmi les options suivantes :

- ✓ **Nom personnalisé (x sur y)**. Choisissez un nom personnalisé et le numéro de séquence indiquera l'emplacement de la photo sur la totalité importée. Par exemple : NOM_(1_sur_30), NOM_(2_sur_30), NOM_(3_sur_30), etc. Il est à noter qu'un tiret de soulignement s'affichera si vous avez fait ce choix dans les préférences (voir page 16).
- ✓ **Nom personnalisé – Numéro de fichier d'origine**. Choisissez un nom personnalisé et il sera suivi du suffixe numérique de vos fichiers d'origine : NOM-5455, NOM-5456, NOM-5457, etc.

- ✓ **Nom personnalisé – Séquence**. Choisissez un nom personnalisé, il sera suivi d'un numéro croissant pour chaque photo. Vous pouvez choisir le numéro de départ (exemple 100) : NOM-100, NOM-101, NOM-102, etc.
- ✓ **Nom personnalisé**. Choisissez un nom personnalisé, le premier fichier portera le nom attribué sans numéro et le deuxième fichier portera le nom attribué suivi d'un tiret et du numéro 1, puis d'un numéro croissant pour chaque photo : NOM, NOM-1, NOM-2, etc.
- ✓ **Date – Nom du fichier** (date de prise de vue et nom de base) : 20080823—IMGP5455, 20080823—IMGP5456, etc.
- ✓ **Nom du fichier – Séquence**. Cette option reprend le nom de votre fichier d'origine suivi d'un nombre croissant en fonction du nombre de photos (vous pouvez choisir le numéro de départ) : IMGP5455-1, IMGP5455-2, IMGP5455-3, etc.
- ✓ **Nom du fichier** Cette option reprend le nom de votre fichier d'origine.

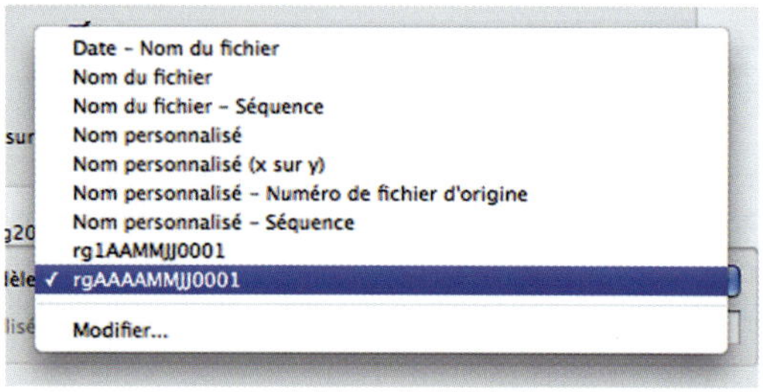

Figure 2.12 – Les différents modèles de dénomination de fichier. Les deux derniers de la liste ont été créés comme paramètres prédéfinis en cliquant sur « Modifier… ».

- ✓ **Modifier…** Ce dernier choix est plus riche car il permet de choisir la nomenclature et de la mémoriser en un paramètre prédéfini. Ce paramètre apparaîtra ensuite dans le menu **Modèle**.

En cliquant sur Modifier… vous avez ouvert la fenêtre **Editeur de modèles de nom de fichier** que nous avions déjà vu dans le chapitre 1 (figure 1.23) Choisissez par exemple le modèle **Nom du fichier – Séquence**. Vous obtenez un exemple juste en dessous entre accolades (sur PC) ou entouré de bleu (sur Mac). Il s'agit des infos qui servent à nommer les photos (figure 2.10). Le reste de la boîte de dialogue est divisé en quatre parties qui vous permettent de sélectionner et insérer des éléments pour créer votre modèle de nom de fichier.

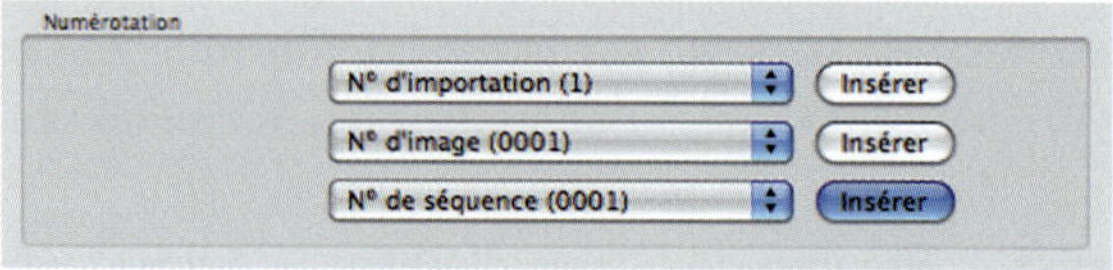

Figure 2.13 – Cliquez sur Insérer en face de « N° de séquence ».

Il est aussi possible de déplacer ces informations (sur Mac), les copier et les coller plus loin (Mac & PC) et les supprimer avec la touche **Suppr**. Dans cette zone, vous pouvez également inscrire directement des mots qui pourront faire partie des informations contenues dans votre modèle de nom.

D'un clic sur un des paramètres, vous accédez aussi à la liste des options de chacun d'eux.

- ✓ **Nom de l'image** : vous pouvez choisir le nom de fichier et son extension, ou seulement le suffixe numérique du nom de fichier.
- ✓ **Numérotation** : choisissez entre le numéro d'importation, d'image et de séquence/total. Chacun va de 1 à 5 chiffres, de 1 à 00001. Les numéros d'image et d'importation dépendent du choix que vous avez fait dans vos préférences (voir page 21).
- ✓ **Autres informations** : il s'agit des dates et heures de prise de vue dans le premier menu déroulant et des informations de prise de vue dans le second. Parmi ces informations, vous pouvez inclure l'exposition, la distance focale, la vitesse ISO, etc. Ce deuxième menu déroulant est parfois absent lors d'une importation à partir d'une carte mémoire.
- ✓ **Personnalisé :** enfin, vous pouvez choisir de proposer un texte personnalisé. Une fois de retour dans la fenêtre d'import et ce modèle validé, le texte personnalisé peut être défini.

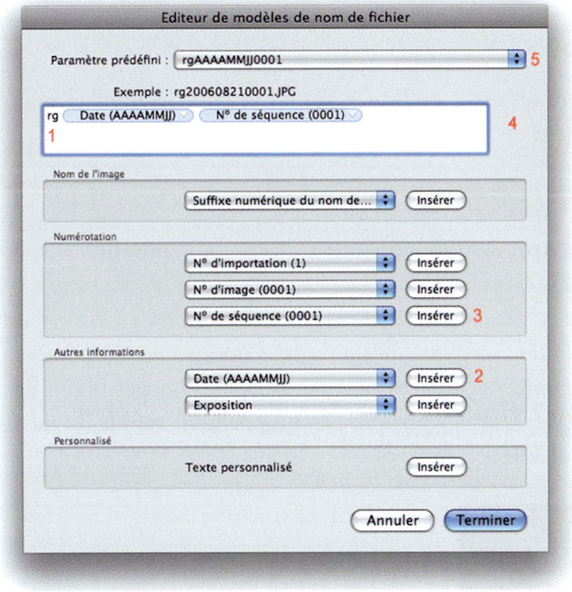

Figure 2.14 – Pour définir un nom de fichier nous avons (1) écrit les initiales de l'auteur, (2) cliqué sur **Insérer** après avoir choisi un modèle de date, (3) cliqué sur **Insérer** après avoir choisi un N° de séquence à quatre chiffres. Quand le champ (4) a été rempli, nous avons enregistré (5) ce nouveau paramètre sous le nom « rgAAAAMMJJ0001 ».

Nous vous conseillons de renommer vos fichiers afin d'être sûr de ne jamais en avoir deux possédant le même nom. Nous vous avons décrit ci-dessus toutes les possibilités, mais une méthode assez simple adoptée par beaucoup d'agences est celle décrite à la figure 2.14. À chaque fois que vous importerez des images, vous retrouverez ce modèle prédéfini et vous pourrez l'appliquer à vos images.

Dans **Paramètre prédéfini** tout en haut de la boîte de dialogue, sélectionnez **Enregistrez les paramètres actuels en tant que nouveau paramètre prédéfini…** et nommez-le. Si vous modifiez un paramètre existant, vous pouvez le mettre à jour en choisissant **Mettre à jour le paramètre prédéfini x**. Dans cette même liste, les paramètres prédéfinis peuvent être supprimés et renommés. Cliquez sur **Terminer** pour revenir à la fenêtre d'import.

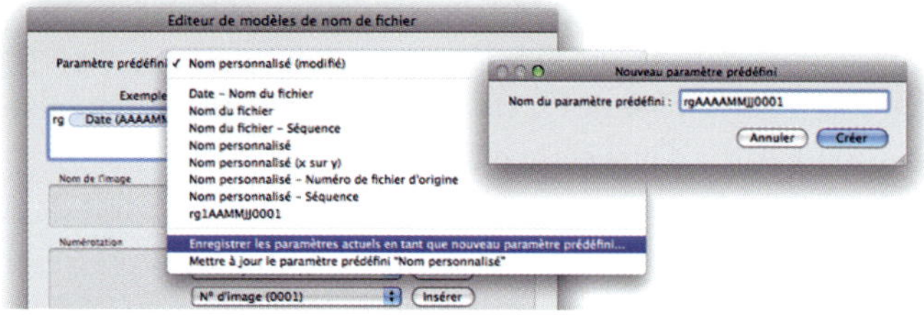

Figure 2.15 – Enregistrez un modèle de nom de fichier, après lui avoir donné un nom.

Informations à appliquer

Dans la section **Informations à appliquer**, vous avez la possibilité d'appliquer directement des corrections de développement et des métadonnées aux images importées.

Paramètres de développement

Dans le menu **Paramètres de développement**, nous vous conseillons de sélectionner le paramètre prédéfini **Création-Tonalité automatique**. Le plus souvent, cela fonctionne bien pour arranger le rendu de vos photos. Les autres paramètres prédéfinis par défaut comme **Conversion en niveau de gris, Courbe des tonalités, Cyanotype**, sont destinés à donner un style à vos photos, mais essayez-les avant de les appliquer. Ces corrections seront appliquées à toutes les images importées, mais vous aurez toujours la possibilité de les annuler dans le panneau **Développement rapide** du module **Bibliothèque** en cliquant sur le bouton **Tout rétablir**.

Figure 2.16 – Sélectionnez toutes les photos et cliquez sur **Tout rétablir**, si vous voulez supprimer le paramètre de développement que vous avez appliqué à l'importation.

Métadonnées

Les métadonnées

Les métadonnées sont des informations intégrées dans un document et permettant de le caractériser. Elles peuvent donner des renseignements sur le nom du photographe, la légende de l'image, une note, un titre, un copyright, etc. Elles permettent notamment de retrouver et de choisir des photos dans votre ordinateur ou dans une base de données. L'organisation et la nomenclature de ces informations obéissent à des standards et sont donc reconnues par de nombreux logiciels.
Les champs bien renseignés permettent de disposer d'un catalogue offrant des possibilités considérables de classification et de recherche. Si le photographe travaille avec une banque d'images, l'utilisation des champs IPTC devient alors indispensable. Prenez l'habitude de remplir très régulièrement ces champs. Pour plus de détails sur tous les champs IPTC des métadonnées, allez au chapitre sur la Bibliothèque dans la section concernant le panneau **Métadonnées** (voir page 110).

Nous allons créer ensemble un nouveau paramètre prédéfini de métadonnées que vous pourrez appliquer systématiquement à toutes les photos que vous importerez. Il s'agit simplement d'intégrer dans toutes vos photos, votre nom et vos coordonnées. Les photos numériques voyagent beaucoup plus facilement que les tirages papiers. Si un éditeur tombe un jour sur une de vos photos et souhaite l'utiliser, il disposera de toutes les informations nécessaires dans les métadonnées pour le faire et vous contacter.

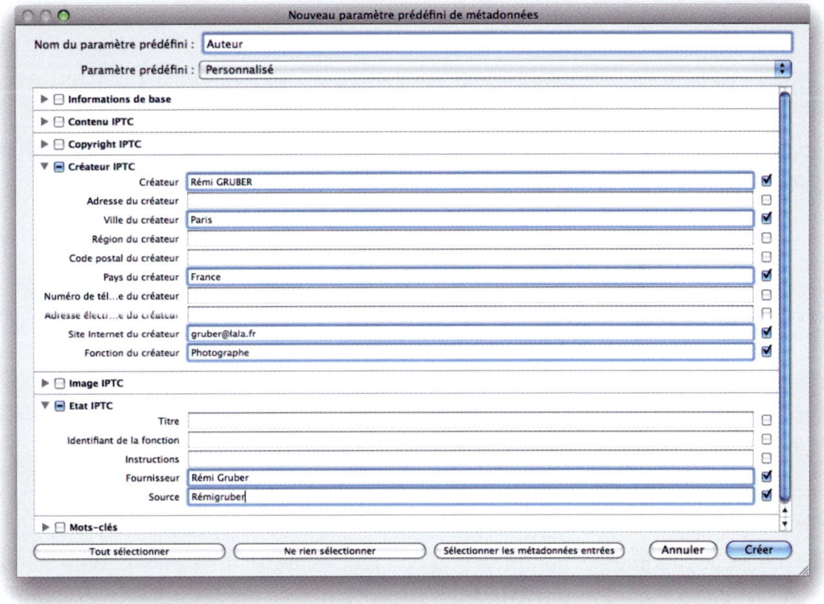

Figure 2.17 – Création d'un modèle de Métadonnées que vous pourrez intégrer systématiquement à toutes vos photos.

1. Dans le menu déroulant **Métadonnées**, cliquez sur **Nouveau...** Ceux qui connaissent Photoshop ou Bridge reconnaîtront les différents champs qui vont apparaître, mais malheureusement avec des noms parfois un peu différents.
2. Dans **Nom du paramètre prédéfini** donnez un nom, exemple « Auteur ».
3. En cliquant sur le petit triangle à gauche de **Créateur IPTC** vous faites apparaître tous les champs de cette section. Remplissez le champ **Créateur** (votre prénom et votre nom), la **Ville du créateur** (la ville où vous habitez), le **Pays du créateur** (le pays où vous vivez), l'**Adresse électronique du créateur** et la **Fonction du créateur** (photographe). Voici le minimum de champs que vous pouvez remplir, mais vous pouvez bien sûr renseigner le champ Numéro de téléphone ou d'autres si vous le désirez.
4. Dans la section IPTC, vous pouvez remplir les champs **Fournisseur** et **Source** avec vos noms et prénoms si vous n'avez pas d'agence.
5. En bas de la boîte de dialogue, des boutons vous permettent de **Tout sélectionner**, **Ne rien sélectionner** ou **Sélectionner les métadonnées entrées**. Au fur et à mesure que vous entrez des infos, les cases se cochent car Lightroom imagine que si vous renseignez un champ, c'est pour l'utiliser. Il est ensuite possible de les décocher si vous le souhaitez, ou de décocher des champs déjà renseignés. Ainsi, vous pouvez très bien appliquer un paramètre prédéfini à une série d'images, tout en décochant certaines des infos en passant par cette fenêtre.
6. Enfin, cochez **Créer** pour ajouter ce paramètre prédéfini créé à la liste.
7. Choisissez ce nouveau paramètre prédéfini que vous trouvez maintenant dans le menu déroulant **Métadonnées**.

Vous pouvez à partir de maintenant appliquer ce nouveau paramètre prédéfini « Auteur » systématiquement à toutes les photos que vous importerez. Il sera plus logique de remplir les autres champs de métadonnées qui ne seront pas identiques pour toutes les photos dans le module Bibliothèque plutôt qu'à l'importation.

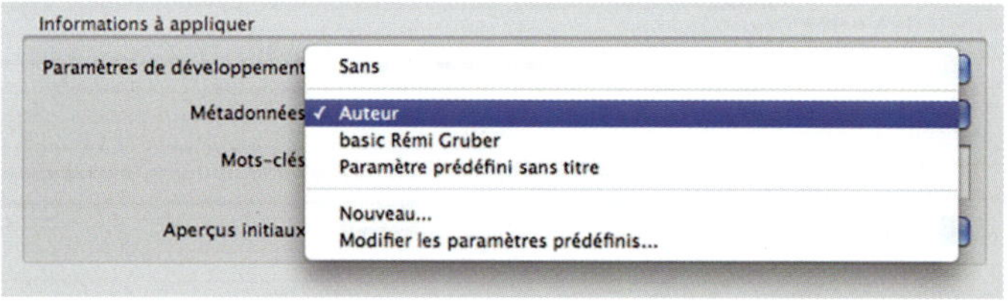

Figure 2.18 – Dans le menu déroulant Métadonnées, nous trouvons le modèle « Auteur » que nous avons créé.

Si vous désirez le modifier, le compléter ou en créer un autre vous pouvez dans le module Bibliothèque aller dans le menu **Métadonnées/Modifier les paramètres prédéfinis de métadonnées**. Vous pouvez repartir de ce paramètre prédéfini, ajouter par exemple un **Pays** dans la section **Image IPTC** pour toutes les photos que vous allez importer en revenant de votre voyage en Italie. Choisissez dans le menu déroulant **Enregistrer les paramètres actuels en tant que nouveau paramètre prédéfini...** nommez-le « Italie » et cliquez sur **Créer** puis **Terminer**.

Mots-clés

Enfin, dans la section **Mots-clés**, vous pouvez ajouter des mots décrivant de manière pertinente vos photos, afin de permettre vos recherches dans votre catalogue. Nous vous recommandons cependant d'écrire les mots-clés plutôt après l'importation dans le module Librairie, où vous trouverez des outils très efficaces pour les gérer, et où il est possible de faire un choix pour chaque image (voir page 102).

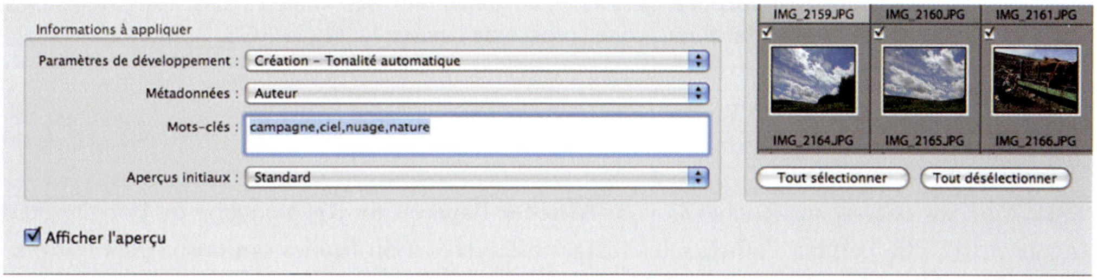

Figure 2.19 – Les mots-clés sont valables pour les deux premières images, mais pas pour la troisième. « Afficher l'aperçu » est coché.

Aperçus initiaux

Pour afficher vos photos, Lightroom utilise les aperçus créés à l'importation. Lightroom peut générer pour chaque image quatre tailles différentes : Minimum, Fichier annexe incorporé, Standard et 1:1.

- L'importation avec l'option **Minimum** utilise le plus petit aperçu incorporé dans vos fichiers originaux.
- L'importation avec **Fichier annexe incorporé,** qui est une nouveauté dans Lightroom 2 utilise le plus grand aperçu incorporé dans vos fichiers originaux. La taille des aperçus créés ainsi peut suffire pour afficher vos images en mode grille dans la bibliothèque, mais dès que vous zoomez sur vos images un aperçu de taille 1:1 est généré. Un petit message indiquant **Chargement** peut s'afficher.
- Les aperçus de taille **1:1** sont de la même définition que vos photos et permettent un affichage plus rapide en mode Loupe. Mais l'importation est plus longue et la taille du catalogue devient plus importante sur le disque dur. C'est plus précisément le fichier qui porte le même nom que votre catalogue et se terminant par Previews.lrdata qui augmentera de taille. Si ce fichier qui contient vos aperçus venait à disparaître, il se recréerait immédiatement à l'ouverture de votre catalogue et les aperçus seraient recréés si votre catalogue parvient à retrouver l'emplacement de vos originaux.

✓ Le choix de **Standard** est un bon compromis. En fonction de la définition de votre écran, vous pouvez choisir la taille des aperçus Standard dans l'onglet Gestion des fichiers des Paramètres du Catalogue (voir page 20). Vous pouvez aussi programmer à cet endroit la disparition des aperçus de taille 1:1. Ils se créeront à nouveau quand vous zoomerez sur vos images.

Vous pouvez également gérer la suppression des aperçus dans le menu **Bibliothèque/Aperçus**.

Les couleurs des aperçus

Les couleurs des aperçus provenant de vos fichiers et générés par votre appareil photo (**Minimum** ou **Fichier annexe incorporé**) peuvent être différentes des couleurs des aperçus générés par Lightroom (**1:1** et **Standard**) qui utilise l'espace de couleur ProPhoto RGB.

Afficher l'aperçu

Si ce n'est pas encore fait, cochez la case **Afficher l'aperçu** en bas à gauche de la boîte de dialogue (figure 2.18). Elle permet d'afficher les images importées à droite des options d'importation, dans la fenêtre d'import. En bas à droite, définissez la taille des vignettes d'aperçu à l'aide du curseur (figure 2.7, page 34). Des boutons sont disponibles pour **Tout sélectionner** ou **Tout désélectionner**. Enfin, cochez ou décochez vous-même chaque image pour choisir celles que vous souhaitez importer.

En bas à droite de la boîte de dialogue d'importation, vous pouvez tirer sur le coin pour agrandir la fenêtre et ainsi voir beaucoup plus de photos à la fois.

Importer depuis un autre catalogue

Nous vous avons conseillé de n'avoir qu'un seul catalogue sur votre ordinateur, mais vous pouvez avoir un portable sur lequel vous avez créé un autre catalogue lors d'un voyage, par exemple. Vous avez déjà pendant ce voyage commencer à éditer vos photos en remplissant les métadonnées, et même si votre écran de portable n'est pas d'excellente qualité, vous avez commencé à faire des corrections que vous avez envie de récupérer. C'est tout à fait possible en revenant chez vous de transférer tout ce travail avec vos images sur votre ordinateur de bureau. Copiez tout d'abord le catalogue de votre portable sur l'autre ordinateur, ainsi que les dossiers contenant les photos. Le mieux est d'avoir organisé les dossiers des photos selon la même structure.

1. Ouvrez le catalogue principal.
2. Allez dans le menu **Fichier/Importer** à partir du catalogue…
3. Accédez au catalogue de votre portable copié sur le disque dur et cliquez sur le bouton **Ouvrir** (Windows) ou **Sélectionner** (Mac OS).

4. Sélectionnez les dossiers ou les photos à importer dans la section **Contenu du catalogue**.

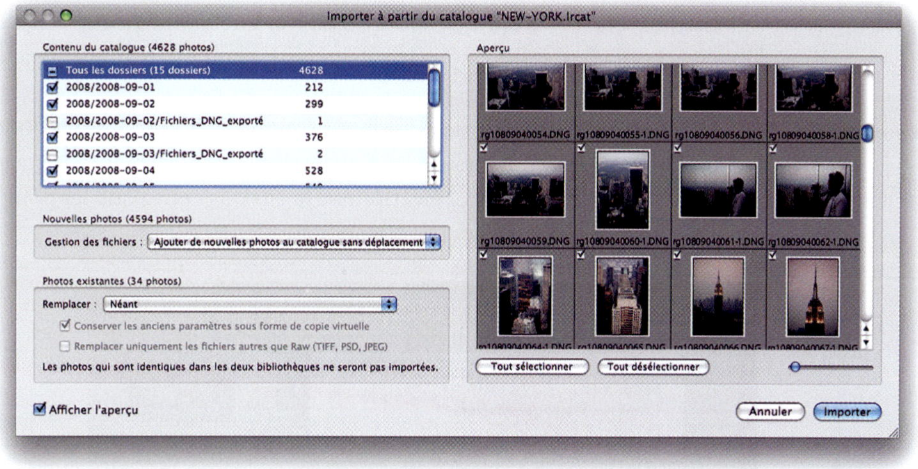

Figure 2.20 – Dans cette fenêtre d'importation nous avons fait les choix décrits ci-dessous pour importer des photos à partir d'un autre catalogue créé sur un portable lors d'un voyage.

5. Dans la section **Nouvelles photos/Gestion des fichiers**, choisissez **Ajouter de nouvelles photos au catalogue sans déplacement**. Vous n'avez pas accès à l'option **Copier les nouvelles photos dans un nouvel emplacement et les importer** car le catalogue de votre portable ne retrouve plus le chemin pour accéder aux photos originales que vous avez recopié. L'option **Ne pas importer les nouvelles photos** servirait à n'importer que des photos existantes dans le catalogue ouvert, ce qui n'est pas le cas dans notre exemple.
6. Dans la section **Photos existantes/Remplacer**, choisissez **Néant**, car vous n'importez dans notre exemple que de nouvelles photos. Les deux autres options concernent le cas où les photos existeraient déjà dans le catalogue et que vous avez apporté des changements dans l'autre catalogue.
   - Si vous sélectionnez **Métadonnées, paramètres de développement et fichiers négatifs** vous remplacerez tous les paramètres des photos existantes dans le catalogue ouvert. En choisissant cette option, vous pouvez sélectionner l'option **Conserver les anciens paramètres sous forme de copie virtuelle** afin de conserver une sauvegarde. Vous pouvez aussi sélectionner l'option **Remplacer uniquement les fichiers autres que Raw (TIFF, PSD, JPEG)** pour ne pas remplacer les fichiers Raw. Si les changements apportés aux fichiers Raw concernent uniquement les métadonnées, sélectionnez cette option pour gagner du temps.
   - Si vous sélectionnez **Métadonnées et paramètres de développement uniquement** c'est pour que les fichiers négatifs (les photos source) ne soient pas modifiés. Si vous choisissez cette option, vous voudrez peut-être sélectionner l'option **Conserver les anciens paramètres sous forme de copie virtuelle afin de conserver une sauvegarde**.

7. Cliquez sur **Importer**. La durée de l'importation risque d'être assez importante si vous avez fait beaucoup de photos durant votre voyage. Patientez et allez jeter un œil sur votre catalogue. Dans le module Bibliothèque vous voyez dans la Grille les photos qui commencent à apparaître. Dans le panneau **Dossiers** vous allez voir vos dossiers caractérisés comme manquants avec un point d'interrogation.
8. Faites un clic droit sur le dossier parent (le dossier qui contient d'autres dossiers ou vos photos). Choisissez **Rechercher le dossier manquant...**. Recherchez l'emplacement où vous avez copié les photos qui étaient sur votre portable. Sélectionnez-le et vous verrez que les points d'interrogation ont disparu et qu'il n'y a plus de dossiers manquants.

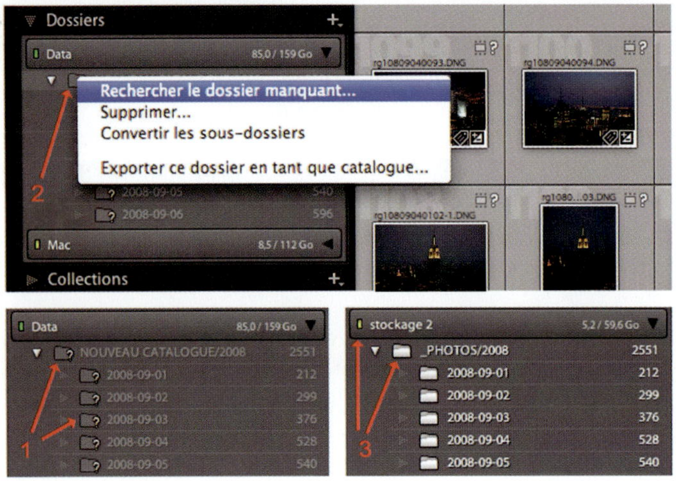

Figure 2.21 – (1) Les dossiers manquants sont marqués d'un point d'interrogation. (2) Faites un clic droit sur le dossier parent et choisissez **Rechercher le dossier manquant**. (3) Après la sélection du dossier les points d'interrogation ont disparu et le disque de stockage a changé.

Importation automatique

Lightroom propose un système d'importation automatique. Il est surtout utile quand vous travaillez en studio et que vous avez un appareil photo connecté à l'ordinateur et capable d'y transférer vos fichiers au fur et à mesure. Vous pourrez ainsi voir très rapidement vos images dans un catalogue pour les sélectionner et les trier. Ce travail fait dans le catalogue pourra bien sûr être transféré dans votre catalogue principal comme nous l'avons vu plus haut. Vous allez pouvoir utiliser un dossier de transfert où placer vos photos. Elles seront alors automatiquement importées dans Lightroom, retirées du dossier et déplacées dans le dossier que vous aurez choisi pour sauvegarder vos photos.

1. Allez dans le menu **Fichier/Importation automatique/Paramètres d'importation automatique**.

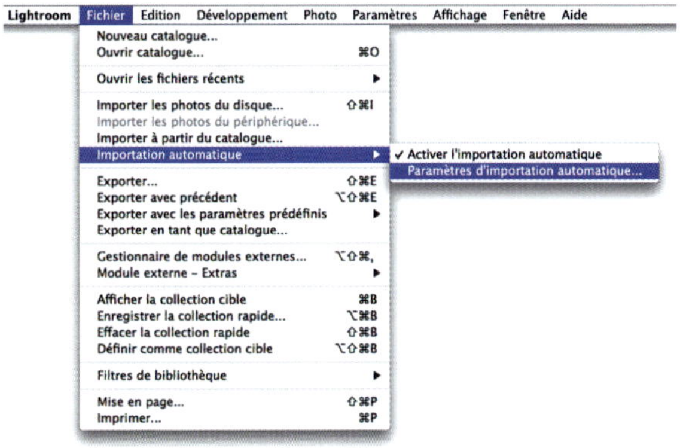

Figure 2.22 – Dans le menu Fichier choisissez Paramètres d'importation automatique.

2. Cliquez sur **Sélectionner** pour définir le dossier de contrôle, celui qui sera contrôlé par Lightroom à chaque fois qu'une image y sera placée.
3. Il doit s'agir d'un dossier vide. Vous pouvez le créer en dehors de Lightroom ou bien par la fenêtre de sélection. Ce dossier n'est pas celui qui va archiver vos images, mais un dossier de transition. Aussi, vous devez indiquer où les images doivent ensuite être déplacées.
4. Dans **Destination**, cliquez sur **Sélectionner** et choisissez le dossier où vos images seront transférées. Vous pouvez utiliser le dossier **Images** de Mac ou **Mes images** sous Windows.
5. Dans la section **Dénomination de fichier**, vous pouvez choisir de renommer les fichiers qui vont être transférés. Cela fonctionne comme lors d'un import classique.
6. Dans la section **Informations**, vous pouvez choisir d'appliquer automatiquement des réglages aux photos importées, comme lors d'un import classique : paramètre de développement, métadonnées et mots-clés.
7. Cliquez sur OK.

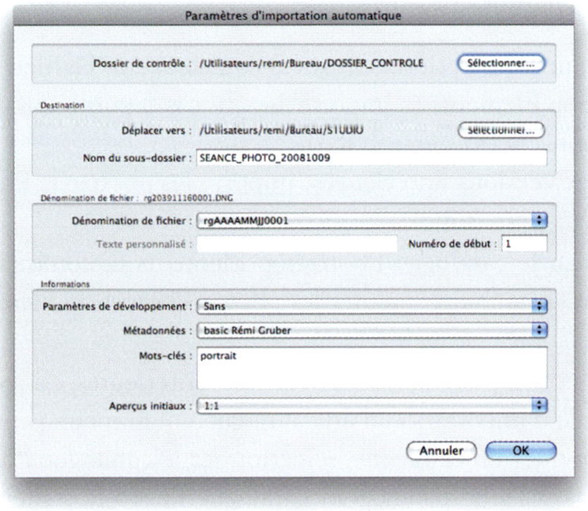

Figure 2.23 – Paramètres d'importation automatique pour un travail en studio.

Par défaut, l'importation automatique n'est pas activée. Pour l'activer, faites **Fichier/Importation automatique/Activer l'importation automatique**.

Afin de voir comment fonctionne cette option, rendez-vous à l'endroit où vous avez créé le dossier de transition. Ouvrez-le. Ouvrez un autre dossier contenant des images encore non cataloguées par Lightroom. Sélectionnez quelques images et copiez-les dans le dossier de transition (si vous souhaitez conserver l'original) ou bien déplacez-les si vous ne souhaitez pas les conserver dans le premier dossier. Souvenez-vous que les images ne font que passer dans ce dossier, elles disparaîtront donc du dossier de transition une fois l'import effectué.

Revenez dans Lightroom et ouvrez le panneau **Dossiers** du module Bibliothèque. Vous y verrez le dossier **Photos importées automatiquement** et le nombre à sa droite augmentera doucement. Les photos se chargent en tâche de fond. Et comme pour toute importation dans Lightroom, vous pouvez continuer d'utiliser les outils et l'interface pendant l'import.

Retournez maintenant dans le dossier de transition. Les images n'y sont plus.

Cette procédure présente un inconvénient si vous avez décidé d'organiser vos dossiers par date à l'importation, car toutes vos photos se retrouvent dans un unique et même dossier. Vous aurez néanmoins la possibilité de créer ces dossiers et déplacer vos photos a posteriori dans le module Bibliothèque.

Importer depuis Photoshop Elements

Adobe a pour habitude de faire travailler ses logiciels ensemble. Ainsi, il est possible d'importer des photos que vous avez déjà classées à l'aide de Photoshop Elements. Les bibliothèques sont en effet assez compatibles pour que les infos soient récupérées.

Adobe dans son menu d'aide nous donne les conseils suivants :

1. Dans le module Bibliothèque, choisissez l'une des options suivantes dans le menu Fichier.
   - **Mettre à niveau le catalogue Photoshop Elements 6**. Importe des photos depuis le catalogue Photoshop Elements sélectionné (ignorez la troisième étape).
   - **Importer de Photoshop Elements 5 et versions antérieures**. Importe les photos de Photoshop Elements 3.x à 5.x. (ignorez la deuxième étape).
2. Si vous choisissez l'option Mettre à niveau le catalogue Photoshop Elements 6, confirmez ou modifiez le catalogue Lightroom auquel vous souhaitez ajouter les photos Photoshop Elements. Ensuite, cliquez sur Mettre à niveau.
3. Si vous choisissez l'option Importer de Photoshop Elements 5 et versions antérieures, cliquez sur OK si un message vous signale que la durée d'importation d'un catalogue volumineux peut être longue. Dans la boîte de dialogue Sélectionner un catalogue, sélectionnez le catalogue Photoshop Elements par défaut ou recherchez dans l'arborescence un catalogue Photoshop Elements dans un emplacement personnalisé. Cliquez ensuite sur OK.

3 Découverte de l'interface

Vous avez sans doute commencé à voir dans la grande fenêtre de Lightroom les photos que vous avez importé.

Cette interface a demandé un travail de recherche, de développement et de conseil auprès des utilisateurs qui ont pu donner leur avis durant les versions Bêta de Lightroom 1 et de Lightroom 2. Ce travail de recherche et cet échange ont mené à une interface simple et intuitive.

L'interface de Lightroom a été conçue pour gérer un flux d'images numériques et réaliser différentes tâches. Nous allons voir comment elle est faite, ce qu'elle contient et comment la personnaliser en fonction du type de travail que vous devez exécuter.

Les panneaux

Afin de travailler le plus confortablement possible, commençons par passer le logiciel en plein écran en cliquant sur l'icône **Agrandissement** de la fenêtre de l'interface sur Windows ou le **+** (bouton vert) sur Mac.

La fenêtre de travail de Lightroom se divise en différentes zones :

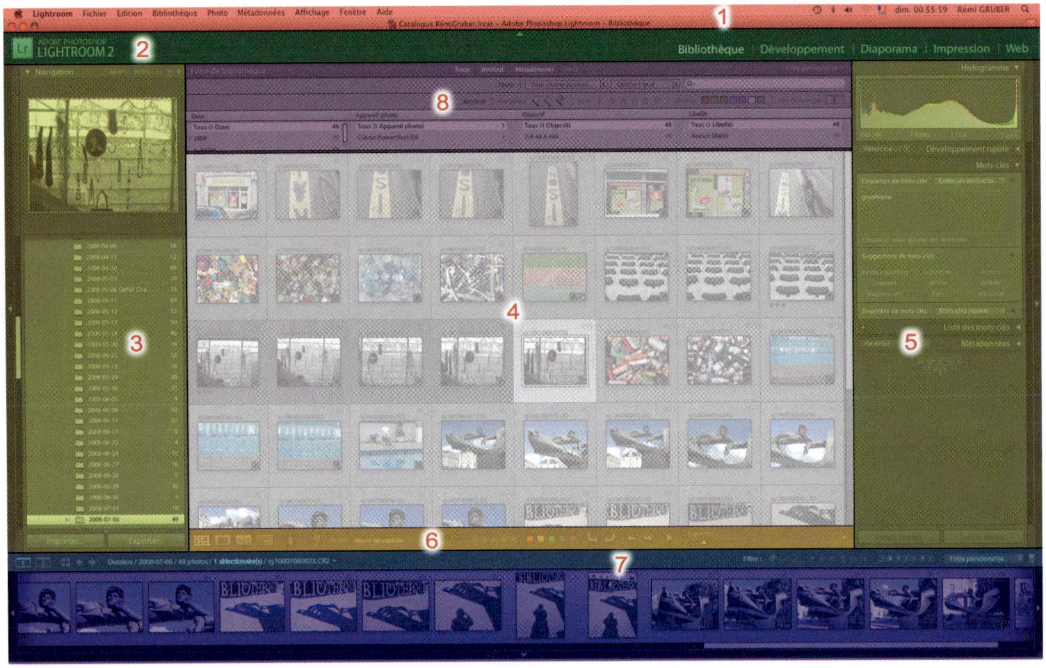

Figure 3.1 – Les différentes zones de l'interface de Lightroom.

1. Pour Windows, barre de titre du logiciel et barre des menus ou pour Mac barre de titre de la fenêtre avec barre des menus en haut de l'écran. Attention la barre de menus est différente selon le module choisi.
2. Plaque d'identité et Sélecteur de modules (rétractable).
3. Groupe de Panneaux de gauche (rétractable).
4. Panneau central.
5. Groupe de Panneaux de droite (rétractable).
6. Barre d'outils.
7. Le Film Fixe avec sa propre barre d'outils (rétractable).
8. La barre de filtres **uniquement** présente dans le module Bibliothèque (rétractable).

Le menu **Fenêtre/Panneaux** vous permet d'avoir accès à l'affichage ou au masquage des divers panneaux. Vous avez ainsi accès également à leurs raccourcis :

- ✓ Masquer/Afficher les panneaux latéraux (3 et 5) : Tab.
- ✓ Masquer/Afficher tous les panneaux : Maj+Tab.
- ✓ Masquer/Afficher les panneaux de module de droite (3) : F8.
- ✓ Masquer/Afficher les panneaux de module de gauche (5) : F7.
- ✓ Masquer/Afficher le film fixe (7) : F6.
- ✓ Masquer/Afficher le sélecteur de modules (2) : F5.

Les raccourcis F7 et F8 ne fonctionnent pas sur les nouveaux claviers Mac aluminium.

Le menu **Affichage** vous donne aussi accès à :

- ✓ Masquer/Afficher la barre d'outils : T (comme Tools, « outils » en anglais).
- ✓ Masquer/Afficher la barre de filtres : $ (uniquement avec le module Bibliothèque).

Personnalisation de l'affichage

Nous avons vu comment modifier l'affichage des panneaux par les raccourcis, mais vous pouvez aussi choisir l'affichage de la barre de titre et de la barre des menus, et **Plein écran avec panneaux masqués**. Nous allons également voir l'utilisation des flèches que l'on trouve sur les bords extérieurs de la fenêtre pour masquer les panneaux.

Utilisation des raccourcis ou du menu

Utilisez la touche **F** du clavier pour passer d'un mode d'affichage à l'autre, **Normal**, **Plein écran avec menus**, **Plein écran.** Si vous connaissez Photoshop, c'est un peu la même chose. Vous retrouvez aussi cette option dans le menu **Fenêtre/Mode d'affichage**.

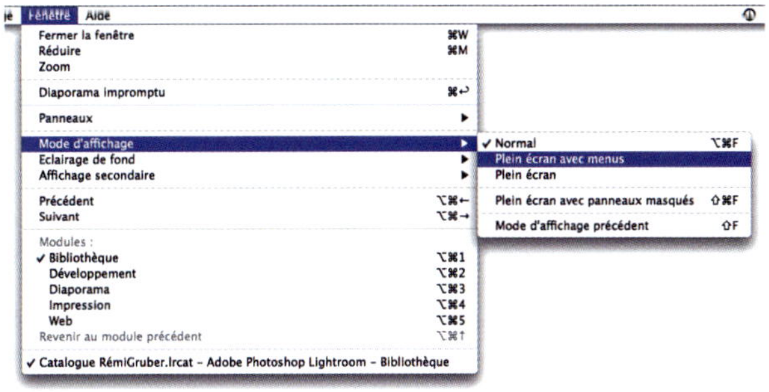

Figure 3.2 – Définissez dans le menu Fenêtre votre mode d'affichage.

Figure 3.3 – En cliquant successivement deux fois sur la touche F, nous sommes passés en mode Plein écran. Nous avons masqué la barre de titre puis la barre des menus. Cliquez une nouvelle fois sur la touche F pour revenir en mode Normal.

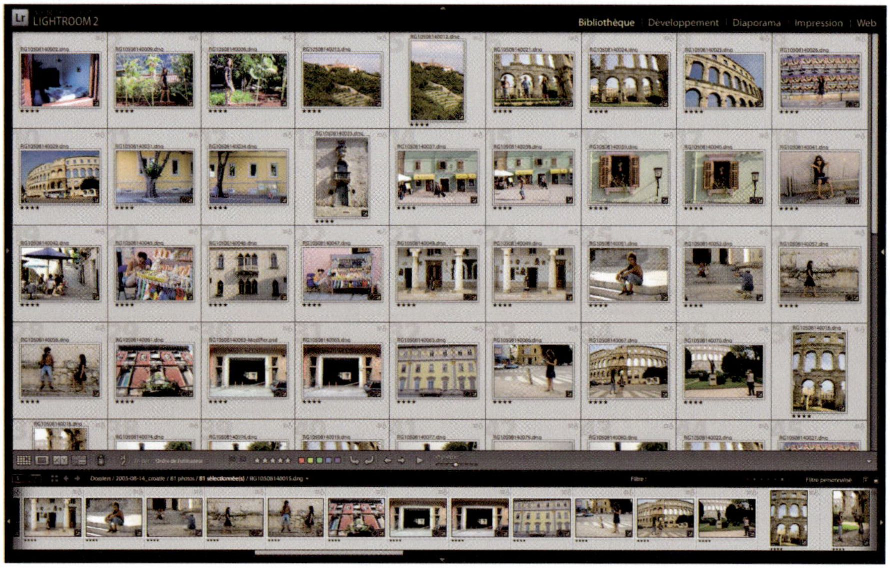

Figure 3.4 – En appuyant sur la touche Tab, nous avons masqué les panneaux latéraux, alors que nous étions en mode Plein écran.

Figure 3.5 – En appuyant sur Ctrl+Maj+F (Windows) ou Cmd+Maj+F (Mac) nous avons masqué tous les panneaux, la barre de titre et la barre des menus. La barre d'outils en bas du panneau central reste affichée. Réutilisez les mêmes touches pour revenir au mode d'affichage antérieur.

Utilisez le raccourci **Ctrl+Maj+F** sur Windows ou **Cmd+Maj+F** sur Mac pour passer l'interface en plein écran, avec les menus mais cette fois sans les panneaux. Utilisez le raccourci **Maj+Tab** pour masquer tous les panneaux sans changer de mode d'affichage. Si le fond des cellules apparaît plus clair que sur votre écran, c'est parce que nous les avons toutes sélectionnées, **Ctrl/Cmd+A**.

Utilisation des flèches

De manière plus simple, les panneaux d'en haut, d'en bas, de gauche et de droite peuvent être masqués en cliquant sur les flèches qui leur sont accolées. Cliquez à nouveau sur ces flèches pour les rouvrir.

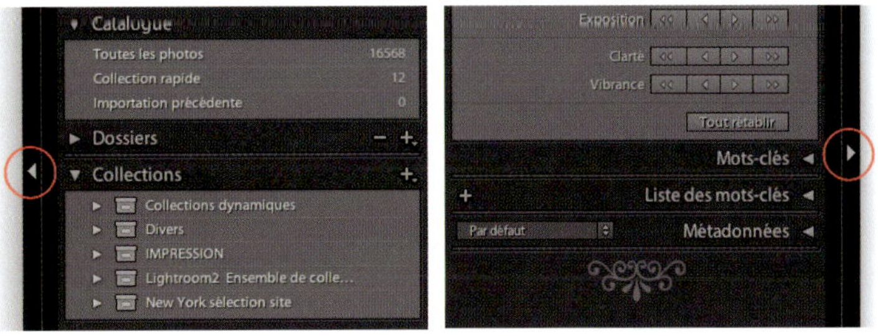

Figure 3.6 – Utilisez les flèches à côté des panneaux pour les masquer et les afficher. Nous avons ici représenté les panneaux latéraux mais vous pouvez aussi utiliser celles du Sélecteur de modules (en haut) et du film fixe (en bas).

Lorsque les panneaux sont masqués, si vous survolez cette flèche sans cliquer, ils apparaissent momentanément et vous pouvez les utiliser. L'avantage de cette méthode c'est que le panneau central ne se réduit pas : les panneaux apparaissent par-dessus. En vous déplaçant à nouveau, ils disparaissent. Ceci est le réglage par défaut. Mais si vous ne souhaitez pas que les panneaux s'affichent en les survolant, faites un clic droit (**Ctrl + clic** sur Mac) sur les flèches de chaque panneau et choisissez dans le menu contextuel entre **Masquage et affichage automatiques**, **Masquage automatique** ou **Manuel**. En sélectionnant **Manuel**, il faudra cliquer sur la flèche pour afficher un panneau et le survol simple n'aura aucun effet.

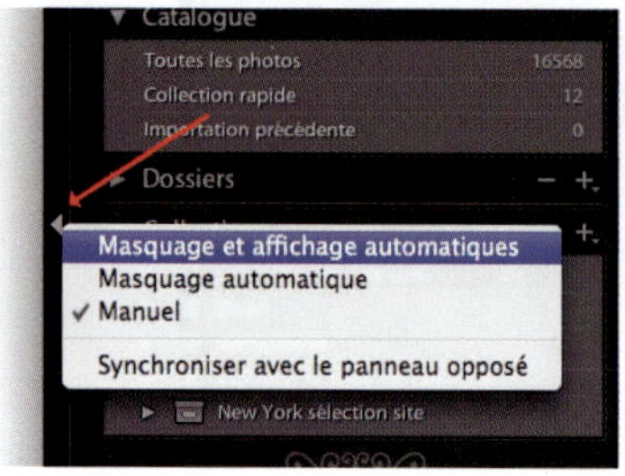

Figure 3.7 – Un clic droit sur les flèches pour choisir le mode d'affichage et masquage des panneaux.

Notez que les groupes de panneaux et le film fixe peuvent être agrandis et réduits. En cliquant sur leur côté intérieur à la limite du panneau central, une double flèche apparaît et, en la faisant glisser, permet la modification de la taille des panneaux.

Ouverture et fermeture des panneaux

Pour chaque module les groupes de panneaux droite et gauche se modifient. Chaque panneau porte un nom. En cliquant sur ce nom ou la petite flèche à gauche, vous affichez ou masquez le contenu de ce panneau.

Mode Solo

Par défaut, les panneaux sont en mode **Solo**. C'est-à-dire que vous ne pouvez ouvrir qu'un panneau à la fois. Un clic sur le panneau suivant fermera celui qui est déjà ouvert.

Figure 3.8 – Un clic droit sur un des noms de panneau pour choisir le mode d'ouverture des panneaux.

Pour changer de mode et pouvoir ouvrir plusieurs panneaux en même temps, faites un clic droit (**Ctrl + clic** sur Mac) sur le nom d'un des panneaux (sauf **Navigation** et **Histogramme** qui sont à part) et décochez **Mode Solo**. Vous pouvez à présent ouvrir plusieurs panneaux simultanément. Pour des écrans de 19 pouces ou moins, restez en mode **Solo**.

Pour ouvrir et fermer tous les panneaux d'un seul clic, faites **Ctrl** ou **Cmd + Clic** sur l'un des noms de panneaux (sauf **Navigation** et **Histogramme**).

Barre de défilement

En décochant **Solo**, vous vous retrouvez avec plusieurs panneaux ouverts. Pour accéder aux autres panneaux que vous ne voyez pas, utilisez la molette de la souris en plaçant votre pointeur au-dessus des panneaux ou bien utilisez la barre de défilement sur le côté.

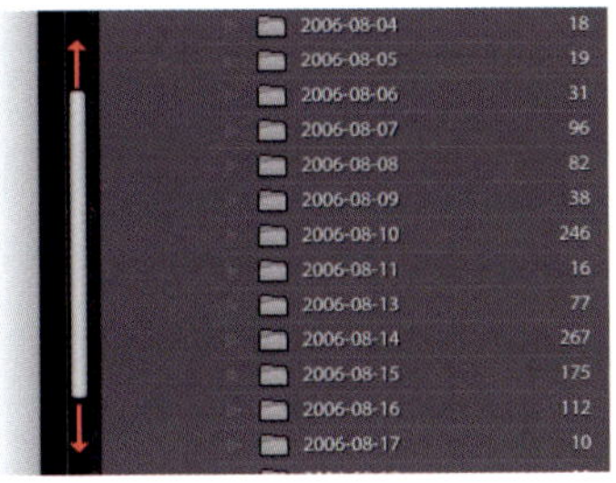

Figure 3.9 – Utilisez la barre de défilement pour naviguer dans vos panneaux.

Interrupteur

Dans le module **Développement** et dans le **Film Fixe**, les panneaux disposent d'une sorte d'interrupteur qui leur permet d'activer ou désactiver les fonctions du panneau. Cela peut être pratique pour éviter les clics involontaires, mais cela annule par la même occasion les réglages faits dans les panneaux de droite du module Développement, ou les filtres choisis dans la barre d'outils du Film Fixe.

Dans le module **Développement**, dans les panneaux de droite, cet interrupteur se trouve à gauche des noms des panneaux. Dans le **Film Fixe**, il se trouve complètement à droite.

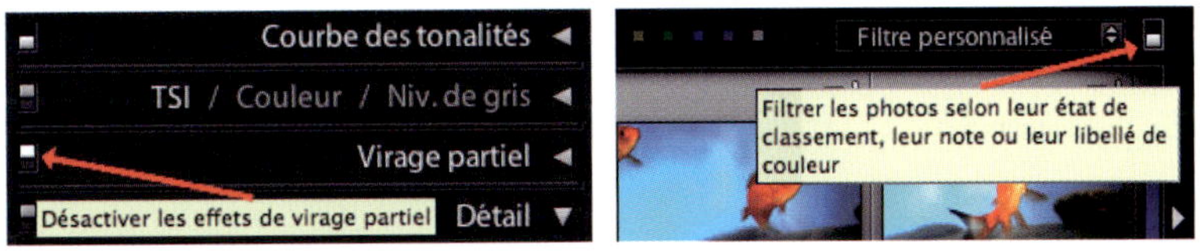

Figure 3.10 – À gauche dans le module Développement, le carré blanc de l'interrupteur est en haut : le panneau Virage partiel est activé. En cliquant dessus, vous le désactiverez. À droite dans la barre d'outils du Film fixe, le carré blanc de l'interrupteur est en bas : le filtre est désactivé. En cliquant dessus, vous l'activerez.

Affichage sélectif

Enfin, il existe une autre possibilité pour modifier l'affichage des panneaux. Faites un clic droit (**Ctrl + clic** sur Mac) sur l'un des panneaux de gauche ou de droite et vous obtenez un menu contextuel qui vous permet de choisir les panneaux que vous souhaitez afficher. Cette fonction est assez pratique pour gagner de l'espace, si vous n'utilisez pas tous les panneaux. Il suffit de les décocher. Vous pouvez aussi choisir **Tout développer** ou **Tout réduire**, pour ouvrir ou fermer tous les panneaux, ou bien **Tout afficher** ou **Tout masquer**. Attention, si vous avez choisi Tout masquer, vous devez faire un clic droit sur la fioriture pour retrouver le menu.

Vous pouvez aussi accéder au choix des panneaux à afficher par le menu **Fenêtre/Panneaux**.

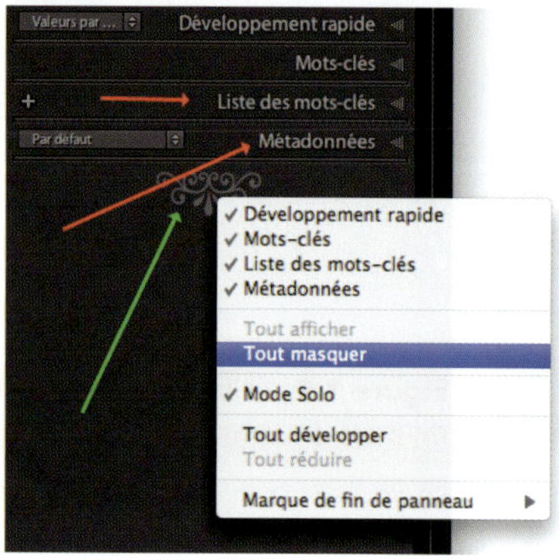

Figure 3.11 – Un clic droit sur le nom d'un des panneaux pour décider quel panneau afficher (flèches rouges). Faites un clic droit sur la fioriture si vous avez masqué tous les panneaux.

Éclairage de fond

Pour bien visualiser ses images, il est mieux d'avoir un fond neutre qui ne perturbera pas notre perception. Aussi, Adobe a prévu la possibilité, en plus du masquage des panneaux, de recouvrir progressivement d'une couleur de fond tout votre écran, excepté le panneau central (sauf s'il n'y a aucune image sélectionnée).

La touche **L** comme Light (lumière), vous permet de passer d'un mode à l'autre : **Eclairage normal**, **Eclairage réduit** et **Fond noir**. Vous pouvez y accéder également par le menu **Fenêtre/Eclairage de fond**. Malgré son nom, le fond n'est pas forcément noir. La couleur et l'intensité de la réduction de l'éclairage dépendent de votre choix dans l'onglet Interface des préférences (voir page 17).

Figure 3.12 – Nous pouvons comparer à gauche l'interface en Eclairage normal et à droite en Eclairage réduit.

Et le dernier est le mode **Eclairage de fond**, où vous ne distinguez plus les panneaux, mais juste l'image. Quelle que soit l'intensité de l'éclairage de fond, toute l'interface reste active, des panneaux aux menus.

Figure 3.13 – Nous avons obtenu un fond noir en cliquant une deuxième fois sur la touche L.

Fond noir pour choisir ses images

Si on ne dispose pas d'un deuxième écran, c'est un excellent mode quand on veut par exemple sélectionner ses meilleures photos en les examinant à la taille maximum sur un fond neutre. Affichez en plein écran avec les panneaux masqués **Ctrl/Cmd+Maj+F**, appuyez deux fois sur **L** et faites défiler vos photos en cliquant sur les touches directionnelles droite ou gauche du clavier. Vous pouvez même en profiter pour commencer à choisir les meilleures en appuyant sur les touches **P** pour les meilleures ou **X** pour celles que l'on veut jeter (voir page 130).

Les modules

Lightroom est composé de plusieurs **Modules**. C'est un peu comme s'il était constitué de plusieurs petits logiciels.

- ✓ Le premier module : **Bibliothèque** permet d'importer et classer vos photos, et de réaliser des corrections sur un ensemble d'images sélectionnées.
- ✓ Le second module : **Développement** permet de développer vos photos à l'aide de divers réglages avancés.
- ✓ Le troisième module : **Diaporama** permet de réaliser un slideshow pour le visionner dans Lightroom ou dans une autre application en l'enregistrant en PDF, à l'aide de modèles prédéfinis et d'options de mise en forme.
- ✓ Le quatrième module : **Impression** permet d'imprimer les photos sélectionnées et des planches contact à l'aide de modèles prédéfinis et d'options de mise en page.
- ✓ Le cinquième module : **Web** permet la création de galeries photos pour le Web à l'aide de modèles prédéfinis.

Figure 3.14 – Le panneau sélecteur de Modules avec à droite la plaque d'identité (1), en haut la flèche pour masquer le panneau (2). Ici, nous avons choisi le module Diaporama (3) qui apparaît plus clair que les autres noms de modules.

Dans **Fenêtre/Modules,** vous pouvez accéder aux diverses sections. Mais ce n'est pas la seule méthode pour y parvenir. En haut de l'interface, se trouve le **Sélecteur de module** qui affiche les noms des modules. Pour passer d'un module à l'autre, il vous suffit de cliquer dessus. Mais si vous êtes un adepte des raccourcis clavier, les voici :

- ✓ Bibliothèque : **Ctrl/Cmd +Alt + 1**

- ✓ Développement : **Ctrl/Cmd +Alt + 2**
- ✓ Diaporama : **Ctrl/Cmd +Alt + 3**
- ✓ Impression : **Ctrl/Cmd +Alt + 4**
- ✓ Web : **Ctrl/Cmd +Alt + 5**

En travaillant dans Lightroom, il peut vous arriver de passer d'un module à l'autre, d'un dossier à l'autre. Ces affichages successifs sont enregistrés dans un historique qui peut être reconstitué en utilisant le raccourci **Ctrl/Cmd + Alt +** les touches directionnelles gauche et droite du clavier, comme si vous utilisiez les flèches Avancer ou Reculer de votre navigateur web. Vous pouvez également utiliser les flèches situées à gauche dans le **Film Fixe**.

Le raccourci **Ctrl/Cmd + Alt +** touche directionnelle vers le haut du clavier vous permet de revenir au module précédemment affiché.

Le Film Fixe

Le **Film Fixe** est la bande horizontale en bas de la fenêtre de Lightroom dans laquelle viennent s'afficher les photos que vous avez choisies dans le groupe de panneaux gauche du module Bibliothèque (voir page 73). Quel que soit le module choisi, le **Film Fixe** garde la même apparence. Vous pouvez modifier sa taille et celle des vignettes en cliquant sur le bord supérieur qui jouxte la barre d'outils et en déplaçant la double flèche qui apparaît avec le bouton enfoncé.

On trouve une nouveauté de Lightroom 2, dans le coin supérieur gauche du Film Fixe où se trouvent deux petites icônes représentant un écran : le numéro 1 et le numéro 2. Il est effectivement possible depuis la version 2 d'afficher une Seconde fenêtre soit sur un seul écran soit sur un deuxième écran. Nous y reviendrons un peu plus loin (voir page 67).

Figure 3.15 – Redimensionnez le Film Fixe en plaçant le pointeur de la souris sur le bord supérieur droit (1), et en le déplaçant avec la souris enfoncée. Cliquez sur l'icône (2) pour afficher un deuxième écran.

Sélection d'une série d'images

Pour faire une sélection de plusieurs photos dans le **Film Fixe** (ou dans la grille) :

- ✓ Sélectionnez des photos contiguës en cliquant sur une première image dont le fond s'éclaircit, faites défiler la barre de défilement, pressez et maintenez la touche **Maj** enfoncée et cliquez la dernière photo de votre choix.
- ✓ Sélectionnez des photos non contiguës en pressant la touche **Ctrl/Cmd** à chaque fois que vous voulez ajouter une autre photo à la sélection. Recliquez sur une photo déjà sélectionnée avec la touche **Ctrl/Cmd** pour la désélectionner.

Défilement

Lorsque vous avez sélectionné un dossier avec beaucoup de photos, vous pouvez les faire défiler en utilisant la barre de défilement horizontale qui se trouve en bas du **Film Fixe**. Vous pouvez également faire défiler le **Film Fixe** en utilisant les flèches situées à droite et à gauche, à l'extrémité des vignettes. Si votre souris est équipée d'une molette, vous pourrez l'utiliser pour faire se dérouler le **Film Fixe**, en vous plaçant au-dessus.

Figure 3.16 – Utilisez la barre horizontale pour faire défiler le Film Fixe (1) ou les flèches (2) dans la barre d'outils.

Notez aussi que si vous faites une sélection de photos dans le **Film Fixe** alors que vous êtes en mode **Loupe** (cliquez sur **E**) en utilisant la molette de la souris au-dessus du panneau central, vous passerez d'une photo à l'autre, mais uniquement parmi les photos sélectionnées.

Affichage

Dans le module **Bibliothèque**, pour voir une des photos du **Film Fixe** dans le panneau central, cliquez simplement une fois dessus si vous êtes déjà en mode **Loupe**. Si vous êtes en mode **Grille**, double-cliquez dessus (pour les autres modules, nous verrons le fonctionnement dans les chapitres concernés).

La photo apparaît au centre. Vous pouvez sélectionner une autre photo d'un clic ou utiliser les touches directionnelles gauche et droite du clavier ou encore utiliser les flèches gauche et droite (figure 3.16) dans la barre d'outils pour passer d'une photo à l'autre. Vous les trouverez dans le menu déroulant de la barre d'outils si elles ne sont pas affichées par défaut.

Attention, les flèches situées dans le **Film Fixe** à gauche n'ont rien à voir avec le fait de passer d'une image à l'autre. Ce sont des flèches qui permettent de naviguer d'un module à l'autre suivant un historique qui s'est créé depuis l'ouverture de votre catalogue.

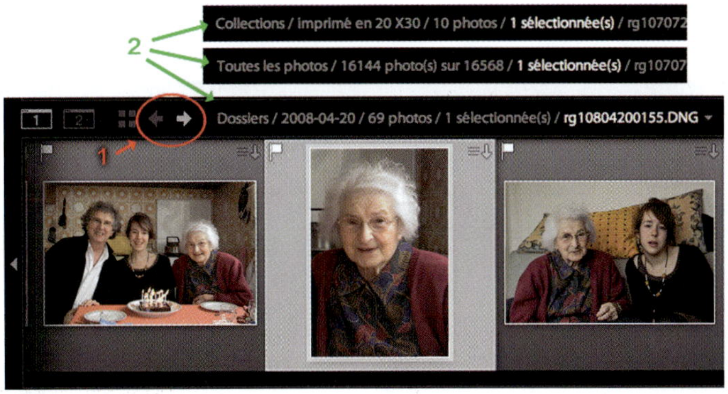

Figure 3.17 – Utilisez les flèches (1) pour revenir en arrière dans les modes d'affichage. Au-dessus du Film Fixe s'affichent les fichiers sélectionnés (2).

Dans la partie gauche supérieure du **Film Fixe**, Lightroom affiche également le nom de l'un des éléments des panneaux de gauche choisi (**Toutes photos/16144 photos…**, par exemple, ou **Collection/ Imprimé…**, **Dossiers/2008…**, etc.), le nombre de photos contenues, le nombre de photos sélectionnées et le nom de la photo active (figure 3.17, flèches vertes). Faites un clic sur cette zone pour choisir le type d'images à afficher. Dans ce menu n'apparaissent que les éléments des panneaux de gauche qui ont déjà été affichés dans le **Film Fixe**.

Figure 3.18 – Cliquez dans la zone encadrée en rouge pour afficher les derniers dossiers sélectionnés dans le groupe de panneau de droite dans le module Bibliothèque.

Photo Active

Lorsque vous sélectionnez plusieurs photos dans le Film Fixe ou en mode Grille, elles apparaissent avec un fond éclairci, mais l'une d'entre elles a un fond un peu plus clair que les autres, c'est la photo dite Active. C'est celle-là qui s'affichera dans le panneau central si vous passez en mode Loupe ou dans le module Développement. Pour rendre une autre image active, il suffit de cliquer dessus.

À tout moment, quel que soit le module dans lequel vous êtes, vous pouvez revenir à la **Bibliothèque**, en mode **Grille**, en cliquant en haut à gauche du **Film Fixe** sur les quatre carrés ou en utilisant le raccourci touche **G**.

Figure 3.19 – Dans le Film Fixe, la photo active apparaît sur un fond plus clair que toutes les autres photos qui sont également sélectionnées. C'est la photo active qui s'affiche dans le Panneau central. La photo qui s'affiche dans le panneau Navigation en haut à gauche est la photo sur laquelle se trouve le pointeur de la souris dans le Film Fixe.

Les filtres

En haut à droite du **Film Fixe** se trouvent des Filtres : par marqueur, par notes, par libellés de la couleur. Pour les afficher ou les masquer, vous devez cliquer sur le mot **Filtre**. Nouveauté dans Lightroom 2, ces filtres se retrouvent également au-dessus de la grille du module Bibliothèque (voir page 136). Ils permettent de choisir un affichage en fonction de certains critères. Nous verrons comment attribuer ces critères aux photos dans le chapitre **Bibliothèque** (voir page 130).

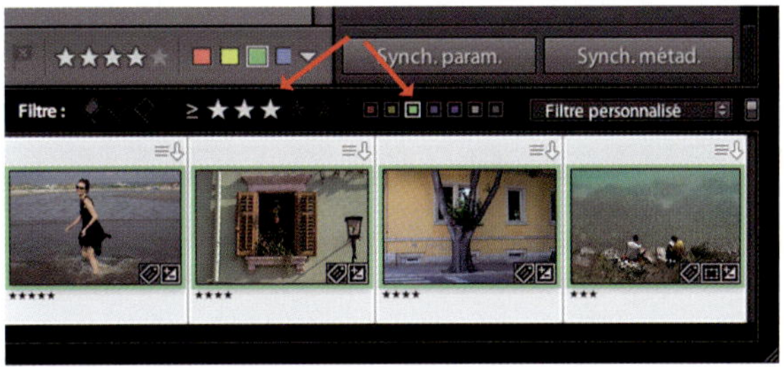

Figure 3.20 – Grâce aux filtres, nous avons sélectionné les photos qui avaient trois étoiles au moins et un libellé de couleur vert.

Le premier filtre symbolisé par des petits drapeaux est basé sur l'état du **Marqueur** : **Marquée** (drapeau blanc), **Neutre** (drapeau en pointillé) ou **Rejetée** (drapeau noir). Ici, vous pouvez afficher les photos en fonction de ce marqueur : toutes les photos, les marquées, les rejetées ou les neutres. Il suffit de cliquer sur un des drapeaux correspondants. Il est également possible de combiner les marqueurs pour, par exemple, afficher les photos marquées et neutres ou neutres et retenues, ou toute autre combinaison.

Figure 3.21 – Nous avons sélectionné les photos marquées (flèche verte) et neutres (flèche rouge). Vous remarquerez dans le Film Fixe la présence d'un drapeau blanc au-dessus des photos marquées et d'un cadre blanc autour. Les photos neutres n'ont pas de drapeau, mais sont entourées d'un cadre noir.

Les étoiles symbolisent les **Notes**. Elles permettent de noter les photos sur une échelle de 1 à 5. Nous verrons également plus loin comment les appliquer. Ici, en cliquant sur la première étoile à gauche, vous afficherez uniquement les photos marquées d'une étoile, en cliquant sur la seconde, vous afficherez les photos marquées de deux étoiles, etc. Un menu déroulant s'affiche en cliquant sur le signe mathématique juste à gauche des étoiles. Il permet de définir si l'on veut afficher les photos avec **La note est supérieure ou égale à (≥)**, **La note est inférieure ou égale à (≤)** ou **La note est égale à (=)**. Dans la figure 3.20, nous avons utilisé **La note est supérieure ou égale à (≥)**.

Figure 3.22 – Cliquez sur le signe mathématique pour dérouler le menu permettant de le modifier.

Viennent ensuite les **Libellés de la couleur** qui permettent de caractériser vos photos d'une autre manière que les marqueurs ou les notes. Les critères selon lesquels vous attribuez des libellés de couleur se feront selon vos besoins. Nous verrons plus loin comment attribuer ces couleurs et paramétrer les critères (voir page 132). Ici, comme pour les étoiles, ces cases colorées servent à afficher les images selon la couleur qui leur est attribuée. Il est possible de choisir plusieurs couleurs. Il suffit de cliquer une fois sur un carré de couleur pour le sélectionner ou le désélectionner.

Notez qu'il existe deux nouveaux filtrages possibles qui ne correspondent pas à des couleurs de libellé. Le premier est représenté par un carré blanc. Il affiche les photos avec le « **Libellé personnalisé** ». Il sélectionnera les photos possédant un libellé, qui ne correspond pas à la liste utilisée que l'on peut trouver dans le menu **Métadonnées/Ensemble de libellés des couleurs/Modifier...** L'utilisation de ce filtre peut être un excellent moyen de sélectionner les photos auxquelles on aurait attribué une étiquette de couleur avec un autre libellé par exemple dans Bridge. Le dernier filtrage possible est représenté par un carré gris, qui affiche les photos n'ayant « **Aucun libellé** ».

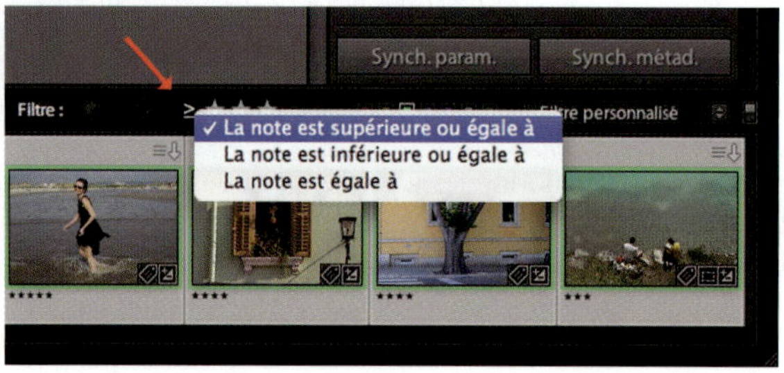

Figure 3.23 – Faites un clic droit sur un des carrés affichant les libellés pour connaître la valeur que vous lui avez attribuée. Le vert signifie ici « Bon pour l'utilisation ».

Vous pouvez activer ou désactiver les filtres, en cliquant sur l'interrupteur à droite des filtres dans le **Film Fixe**. Ceci modifiera bien sûr la sélection des photos affichées dans le film fixe ou la grille (voir page 121).

La seconde fenêtre

La seconde fenêtre est une nouveauté dans Lightroom 2. Nous avons maintenant la possibilité de travailler simultanément sur deux écrans., l'un affichant la **Fenêtre principale**, l'autre la **Seconde fenêtre** (figure 1.1 page 2). Pour afficher cette **Seconde fenêtre**, il suffit de cliquer tout à gauche dans le Film fixe sur le petit écran 2 (figure 3.15). La seconde fenêtre ouvre par défaut la photo sélectionnée en mode Loupe. Notons bien que si il n'y a pas de deuxième écran connecté, c'est une seconde fenêtre flottante qui s'affiche sur le même écran.

Figure 3.24 – Nous avons fait un clic droit sur l'écran 2 (flèche rouge) et choisi l'ouverture de la Seconde Fenêtre en mode Loupe Interactive. Dans le coin en bas à droite nous avons choisi le rapport d'agrandissement 1:1 et fermé le haut de la fenêtre en cliquant sur la petite flèche (flèche verte). La photo sélectionnée en bas dans le Film Fixe s'affiche à la fois en mode loupe dans le panneau central de la Fenêtre principale et dans la Seconde Fenêtre.

Un clic maintenu sur cette icône nous permet de voir qu'il est possible d'afficher cette fenêtre en différents modes. Ce sont les mêmes modes que l'on retrouve dans la partie haute de la seconde fenêtre. À gauche, les options Grille (**Maj + G**), Loupe (**Maj + E**), Comparaison (**Maj + C**), Ensemble (**Maj + N**), sont les mêmes que la fenêtre d'affichage des images du Panneau central. Ces options sont décrites dans la section *Les modes d'affichages du Panneau central* (voir page 121).

Dans le mode Grille (**Maj + G**), il est possible de modifier la taille des vignettes en faisant glisser le curseur en bas de la fenêtre. Notons qu'il n'est pas possible d'afficher le mode Grille à la fois dans la fenêtre principale et la Seconde fenêtre, mais qu'il est possible d'utiliser les filtres du Film fixe de la Fenêtre principale pour faire une sélection.

Dans le mode Loupe, vous pouvez régler l'agrandissement à droite dans le bas de la fenêtre. Ce sont les mêmes options que vous pouvez trouver dans le panneau Navigation du module Bibliothèque (voir page 74). Le mode Loupe peut être affiché dans les deux fenêtres à la fois et il permet trois options d'affichage :

- ✓ Loupe **Normale** (**Maj + E**) affiche la photo sélectionnée dans la fenêtre principale. Les affichages des deux fenêtres peuvent être dans un rapport d'agrandissement différent (figure 3.24).
- ✓ Loupe **Interactive** affiche la photo qui se trouve sous le pointeur dans la Grille ou le Film fixe de la fenêtre principale. La Seconde fenêtre est alors semblable à l'aperçu visible dans le panneau Navigation des modules Bibliothèque et Développement, mais avec la possibilité de l'afficher à une très grande taille (figure 3.25).

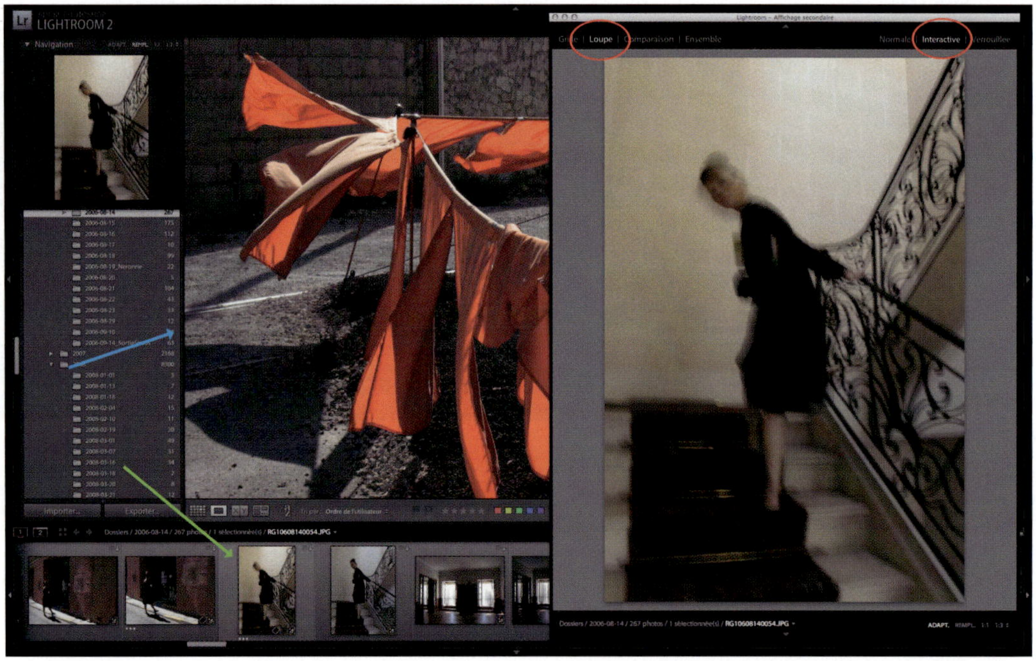

Figure 3.25 – Nous avons choisi le mode Loupe Interactive. La photo sélectionnée (flèche bleue) s'affiche en mode Loupe dans le panneau central de la Fenêtre principale. La photo qui s'affiche dans la Seconde Fenêtre est celle sur laquelle est positionné le pointeur de la souris (flèche verte).

✓ Loupe **Verrouillée** garde affichée la photo sélectionnée quand vous avez actionné ce mode, quelle que soit la photo sélectionnée ou la place du curseur dans la fenêtre principale. La Seconde fenêtre devient un écran indépendant de votre fenêtre principale. Pour changer la photo affichée il faudra revenir au mode Normale ou Interactive (figure 3.26).

Figure 3.26 – Nous avons choisi le mode Loupe Verrouillée. La photo sélectionnée (flèche bleue) s'affiche en mode Grille dans le panneau central de la Fenêtre principale. La photo qui s'affiche dans l'aperçu du panneau Navigation est celle sur laquelle est positionné le pointeur de la souris (flèche verte). La photo qui s'affiche dans la Seconde Fenêtre est complètement indépendante elle a été sélectionnée puis l'option Verrouillée a été choisie.

Nous ne pouvons malheureusement pas pour l'instant utiliser les outils sur cette seconde fenêtre, mais en travaillant sur la fenêtre principale, cela permet de visualiser son travail. Pour fermer la seconde fenêtre, cliquez sur le bouton Seconde fenêtre.

Configuration de la plaque d'identité

Faites **Edition/Configuration de la plaque d'identité** sur PC ou **Lightroom/Configuration de la plaque d'identité…** sur Mac. La plaque d'identité contient soit votre nom, soit une image. Elle va vous servir à personnaliser votre travail. Vous pourrez ainsi personnaliser l'interface (en haut à gauche du panneau Sélecteur de Modules), le diaporama (voir page 216), l'impression (voir page 241) et le site Web.

Dans la fenêtre qui apparaît, commencez par cocher la case **Activer la plaque d'identité**. Vous devez choisir entre une plaque avec une image (photo, logo, etc.) ou une plaque avec du texte. Commençons par le texte. Cochez la case **Utiliser une plaque d'identité avec un style texte**. Entrez un texte, qui ne peut être que sur une ligne. Il peut s'agir de votre nom ou du nom de votre société. Sous le champ de texte, choisissez la typo et son style. Choisissez ensuite le corps (la taille) du texte. À droite du corps du texte se trouve une case permettant, d'un clic, de choisir la couleur du texte de la plaque. Cliquez, choisissez une couleur et validez.

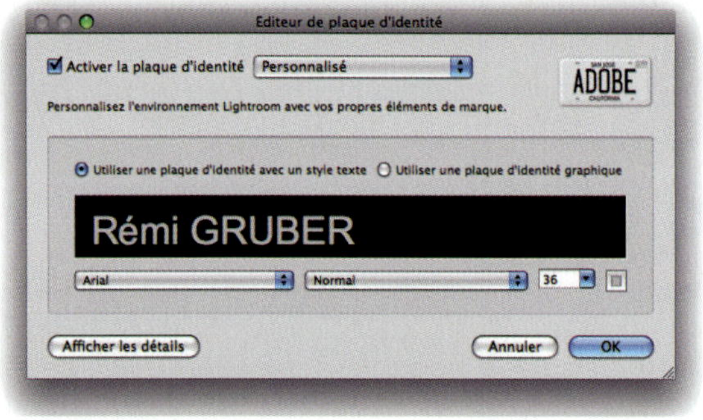

Figure 3.27 – Edition de la plaque d'identité.

Cliquez sur **Afficher les détails** en bas à gauche de la boîte de dialogue. Cela vous permet de paramétrer également le texte du nom des modules en haut à droite de l'interface. Ici aussi, vous pouvez choisir une typo, un style, un corps et cette fois deux couleurs. La première pour la couleur du nom du module actif et la seconde pour le nom des modules inactifs.

Si vous préférez utiliser une image ou votre logo dans la plaque d'identité, cochez la case **Utiliser une plaque d'identité graphique**. Le champ de texte devient alors une zone où vous pouvez glisser une image qui ne doit pas faire plus de 57 pixels de hauteur. Si vous ne l'avez pas à portée de clic, cliquez sur **Rechercher le fichier**. Naviguez dans votre ordinateur vers le fichier qui vous intéresse, sélectionnez-le et faites OK. Le fichier se place alors dans l'espace prévu. Vous pouvez vous en séparer en cliquant sur **Effacer l'image**.

Vous avez la possibilité d'enregistrer cette plaque. Ainsi, vous pourrez en créer plusieurs selon vos besoins. Dans le menu déroulant, choisissez **Enregistrer sous**. Donnez un nom à votre plaque et validez.

Pour supprimer une plaque, sélectionnez-la dans le même menu et choisissez **Supprimer toujours dans ce menu**.

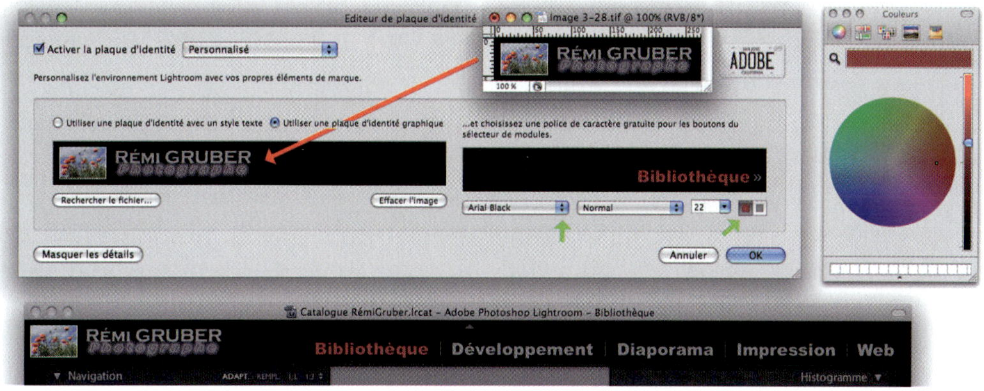

Figure 3.28 – Nous avons fait glisser une image dans la zone noire (flèche rouge) et changé la police et la couleur du nom des modules à l'aide du sélecteur de couleurs. Vous pouvez voir le résultat en dessous.

4 Bibliothèque

Comme nous l'avons vu en introduction, Lightroom est composé de cinq modules. C'est dans le premier module que vous allez gérer vos photos.

Par gestion, nous entendons, regarder, examiner, choisir et classer les photos à l'aide de dossiers, de collections, de notes, de couleurs et en écrivant les métadonnées et les mots-clés. Nous verrons également que Lightroom, pour vous aider à choisir vos photos, propose des outils pour les comparer deux à deux, ou en plus grand nombre, comme autrefois lorsqu'on mettait ses diapositives sur la table lumineuse.

Certains professionnels de la photo appellent tout ce travail « faire l'editing ». Grâce à ce travail, vous pourrez archiver vos milliers de photos et les retrouver facilement plus tard.

Panneaux de gauche

Dans le chapitre précédent, nous avons passé en revue les différentes méthodes d'importation de photos. Vos photos, une fois importées, sont visibles dans le module **Bibliothèque**.

Nous avons vu dans la section de manipulation de l'interface, comment gérer le **Film Fixe** et l'affichage des différents Panneaux (voir page 53). Voyons à présent leur contenu dans ce module. Le groupe des panneaux de gauche permet, par différents moyens, de choisir les photos que l'on affiche dans le panneau central.

Tout en bas du panneau de gauche se trouvent deux boutons pour l'import et l'export. Le panneau Etiquettes de mots-clés qui se trouvait ici dans Lightroom 1 a été déplacé dans le groupe des panneaux de droite en s'appelant désormais Liste de mots-clés et ce qu'on trouvait dans le panneau Explorateur de Métadonnées se trouve désormais dans la **Barre de filtres** (touche $) du panneau central au-dessus des vignettes.

Panneau Navigation

Le panneau **Navigation** qui est également présent dans le module Développement affiche une vue de la photo sélectionnée. Lorsque vous zoomez sur une photo dans le panneau central, la partie affichée à l'écran est alors encadrée de blanc.

Vous pouvez déplacer ce cadre dans le panneau **Navigation** pour modifier la partie de la photo affichée dans le panneau central.

En haut de ce panneau, à droite du nom, vous pouvez choisir le niveau de zoom.

Figure 4.1 – Vous pouvez choisir votre niveau de zoom et cliquer sur la double flèche pour faire apparaître le menu où choisir d'autres niveaux de zoom. Le cadre blanc incrusté dans l'image du panneau Navigation indique la zone affichée dans le panneau central et permet de la déplacer.

- ✓ **Adapt.** : Permet d'adapter la photo à l'écran. Elle apparaît alors entière, quitte à ce que certaines parties du panneau central soient vides.

- ✓ **Rempl.** : Remplit le panneau central, quitte à ce qu'une partie de la photo soit rognée (mais pas au-delà de 100 % de la taille en pixels de la photo).
- ✓ **1:1** : Affiche la photo à 100 % de sa taille en pixels. Le panneau **Navigation** est alors très utile.
- ✓ **3.1** : Par défaut. Ici, vous pouvez choisir de 1.4 à 11.1 pour votre zoom en cliquant sur le menu déroulant à droite.

Dans l'un des deux derniers modes de zoom, vous pouvez aussi cliquer dans le panneau de navigation à divers endroits de l'aperçu. Le cadre de sélection se déplace alors en prenant votre clic comme centre.

En mode **Adapt.** ou **Rempl.**, votre pointeur se change en loupe aussi bien au-dessus de l'image du panneau navigation que sur l'image en mode Loupe dans le panneau central. Si vous cliquez, vous passez automatiquement dans le dernier niveau de zoom utilisé (1:1 ou un des rapports d'agrandissement choisi dans le menu déroulant).

Panneau Catalogue

Le panneau **Catalogue** contient au moins trois dossiers. D'un clic sur l'un de ces dossiers, vous accédez à différentes sélections de photos. Chacun de ces dossiers affiche à sa droite le nombre de photos qu'il contient.

- ✓ Le premier, **Toutes les photos**, affiche toutes les photos importées dans le catalogue ouvert.
- ✓ **Collection rapide** permet de rassembler momentanément une série de photos de votre choix pour les comparer ou travailler dessus dans le module Bibliothèque.
  1. Cliquez sur **Toutes les photos**.
  2. Sélectionnez différentes photos dans le panneau central en maintenant la touche **Ctrl/Cmd enfoncée**.
  3. Glissez-les sur **Collection rapide** ou cliquez sur le petit cercle en haut à droite de chaque photo. Un nombre apparaît à droite de **Collection rapide** : le nombre de photos que vous venez d'ajouter à la collection rapide.
  4. Cliquez une fois sur **Collection rapide**. Les photos que vous venez d'y glisser apparaissent. Elles n'ont pas pour autant été déplacées. La collection indique juste votre sélection temporaire. Vous pouvez en ajouter de la même façon ou en supprimer en cliquant dessus et en utilisant la touche Suppr. Vous pouvez également cliquer sur le petit cercle en haut à droite des vignettes, si la collection rapide est désignée comme cible. La collection rapide est par défaut la collection cible. Si c'est le cas, vous devez trouver à côté de Collection rapide un signe Plus (+). Sinon faites un clic droit sur Collection rapide pour la désigner comme Collection cible.
- ✓ **Importation précédente** affiche les photos de la dernière importation.

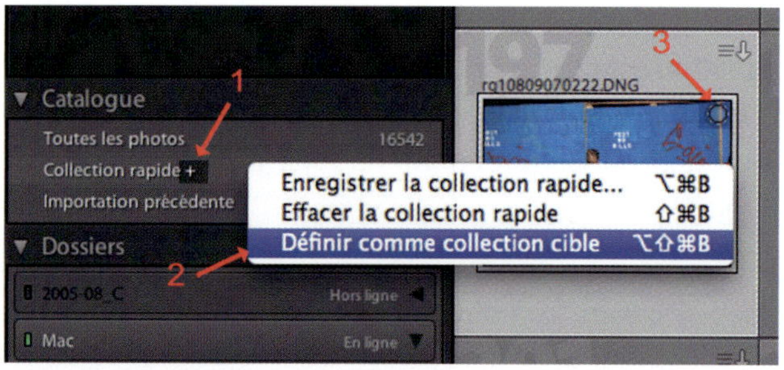

Figure 4.2 – Si vous ne voyez pas le petit signe Plus (1), faites un clic droit pour désigner la Collection rapide comme Collection cible (2). Cliquez sur le petit rond pour envoyer une photo dans la Collection cible.

D'autres collections temporaires peuvent apparaître dans ce panneau selon les tâches que vous avez réalisées :

✓ **Exportation précédente en tant que catalogue**, si vous avez créé un autre catalogue à partir de celui-ci (voir page 44).

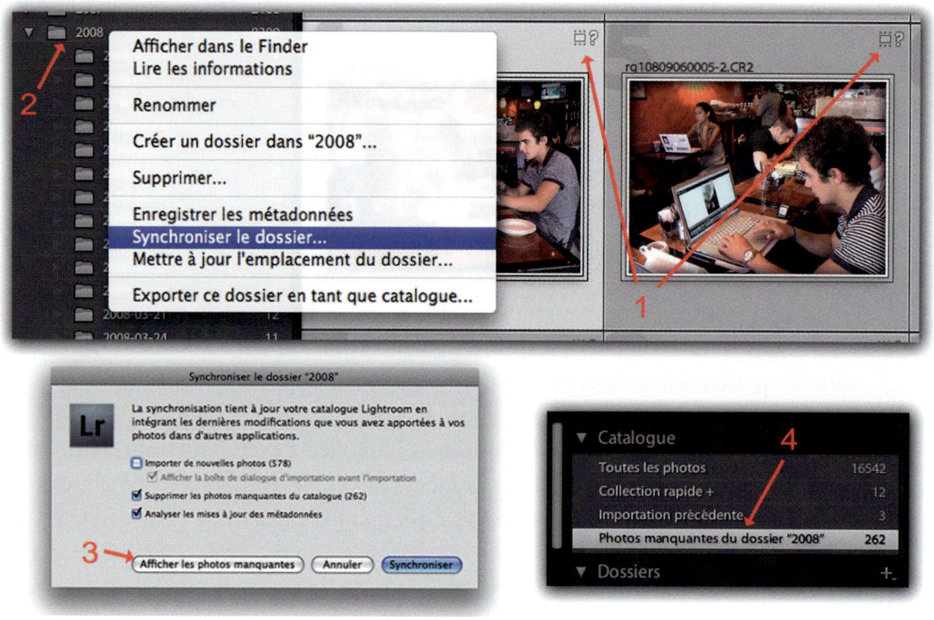

Figure 4.3 – Vos vignettes affichent un point d'interrogation (1). Pour voir les photos manquantes dans le catalogue, faites un clic droit sur le dossier parent (2) et choisissez Synchroniser le dossier… Cliquez sur Afficher les photos manquantes (3), une collection temporaire se crée alors dans votre panneau Catalogue (4).

- ✓ **Photos manquantes du dossier "XXX"**, collection temporaire qui affiche toutes les photos manquantes du catalogue (figure 4.3). Ce sont les photos que vous avez supprimées ou déplacé d'un dossier sans utiliser Lightroom, et qui affichent un point d'interrogation sur leur vignette.

Panneau Dossiers

Le panneau des **Dossiers** affiche depuis Lightroom 2 les volumes (disques durs, clés USB, CD ou DVD) dans lesquels se trouvent vos photos cataloguées. Ils sont représentés dans des petits cadres.

Les volumes

À droite du nom des volumes se trouve une petite flèche qui permet d'afficher ou de masquer les dossiers qui contiennent des images répertoriées dans votre catalogue (voir figure 2.5 page 32).

À gauche, un petit rectangle vertical coloré indique l'état du volume :

- ✓ Le voyant gris foncé (ainsi que le nom) signifie que le volume n'est pas connecté à votre ordinateur.
- ✓ Le voyant vert signifie que le volume est connecté à votre ordinateur et que vous avez beaucoup d'espace disponible.
- ✓ Le voyant orange signifie que le volume est connecté à votre ordinateur et que vous avez peu d'espace disponible.
- ✓ Le voyant rouge signifie que le volume est connecté à votre ordinateur et que vous n'avez plus d'espace disponible ou que vous ne pouvez rien enregistrer, comme par exemple sur un CD.

Faites un clic droit (**Ctrl + Clic** sur Mac) sur l'un des volumes connectés pour choisir quelles informations vous désirez afficher :

- ✓ **Afficher dans l'Explorateur** (PC) ou dans **le Finder** (Mac) permet d'ouvrir une fenêtre indiquant l'emplacement du volume.
- ✓ **Propriétés** (PC) ou **Lire les Informations** (Mac) ouvre la fenêtre d'informations concernant le volume.
- ✓ **Informations sur le volume** permet de choisir un affichage d'informations associées au volume sur la droite du cadre.
  - **Espace disque** affiche l'espace disponible et la capacité du disque.
  - **Nombre de photos** affiche le nombre de photos répertoriées dans le catalogue présent sur ce volume.
  - **Etat** affiche si le volume est en ligne ou hors ligne.
  - **Sans** n'indique aucune information. C'est le même type d'informations qui s'affiche pour chaque volume.

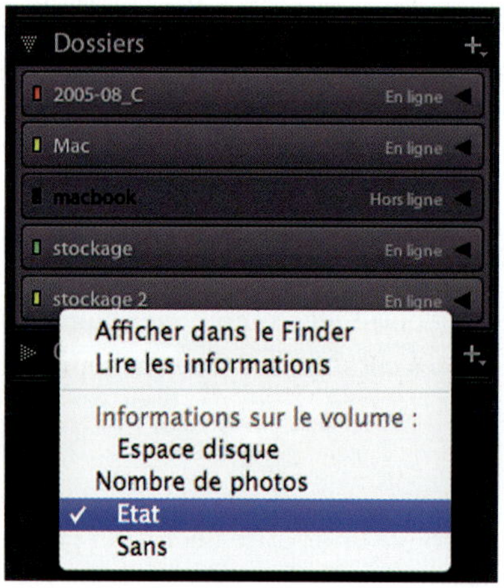

Figure 4.4 – Dans le panneau Dossiers, nous voyons cinq volumes. Les couleurs à gauche indiquent l'espace disponible, dans le menu en bas nous avons choisi d'afficher l'état du Volume lisible sur la droite.

Ajouter ou supprimer un dossier

Les dossiers créés dépendent des options que nous avons choisies lors de l'importation des photos, et il est en général inutile d'en créer d'autres (voir page 35).

Nous verrons qu'il vaut mieux créer des collections. Mais si cela était malgré tout nécessaire, cliquez sur le bouton **+** qui se trouve au bout à droite du nom du panneau **Dossiers**, et deux options se présentent :

- ✓ **Ajouter un sous-dossier…** permet de créer directement un dossier dans le dossier sélectionné. Il suffit de donner un nom à ce dossier et de choisir d'y inclure ou non les photos sélectionnées. Cette option est également possible par un clic droit (**Ctrl + Clic** sur Mac) sur l'un des dossiers.
- ✓ **Ajouter un dossier…** permet de créer un dossier vide à n'importe quel endroit de votre ordinateur ou d'un volume connecté. Cette option ne permet pas d'y inclure directement des photos sélectionnées. Si vous choisissez un dossier contenant des photos, la fenêtre **Importer les photos** s'ouvrira et le seul choix sera d'**Ajouter les photos au catalogue sans les déplacer**.

Il est également possible en cliquant sur le bouton **+** qui se trouve au bout à droite du nom du panneau **Dossiers** de choisir la manière dont s'affiche le nom du dossier racine : **Nom du dossier uniquement**, **Chemin du volume** et **Dossier et chemin** du volume.

Dans le menu **Bibliothèque/Nouveau dossier…** vous pouvez aussi créer un dossier.

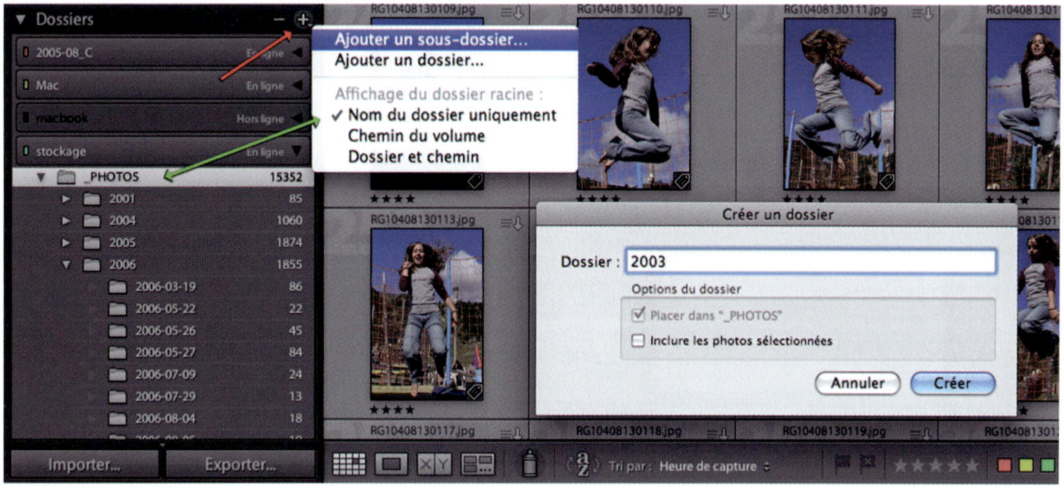

Figure 4.5 – Nous avons cliqué sur le signe Plus (flèche rouge) pour ajouter un sous-dossier « 2003 » dans le dossier racine « _PHOTOS », dont est affiché uniquement le nom (flèche verte).

Déplacer des photos d'un dossier à l'autre

Faisons un essai. Sélectionnez une photo et glissez-la dans un autre dossier. Lightroom vous prévient à travers une boîte de dialogue que la photo sera concrètement déplacée. Si vous ne souhaitez pas voir cette boîte à nouveau, cochez la case **Ne plus afficher**.

Comme l'indique cette fenêtre, il faut savoir que si vous avez créé un dossier sur un autre disque dur, comme un disque externe ou sur une partition, et selon le nombre de photos sélectionnées, cela peut prendre du temps. Il n'est pas possible de déplacer un fichier en le dupliquant puisque Lightroom refuse les doublons. De même, si vous déplacez un fichier avec une copie virtuelle, celle-ci sera également déplacée.

Afficher dans l'Explorateur ou le Finder, lire les informations et enregistrer les métadonnées

Un menu contextuel est disponible pour chaque dossier. Faites un clic droit (**Ctrl + Clic** sur Mac) sur l'un des dossiers. Vous pouvez demander à ce qu'un des dossiers soit affiché dans le **Finder** sur Mac ou dans l'**Explorateur** sur PC ou en choisissant **Lire les Informations** ouvrir la fenêtre des Informations le concernant.

Vous pouvez également **Enregistrer les métadonnées**, ce qui inscrira les métadonnées que vous avez écrites dans Lightroom directement dans vos fichiers Jpeg ou dans un fichier XMP s'il s'agit de fichiers Raw.

Renommer, créer, supprimer, ajouter, synchroniser, rechercher ou mettre à jour l'emplacement d'un dossier

Un menu contextuel est disponible pour chaque dossier, mais ce menu peut être différent selon le type de dossier ou les conditions dans lesquelles vous sélectionnez ce dossier.

Faites un clic droit (**Ctrl + Clic** sur Mac) sur l'un des dossiers (figure 4.6).

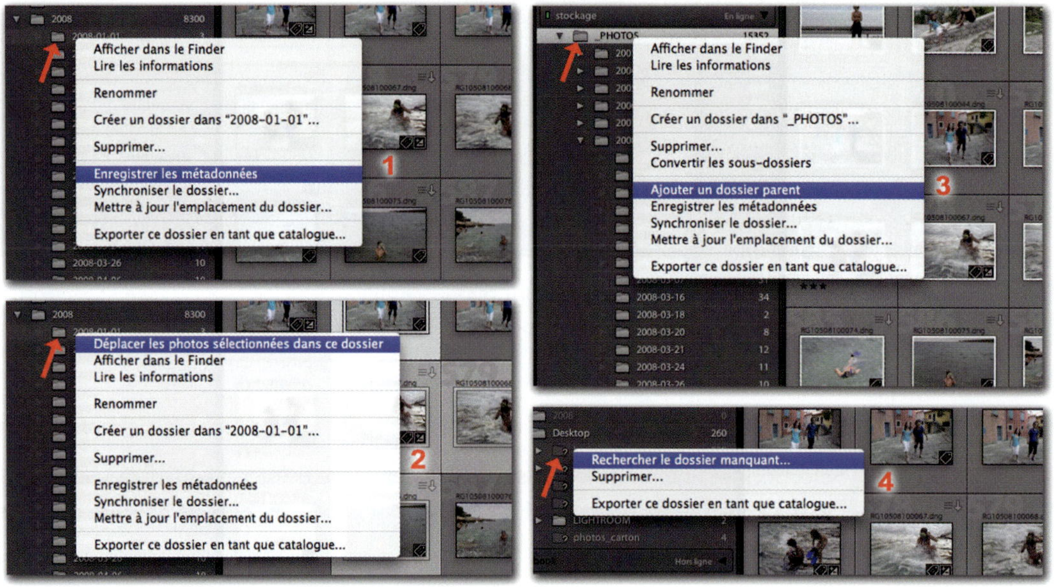

Figure 4.6 – Pour afficher ces différents menus de dossier nous avons fait un clic droit sur différents dossiers (flèches rouges) : (1) un sous-dossier, (2) un sous-dossier avec des photos d'un autre dossier sélectionné, (3) le dossier au sommet de la hiérarchie, (4) un dossier avec un point d'interrogation.

- ✓ **Déplacer les photos sélectionnées dans ce dossier** est une commande qui s'affiche si vous avez sélectionné des photos d'un autre dossier ou d'une collection et que vous voulez les déplacer dans le dossier sur lequel vous avez cliqué.
- ✓ **Afficher dans le Finder** (Mac OS) ou **Afficher dans l'Explorateur** (Windows) vous permet d'aller directement à l'endroit où le dossier est enregistré.
- ✓ **Lire les informations** (Mac OS) ou **Propriétés** (Windows) vous permet d'afficher la fenêtre Propriétés (Windows) ou Informations (Mac OS) de ce dossier.
- ✓ **Renommer** vous permet de changer le nom d'un dossier. Cette modification prendra également effet sur votre dossier original.
- ✓ **Créer un dossier dans...** crée un sous-dossier dans le dossier sélectionné.

- ✓ **Supprimer…** un dossier vous permet de supprimer les photos du catalogue si ce dossier en contient sans supprimer les fichiers correspondants enregistrés sur votre disque. Vous avez aussi le bouton signe **Moins (-)** à droite du nom du panneau Dossier qui vous permet de supprimer un dossier.
- ✓ **Convertir les sous-dossiers…** vous permet, en faisant un clic droit sur le dossier parent et uniquement sur lui, de supprimer à l'affichage le dossier parent si celui-ci ne contient qu'un dossier. Cette option n'est disponible que sur le dossier parent.
- ✓ **Ajouter un dossier parent** vous permet, en faisant un clic droit sur le dossier parent et uniquement sur lui, d'ajouter à l'affichage le dossier au-dessus du dossier parent. Cette option n'est disponible que sur le dossier parent.
- ✓ **Enregistrer les métadonnées** vous permet d'enregistrer dans les fichiers (JPEG) ou dans le fichier XMP (RAW) les métadonnées que vous avez écrites dans le catalogue.
- ✓ **Synchroniser le dossier** vous permet de mettre à jour votre catalogue si vous avez par exemple ajouté ou supprimé des photos dans le dossier en dehors de Lightroom ou si vous avez modifié des métadonnées dans une autre application. Vous pouvez alors dans la fenêtre qui s'ouvre :
  - **Importer les nouvelles photos** vous permet d'importer dans le catalogue celles qui dans le dossier n'avaient jamais été importées ou avaient été supprimées. Vous avez la possibilité d'afficher la fenêtre d'importation afin de choisir quelles photos vous désirez importer.
  - **Supprimer les photos manquantes du catalogue** vous permet de supprimer du catalogue celles qui ont été supprimées du dossier. Elles sont introuvables par Lightroom et leur vignette s'affiche avec un point d'interrogation.
  - **Analyser les mises à jour des métadonnées** vous permet alors d'importer automatiquement dans le catalogue les métadonnées modifiées dans vos fichiers par d'autres applications. Si vos vignettes s'affichent en haut à droite avec un point d'exclamation (**Erreur des métadonnées**) c'est que vous avez modifié vos métadonnées à la fois dans Lightroom et dans une application extérieure (figure 4.41, page 113). Attention, cette icône d'alerte n'apparaît parfois qu'en passant le pointeur sur la vignette ou après avoir choisi par un clic droit de **Synchroniser le dossier…** Vous allez alors devoir choisir entre **Importer les paramètres depuis le disque** (qui importe les métadonnées présentes dans le fichier en supprimant celles écrites dans le catalogue qui n'avaient pas été enregistrées) et **Ecraser les paramètres** (qui enregistre dans le fichier les paramètres du catalogue en effaçant et remplaçant tous ceux qui étaient enregistrés dans le fichier original). Les corrections que vous avez pu effectuer dans Camera Raw et enregistrer dans le fichier XMP sont traitées comme des métadonnées. Si vous voulez les récupérer vous devrez choisir **Importer les paramètres depuis le disque**.
  - **Afficher les photos manquantes** crée une collection temporaire dans le panneau catalogue. (figure 4.3, page 76).

- ✓ **Mettre à jour l'emplacement du dossier…** vous permet, lorsque vous avez déplacé toutes vos photos dans un autre dossier en dehors de Lightroom, de redéfinir dans le catalogue l'emplacement du nouveau dossier.
- ✓ **Exporter ce dossier en tant que catalogue…** vous permet de créer un autre catalogue si par exemple vous avez réuni dans un dossier toutes les images que vous voudriez montrer à un client sans lui montrer le reste de votre production. Vous avez ensuite le choix de l'une ou l'autre ou des deux options suivantes :
  - **Exporter les fichiers négatifs,** c'est-à-dire un dossier incluant un nouveau catalogue, les fichiers originaux avec la hiérarchie des dossiers, mais sans le fichier des aperçus (xx Previews.lrdata). Celui-ci se recréera bien sûr à la première ouverture du catalogue.
  - **Inclure les aperçus disponibles**, c'est-à-dire un dossier incluant un nouveau catalogue avec le fichier des aperçus (xx Previews.lrdata), mais sans les fichiers originaux. Vous ne pourrez avec cette option que regarder les aperçus dans le module Bibliothèque si vous copiez ce catalogue dans un autre ordinateur, puisque vous ne disposerez pas de vos fichiers originaux.

Si vous avez renommé, déplacé ou supprimé un dossier en dehors de l'application, il apparaît alors surmonté d'un point d'interrogation qui signifie que Lightroom ne retrouve plus le chemin de ce dossier. Le menu contextuel que vous obtenez par un clic droit (**Ctrl + Clic** sur Mac), vous permet de **Rechercher le dossier manquant…** ou de le **Supprimer**.

Vous remarquez que vous pouvez quand même créer un catalogue à partir de ce fichier, mais auquel il manquera aussi les originaux.

Panneau Collections

Les dossiers servent à classer vos photos par date ou par thème selon vos choix d'organisation, tandis que les collections sont des dossiers virtuels qui n'existent que dans Lightroom, sans existence dans votre ordinateur, et qui vous permettent de réunir vos photos pour faire un livre, un site web ou un dossier client. Les fichiers ne seront pas déplacés et vous ne bouleversez pas le classement réel de vos photos.

Une même photo peut être choisie pour différents projets et appartenir à différentes collections sans avoir besoin de la dupliquer. Vous pouvez maintenant avec Lightroom 2 sélectionner une image ou sa vignette et voir dans le menu contextuel qui s'affiche avec un clic droit (**Ctrl + clic** sur Mac) toutes les collections auxquelles appartient cette image.

Cette nouvelle version vous offre également la possibilité de créer des Collections dynamiques.

Créer une collection

Les collections constituent vraiment un outil pratique et fonctionnel. Pour créer une **Collection** :

1. Cliquez sur le signe **Plus (+)** que l'on trouve à droite du nom du panneau et choisissez **Créer Collection...** Vous pouvez aussi passer par le menu **Bibliothèque/Nouvelle collection...** ou le raccourci (**Ctrl/Cmd + N**). Nommez cette collection et cliquez sur **Créer**. La Collection s'ajoute dans le panneau.
2. Cliquez dans un des dossiers du panneau **Dossiers** et sélectionnez des photos.
3. Glissez-les sur la **Collection** nouvellement créée.
4. Cliquez sur la **Collection** que nous avons nommée « New York de nuit ». Les photos sont ajoutées. Vous pouvez maintenant aller dans un autre dossier, y sélectionner des photos et effectuer un glisser/déposer dans cette collection.

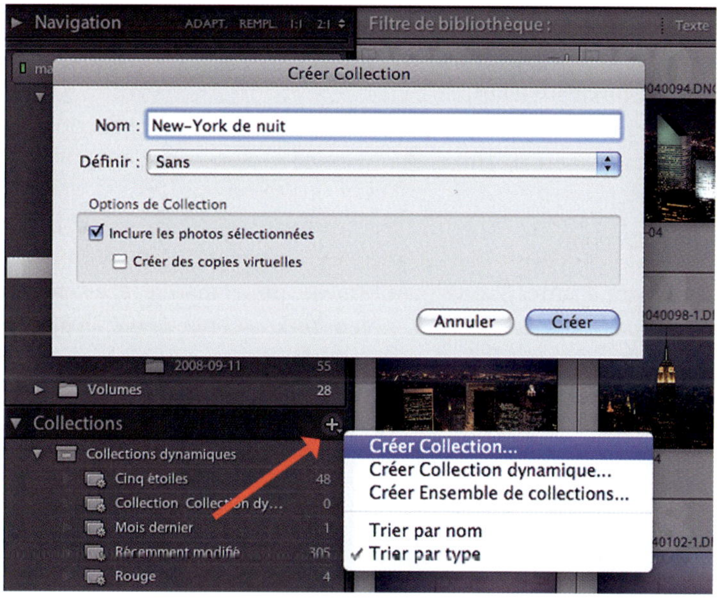

Figure 4.7 – Nous avons cliqué sur le bouton Plus (flèche rouge) pour créer une Collection que nous avons nommée « New York de nuit ». Remarquez que vous pouvez créer d'autres types de collection et choisir dans quel ordre vous désirez les classer.

Si vous avez sélectionné des photos à inclure dans une collection avant de cliquer sur le signe **Plus (+)**, vous pouvez cocher **Inclure les photos sélectionnées**. Sinon, nommez la collection.

Vous pouvez également Créer des copies virtuelles si vous voulez par exemple créer une collection de photos destinées à l'impression d'un livre dont le cadrage ou l'accentuation doit être différent de vos originaux.

Dans le menu déroulant Définir vous retrouvez les ensembles de collections déjà existants et vous pouvez décider d'inclure votre collection dans un de ces ensembles.

Créer une collection à partir d'une collection rapide

La Collection rapide que nous avons vue dans le panneau Catalogue est temporaire (voir page 75). Les Collections créées dans ce panneau sont faites pour durer et vous pouvez créer une collection à partir d'une Collection rapide.

- ✓ Allez dans le panneau Catalogue. Faites un clic droit (**Ctrl + clic** sur Mac) sur Collection rapide et choisissez **Enregistrer la collection rapide...**
- ✓ Dans la fenêtre qui s'affiche nommez votre collection et choisissez ou non **Effacer la collection rapide après l'enregistrement**.
- ✓ Dans le panneau Collection, vous pouvez voir cette nouvelle collection classée soit par type, soit dans un ordre alphabétique (figure 4.7, page 83).

Créer un ensemble de collections

Si vous avez maintenant d'autres photos pour le même projet mais n'appartenant pas à la même catégorie, vous pouvez créer une autre collection, « New York – scènes de rue » par exemple.

Pour regrouper ces deux collections appartenant au même projet, vous créerez alors un Ensemble de Collections, qui est comme un dossier. Ce nouveau système remplace les sous-collections de Lightroom 1.

1. Cliquez sur le signe **Plus (+)** que l'on trouve à droite du nom du panneau et choisissez **Créer Ensemble de collections...** Vous pouvez aussi passer par le menu **Bibliothèque/Nouvel ensemble de collections...**
2. Dans la fenêtre qui s'affiche, nommez cet ensemble. L'option **Définir** permet de déterminer si ce nouvel ensemble fera partie d'un Ensemble de collections déjà existant. Si ce n'est pas le cas choisissez **Sans**.
3. Dans le panneau Collection faites alors glisser les collections déjà créées dans cet ensemble qui se comporte comme un dossier.

Vous pouvez également créer un ou plusieurs ensembles de collections dans un autre ensemble de collections et créer ainsi une hiérarchie de collections.

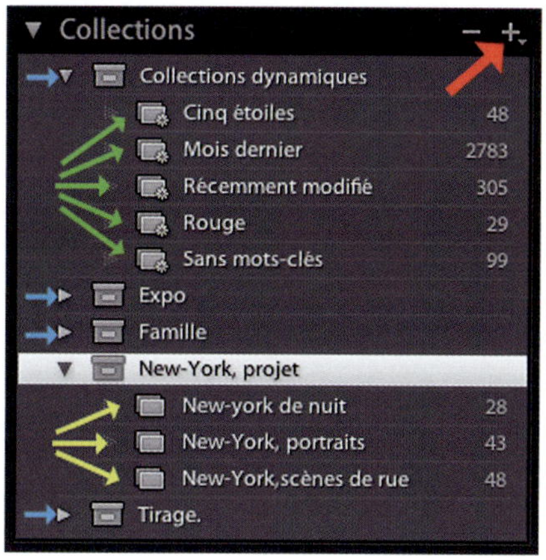

Figure 4.8 – Dans le panneau Collections par un clic sur le signe Plus (rouge), vous pouvez créer des ensembles de collection (bleu), des collections (jaune) et des collections dynamiques (vert).

Définir une collection cible

Cette nouveauté dans Lightroom 2 vous permet de rajouter rapidement des photos à une collection existante.

Par défaut, nous avons déjà vu que la Collection cible est la Collection rapide. Pour choisir comme cible une autre collection dans le panneau Collections, faites un clic droit (**Ctrl + clic** sur Mac) sur une collection et choisissez **Définir comme collection cible** (figure 4.2, page 76). Le signe Plus (+) va s'afficher à droite du nom. Pour ajouter des images à cette collection, cliquez simplement sur le petit cercle qui se trouve dans les vignettes du mode d'affichage Grille. Vous pouvez également sélectionner une série d'images et par un clic droit (**Ctrl + clic** sur Mac) choisir dans le menu contextuel **Ajouter à la collection cible**.

Lorsque vous ne voulez plus que cette collection soit désignée comme Collection cible, le mieux est de choisir de nouveau la Collection rapide comme collection cible. Un ensemble de Collections ou une collection dynamique ne peuvent pas être définis comme Collection cible.

Créer une collection dynamique

Cette nouveauté dans Lightroom 2 vous permet de créer des collections de manière automatique sans avoir à y glisser vos images. Elles se créent automatiquement par rapport à des critères que vous aurez vous-même choisis, et lisibles dans les métadonnées.

Dans le panneau Collections, vous trouverez déjà un ensemble de collections contenant par défaut des collections dynamiques. Ayant déjà importé des images dans votre catalogue, vous trouverez déjà des images dans la collection Mois dernier et si vous avez des images dans la collection Sans mots-clés, mettez-vous rapidement au travail, si vous voulez pouvoir un jour retrouver vos images !

Nous allons voir comment créer votre propre collection dynamique selon vos propres règles.

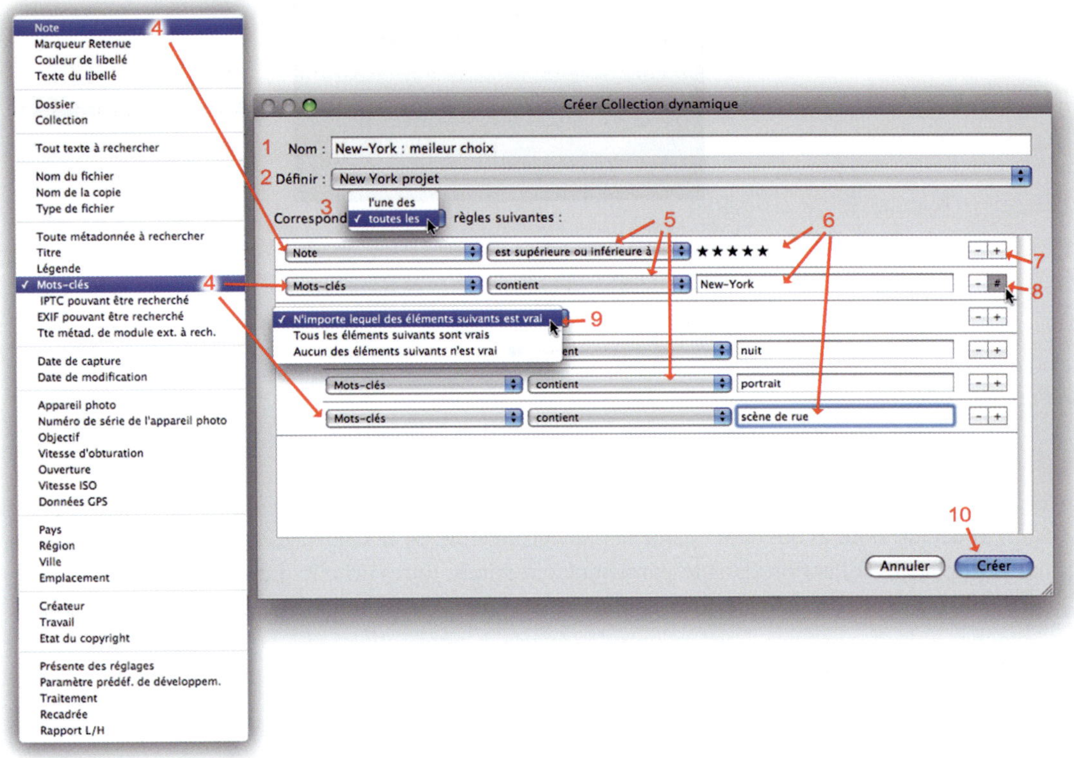

Figure 4.9 – Boîte de dialogue pour créer une Collection dynamique.
Les chiffres en rouge renvoient à la procédure décrite ci-dessous.

1. Cliquez sur le signe **Plus (+)** (figure 4.7) à droite du nom du panneau et choisissez **Créer Collection dynamique…** Vous pouvez aussi passer par le menu **Bibliothèque/Nouvelle collection dynamique…**
2. Dans la fenêtre qui s'affiche, nommez cet ensemble (1). **Définir** permet de déterminer si ce nouvel ensemble fera partie d'un ensemble déjà existant (2). Si ce n'est pas le cas choisissez **Sans**.
3. Déterminez la correspondance pour laquelle deux choix sont possibles dans le menu déroulant (3). **Correspond à l'une des règles suivantes** intégrera la photo à la collection dynamique si elle

correspond à l'une des règles établies ci-dessous. **Correspond à toutes les suivantes** intégrera la photo à la collection dynamique si elle correspond à l'ensemble des règles établies ci-dessous.

4. Déterminez les règles en faisant un choix dans les deux menus déroulants qui se présentent et le champ tout à droite qui est à remplir.
   - Dans le premier menu déroulant (4), vous pouvez choisir parmi des métadonnées que vous avez attribuées à vos photos (notes, mots-clés, etc.) ou des données objectives (dates, appareil photo, etc.).
   - Dans le deuxième menu déroulant (5), vous apportez une précision par rapport à ce premier critère (les options dépendent du choix réalisé dans le premier menu déroulant).
   - Dans le champ de droite (6), écrivez ou choisissez les paramètres liés aux deux premiers choix.
5. Cliquez (7) sur le signe **Plus (+)** pour ajouter une nouvelle règle et recommencez les opérations décrites ci-dessus à l'étape précédente.
6. Affinez les règles en cliquant sur le signe **Plus (+)** en maintenant la touche **Alt** enfoncée (8). Vous pouvez sélectionner une des trois options suivantes (9) : **N'importe lequel des éléments est vrai, Tous les éléments suivants sont vrais** ou **Aucun des éléments suivants n'est vrai**. Vous pouvez affiner davantage en cliquant à nouveau sur le + du dernier critère ajouté créant ainsi une hiérarchie en cascade dans les règles.
7. Cliquez sur **Créer** (10). Vous pouvez trouver maintenant cette nouvelle collection dynamique dans le panneau Collection.

Il est également possible d'exporter ou d'importer les paramètres de la collection dynamique afin de les utiliser pour un autre catalogue ou sur un autre ordinateur. Pour Exporter, faites un clic droit (**Ctrl + clic** sur Mac) sur une collection dynamique et choisissez **Exporter les paramètres de la collection dynamique**. Déterminez dans la fenêtre qui s'ouvre l'emplacement d'enregistrement et enregistrez-le. Un fichier, utilisable sur Mac ou PC avec une extension **.lrsmcol** est créé.

Pour Importer, faites un clic droit (**Ctrl + clic** sur Mac) sur une collection dynamique et choisissez **Importer les paramètres de la collection dynamique**. Choisissez dans la fenêtre qui s'ouvre l'emplacement où se trouve le fichier avec l'extension **.lrsmcol** qui contient vos paramètres, et cliquez sur **Importation**. Vous n'avez bien sûr pas importé les photos qui étaient contenues dans la collection dynamique du premier ordinateur. Mais cette collection qui apparaît maintenant dans le panneau Collection s'est peut-être déjà chargée d'images répondant à ces paramètres.

Supprimer une collection et trier les collections

Pour supprimer une collection, sélectionnez-la (ou les) et cliquez sur le signe **Moins (-)** juste au-dessus. Vous pouvez aussi choisir **Supprimer** dans le menu contextuel avec un clic droit (**Ctrl + clic** sur Mac) sur le nom de la collection. Supprimer une collection ne supprime évidemment pas les photos.

Vous pouvez **Trier par nom** (liste alphabétique) ou **Trier par type** (Ensemble de collections, collection dynamique et collection simple) en cliquant sur le signe **Plus (+)** à droite du nom du panneau (figure 4.7, page 83).

Boutons Importer et Exporter

En bas des panneaux de gauche se trouvent deux boutons. Celui de gauche, **Importer**, donne simplement accès à la fenêtre d'import des photos, comme si vous passiez par **Fichier/Importer**. Reportez-vous au chapitre **Import** pour en connaître les détails (voir pages 33, 34).

Exporter

Le bouton de droite, **Exporter**, fonctionne comme **Fichier/Exporter**.

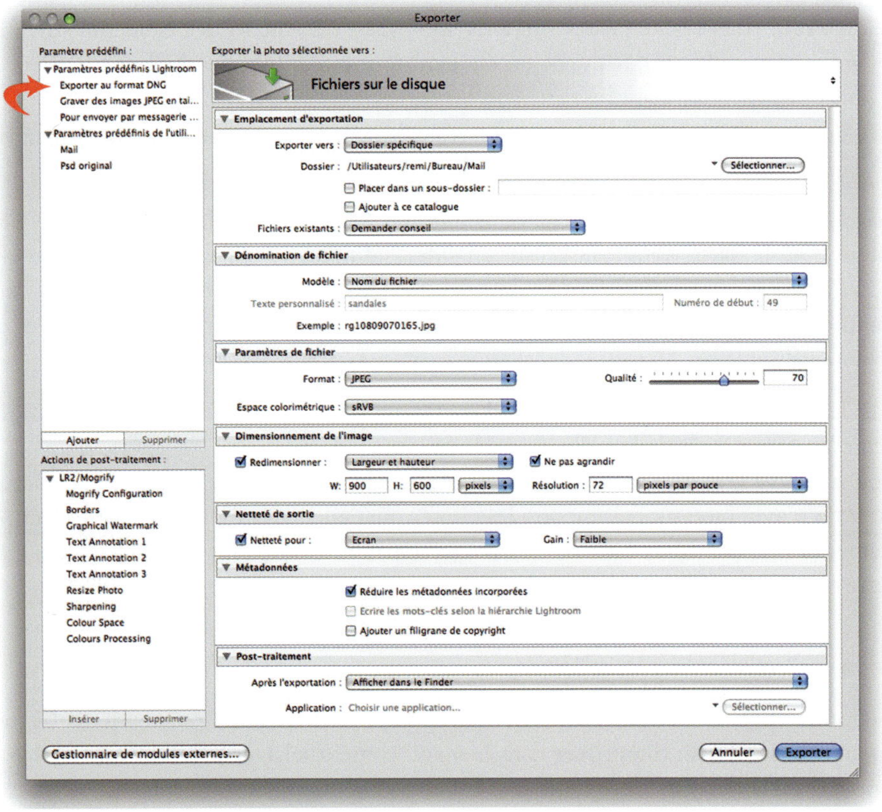

Figure 4.10 – Boîte de dialogue pour Exporter

1. Choisissez une ou plusieurs photos et cliquez sur le bouton **Exporter**.
2. Dans la boîte de dialogue qui apparaît, sur la colonne de gauche vous avez tout d'abord accès à des paramètres d'export prédéfinis. Celui que vous avez choisi est surligné en bleu.
   - **Exporter au format DNG**. Affiche les options d'exportation du format *Digital Negative* d'Adobe. Notez que dans le menu **Bibliothèque/Convertir la (les) photo au format DNG** vous pouvez convertir la ou les photos sélectionnées avec les mêmes options que celles affichées dans la case Paramètres de fichier. Vous pourrez uniquement choisir de conserver ou non l'original après la conversion et de ne convertir que les fichiers RAW parmi les photos sélectionnées.
   - **Graver des images JPEG en taille réelle**. Affiche les options d'export JPEG en proposant de placer les photos dans un dossier nommé Exportations Lightroom gravées.
   - **Pour envoyer par messagerie électronique**. Affiche les options d'export JPEG et affiche les photos dans le Finder du Mac ou l'Explorateur de Windows.
3. Si vous modifiez une des options du paramètre prédéfini que vous avez choisie au départ, le « surlignement » en bleu disparaît et vous êtes alors en train d'utiliser d'autres paramètres d'exportation.
4. Cliquez sur **Exporter** et vous retrouverez alors votre (ou vos) fichier(s) avec tous les paramètres que vous avez choisis : l'emplacement d'exportation, la dénomination du fichier, le format du fichier, la dimension de l'image, ainsi que toutes les transformations que vous avez réalisées dans votre catalogue concernant aussi bien les métadonnées que les paramètres de développement.

Créer et enregistrer des paramètres prédéfinis d'exportation

Vous pouvez choisir de créer vos propres paramètres d'exportation en partant ou non d'un paramètre prédéfini. Il est nécessaire de choisir tout d'abord ces propres options et de l'enregistrer ensuite.

Cliquez donc à nouveau sur le bouton **Exporter** ou choisissez dans le menu **Fichier/Exporter**, et examinez les six sections de la partie gauche de cette fenêtre de dialogue **Exporter**.

Section du haut

Figure 4.11 – Choisissez d'exporter sur le disque ou sur un CD/DVD.

Vous choisirez ici en cliquant sur la double flèche tout au bout à droite si vous voulez exporter les photos sur un disque, option que nous vous recommandons, mais vous pouvez aussi accéder à une gravure directe de vos fichiers exportés sur un CD ou DVD.

Emplacement d'exportation

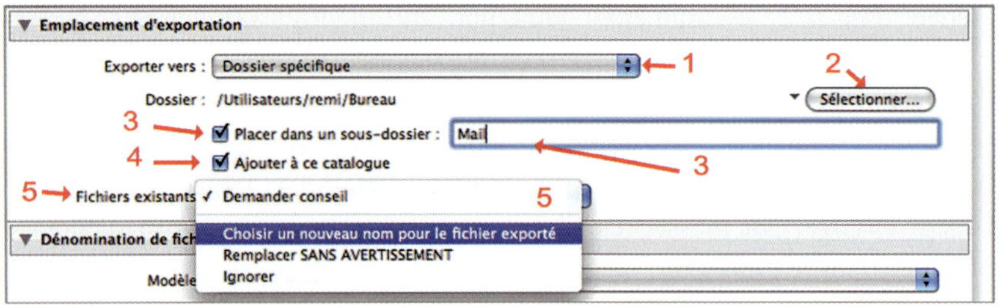

Figure 4.12 – Choisissez l'emplacement, le catalogage et le renommage des fichiers.

Dans **Emplacement d'exportation** :

1. Choisissez si vous souhaitez exporter dans un **Dossier spécifique** que vous déterminerez ci-dessous, dans le **Dossier de la photo d'origine**. Si vous avez choisi d'exporter la photo vers un CD, vous pouvez choisir un **Dossier temporaire** qui n'apparaîtra pas une fois le CD gravé.
2. Choisissez le volume ou le dossier dans lequel vous souhaitez exporter vos photos en cliquant sur **Sélectionner**.
3. Cochez la case **Placer dans un sous-dossier** et entrez un nom pour le sous-dossier. Ainsi, les photos seront placées à l'emplacement sélectionné, mais dans un sous-dossier.
4. Nouveauté de Lightroom 2, il est maintenant possible d'ajouter ces photos au catalogue en choisissant ou non de l'empiler avec l'original, si vous avez choisi de l'exporter dans le dossier de la photo d'origine.

Figure 4.13 – Choisissez les options dans la fenêtre « Problème d'exportation de fichiers ».

5. Étant donné que votre catalogue ne peut accepter des doublons, vous devrez renommer vos images et faire le choix sur la manière de renommer vos fichiers. Choisissez **Demander conseil** qui vous avertira du problème en ouvrant une fenêtre où vous trouvez les mêmes options que dans ce menu. Dans cette fenêtre **Problème d'exportation de fichiers** vous pouvez choisir **Ecraser** (remplace le fichier existant), **Ignorer**, **Annuler** (Exportation annulée) ou **Utiliser des noms uniques** (renommage des fichiers avec ajout d'un tiret et d'un nombre).

Dénomination de fichier

Cliquez sur la double flèche pour ouvrir le menu dans lequel il est possible de renommer ces fichiers en choisissant un modèle existant ou en en créant un autre. Nous vous recommandons de garder le même nom en choisissant **Nom du fichier**, car il peut devenir difficile de communiquer avec ses clients ou simplement de s'y retrouver si on renomme ses fichiers à chaque fois qu'on les enregistre ailleurs.

Figure 4.14 – Choisissez de renommer ou de garder le même nom.

Mais si vous le souhaitez, vous avez également accès à **Modifier** dans la liste qui permet de personnaliser complètement le nom des photos exportées. Ces options sont identiques à celles de l'importation. Reportez-vous donc au chapitre **Import** à la dénomination de fichiers dans les options d'importation (voir page 37).

Paramètres de fichier

Il est possible ici de choisir le format dans lequel on veut exporter ces images. Les formats proposés sont JPEG, PSD, TIFF, DNG, ou Original qui ne modifie pas le format d'origine. Selon le format choisi, les options sont différentes.

- ✓ En choisissant **JPEG**, vous pouvez définir le taux de compression. Plus le chiffre est élevé et moins l'image sera endommagée par la compression. En choisissant la qualité 100, vous ne percevrez qu'une infime différence avec un fichier enregistré en PSD. Choisissez ce format pour envoyer vos fichiers par mail ou pour créer un site Web. C'est de plus un format qui a un fort taux de compatibilité et qui a toutes les chances d'être lisible pendant de nombreuses années.
- ✓ En choisissant **PSD**, il est possible de choisir l'espace colorimétrique et la profondeur de codage de couleur dans lequel exporter ses images. Choisissez sRVB, si vous exportez pour un site Web ou pour des personnes non familiarisées avec la gestion des couleurs. Choisissez Adobe RVB pour les

photos destinées à l'impression. Pro Photo RGB est certainement l'espace le plus large et proche de celui utilisé de manière interne par Lightroom, mais il est à réserver pour des fichiers exportés en 16 bits/composant. Cette option est souvent déconseillée car il n'existe pas d'imprimante ou d'écran capable de reproduire cet espace. Nous vous donnons des explications complémentaires sur cette question des espaces colorimétriques au chapitre Impression (voir page 248). Choisir le format PSD est le meilleur choix quand on veut retravailler ses images dans Photoshop.

- ✓ En choisissant **TIFF**, vous avez les mêmes options que celles décrites ci-dessus pour le format PSD. De plus, vous avez accès au mode de compression ZIP qui réduit le volume du fichier sans modifier sa qualité. Mais certains imprimeurs ou laboratoires peuvent exiger des fichiers sans compression. C'est néanmoins un format qui offre une meilleure compatibilité avec d'autres applications que le format PSD.
- ✓ En choisissant **DNG**, vous avez la possibilité de choisir la taille de **l'Aperçu JPEG**. Choisissez de **Conserver l'image brute**, **Conserver en image linéaire** crée un fichier trois fois plus volumineux (lire les info-bulles). L'option **Compressé (sans perte)** ne modifie pas la qualité et peut réduire de plus d'un tiers le volume de votre fichier.

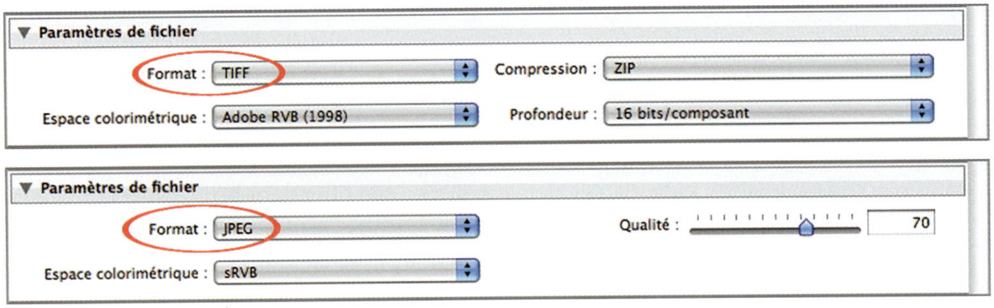

Figure 4.15 – Les options de paramètres de fichier sont différentes en fonction du format choisi.

Format RAW et format DNG

Pour répondre à l'inconvénient de la multiplicité des formats RAW (plus de 300 aujourd'hui), Adobe a proposé un format ouvert le DNG (*Digital Negative*), afin d'en faire un format unique garantissant un accès pérenne aux photos archivées. Cette proposition a été adoptée par certains fabricants d'appareils photos, mais d'autres préfèrent continuer d'utiliser leur propre format.

Un format RAW n'étant pas modifiable, dès que vous voulez lui ajouter une métadonnée ou réaliser une correction, un fichier XMP est créé pour enregistrer ces transformations. Ce fichier portant le même nom que le fichier Raw, et le suivant dans les déplacements de fichier avec une application comme Lightroom ou Bridge, est appelé fichier « side car ». Le format DNG encapsule le fichier XMP dans la même boîte que les données RAW. Pour certains formats RAW propriétaires, le DNG ne récupérant pas toutes les données susceptibles d'être exploitées, il peut être préférable de choisir l'option **Incorporer le fichier brut d'origine**. Cette option stocke toutes les données du Raw d'origine dans le fichier mais peut multiplier par deux la taille du fichier.

Dimensionnement de l'image

Le redimensionnement de l'image est une option non disponible pour le DNG qui au même titre qu'un RAW n'est pas modifiable et garde bien sûr sa dimension originale.

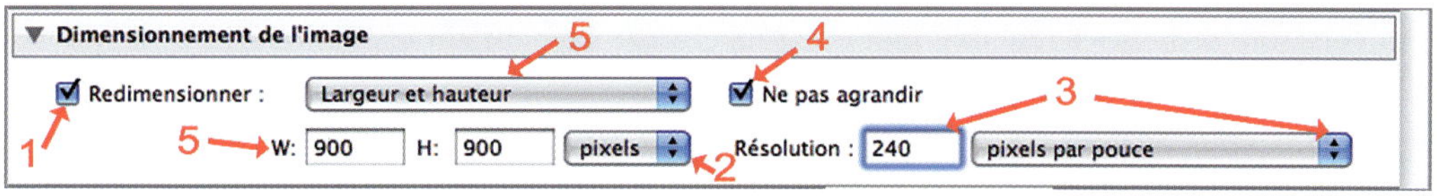

Figure 4.16 – Les options de paramètres de fichier sont différentes en fonction du format choisi.

Pour redimensionner les autres formats vous avez les choix suivants :

1. Cliquez sur la case **Redimensionner**. Plusieurs options se présentent dans le menu déroulant, mais quelle que soit l'option, vous ne déformerez jamais l'image qui sera toujours redimensionnée en gardant le même rapport entre la largeur et la hauteur.
2. Choisissez d'abord l'unité (**pixels**, **pouce** ou **centimètre**, sachant que ces deux dernières unités n'ont de réalité que par rapport à une **résolution** donnée).
3. Choisissez 240 **pixels par pouce** pour une impression sur une imprimante jet d'encre et déterminez alors la taille en pouce (po) ou centimètre (cm). Attention à ne jamais choisir l'option **pixels par centimètre** qui n'est jamais utilisé dans le monde des arts graphiques.
4. Si vous activez la case à cocher **Ne pas agrandir**, Lightroom respecte la résolution que vous avez définie et ne tient pas compte des paramètres de largeur et de hauteur qui agrandiraient la photo.
5. Dans le menu déroulant à côté de Redimensionner, si vous choisissez :
   - **Largeur et hauteur**, vous rentrerez dans la case W (*width*) la largeur maximum que vous voulez pour vos images et dans la case H (*height*) la hauteur maximum que vous voulez pour vos images. Si vous ne rentrez pas la même dimension, vos images verticales et horizontales n'auront pas la même taille.
   - **Dimensions** avec les mêmes chiffres donne les mêmes résultats que Largeur et Hauteur.
   - **Bord large**, vous choisissez de déterminer la largeur maximum que vous voulez pour vos images horizontales et la hauteur maximum que vous voulez pour vos images verticales. L'autre dimension suivra en proportion. Vos images verticales et horizontales auront la même taille.
   - **Bord étroit**, vous choisissez de déterminer la largeur maximum que vous voulez pour vos images verticales et la hauteur maximum que vous voulez pour vos images horizontales. L'autre dimension suivra en proportion vos images verticales et horizontales.

Netteté de sortie

Toute image numérique a souvent besoin de subir ce qu'on appelle un renforcement ou une accentuation, qui se traduit par une impression de netteté. Il s'agit de manier ces corrections avec délicatesse et de ne pas suraccentuer vos photographies, phénomène qui se traduit par l'apparition de liserés blancs ou noirs sur votre image en bordure des zones qui présentent un contraste entre elles.

L'accentuation à réaliser sur une image dépend de l'image elle-même, de son sujet (gain faible, standard, élevé) et de sa destination (écran, papier mat, papier brillant). Vous pouvez utiliser les paramètres qui vous sont proposés ici, mais il faut être prudent car ils viennent se surajouter à ceux que vous avez réalisés dans le menu développement.

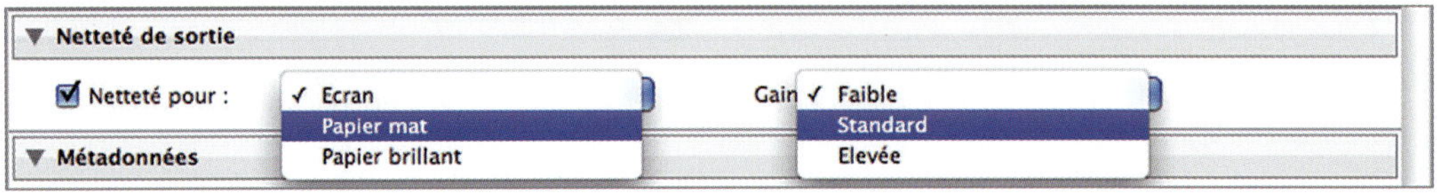

Figure 4.17 – Les options de netteté.

Métadonnées

Vous avez quelques options à choisir concernant les métadonnées que vous voulez exporter :

1. **Réduire les métadonnées incorporées** enregistre uniquement le champ Copyright dans les métadonnées.
2. **Ecrire les mots-clés selon la hiérarchie Lightroom.**
   - Si cette option n'est pas sélectionnée, les mots-clés exportés sont ceux que l'on verra affichés dans le panneau **Mots-clés** lorsqu'on choisit dans le menu déroulant à droite de **Etiquettes de mots-clés** l'option **Exportera.**
   - Si cette option est sélectionnée, les mots-clés exportés sont les mots-clés et les mots-clés parents mais les synonymes ne le sont pas, même s'ils s'affichent dans la fenêtre Exportera du Panneau Mots-clés.

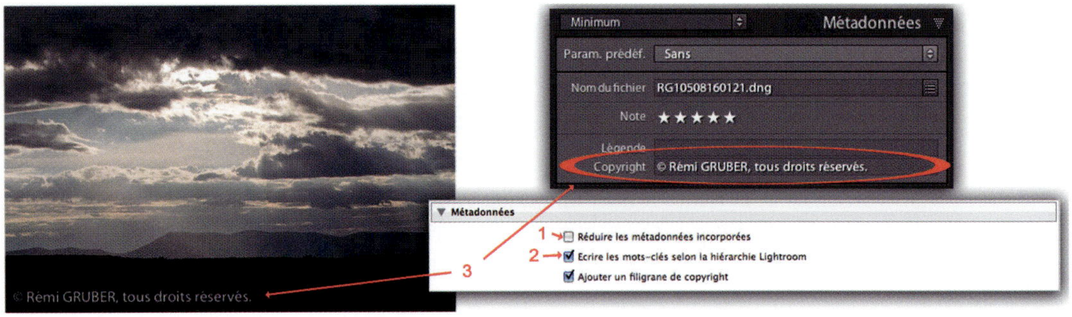

Figure 4.18 – L'ajout d'un filigrane (3) dans une photo dépend du champ IPTC dans le panneau Métadonnées du module Bibliothèque.

3. **Ajouter un filigrane de copyright** récupère ce qui est écrit dans le champ IPTC Copyright des métadonnées et l'écrit sur l'image dans le coin en bas à gauche.

Post- traitement

Cette section permet de définir une action une fois que la ou les photos auront été exportées :

- ✓ **Ne rien faire**.
- ✓ **Afficher dans le Finder/Afficher dans l'Explorateur** : ouvre le dossier dans lequel se trouvent les photos.
- ✓ **Ouvrir dans Adobe Photoshop** (s'il est installé).
- ✓ **Ouvrir avec X** (autre logiciel réglé ou détecté par Lightroom dans les préférences).
- ✓ **Atteindre maintenant le dossier Export Actions** (voir ci-après).

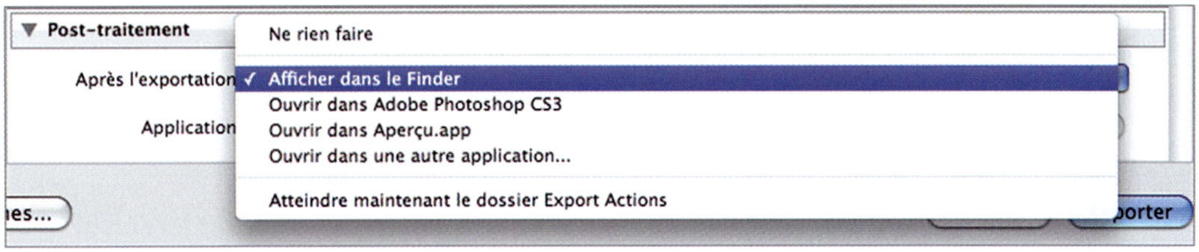

Figure 4.19 – Nous avons ici choisi d'afficher les photos exportées dans le Finder (Mac).

Cliquez sur **Exporter** et le travail se lance. Cela peut prendre plus ou moins de temps selon le nombre de photos sélectionnées. Mais rappelez-vous : cela se fait en fond de tache, vous pouvez continuer de travailler !

Si dans la section tout en haut, vous avez choisi **Fichiers sur CD/DVD Graver les images exportées sur un disque** (si aucun CD vierge n'est disponible dans le graveur, il s'ouvrira et l'ordinateur vous demandera d'insérer un disque), cliquez sur **Graver**, donnez un nom au disque et cliquez sur **Continuer**. Inutile d'avoir un logiciel de gravure intégré, c'est Lightroom qui gère cela. Une fois la gravure terminée, le disque est éjecté.

Export Actions

Nous venons de voir dans le menu déroulant **Post-traitement**, la possibilité d'atteindre le dossier **Export Actions**. Ce dossier se trouve avec tous les dossiers des Paramètres prédéfinis de Lightroom (voir page 9).

Par défaut, ce dossier est vide, mais vous pouvez y placer des alias d'application exécutable ou des droplets créés dans Photoshop. Ils apparaîtront alors dans la liste du **Post-Traitement**.

Ainsi, après chaque export, les photos pourront subir un traitement automatisé dans Photoshop, en sélectionnant simplement le script dans la liste.

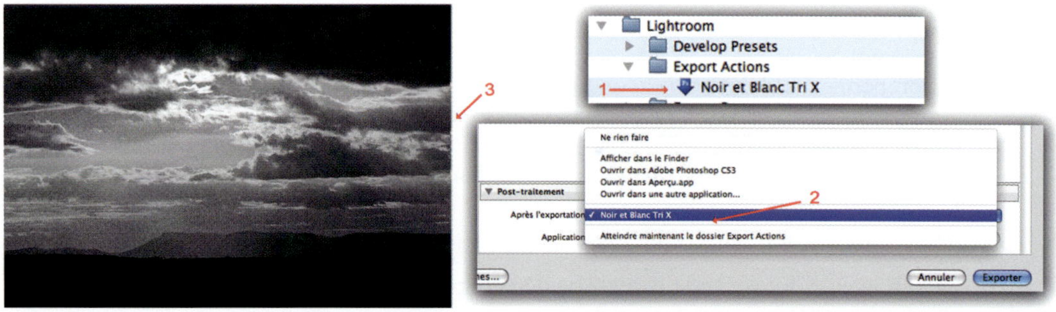

Figure 4.20 – Nous avons créé un droplet (1) pour transformer une photo en Noir et Blanc en lui donnant du grain comme sur les films Tri X, que nous avons mis dans le dossier Export Actions. Nous retrouvons le droplet dans la fenêtre Exporter (2), sélectionné pour obtenir la photo de gauche (3).

Paramètre prédéfini d'Export

Pour ne pas avoir à refaire tous les réglages que nous venons de voir, vous pouvez les enregistrer comme paramètre prédéfini si vous pensez les utiliser souvent. Nous allons voir comment créer un paramètre prédéfini pour les photos que nous voulons envoyer par mail (figure 4.21) :

1. Nous avons d'abord fait tous les réglages dans la partie droite en choisissant le format JPEG et des tailles d'images pas trop grandes.
2. Puis nous avons cliqué dans la partie droite sur le bouton **Ajouter**.
3. Dans la fenêtre qui s'ouvre, nous nommons le paramètre prédéfini « Mail » en choisissant le dossier **Paramètre prédéfinis de l'utilisateur**.
4. Nous le retrouvons alors dans la colonne de gauche ou nous pourrons le choisir lors d'une prochaine exportation.

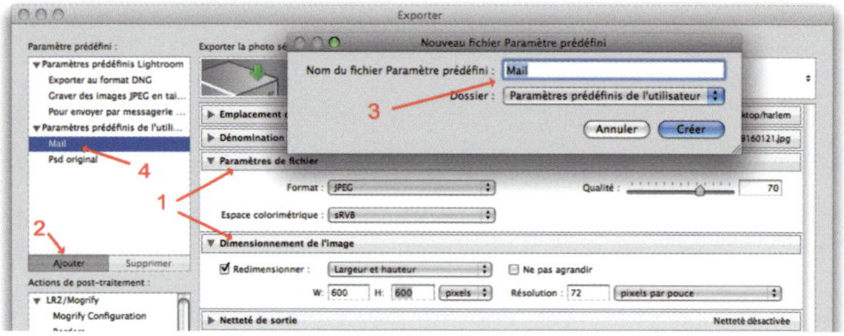

Figure 4.21 – Création d'un paramètre prédéfini.

Vous retrouvez ce réglage dans le menu **Fichier/Exporter avec les paramètres prédéfinis**. Vous pouvez dans ce même menu utiliser **Fichier/Exporter** avec précédent lorsque vous désirez utiliser les mêmes réglages que ceux utilisés auparavant.

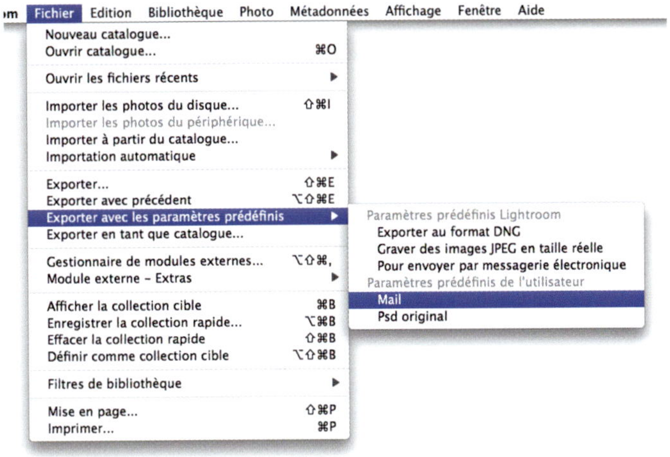

Figure 4.22 – Les options d'Export dans la barre des menus.

Panneaux de droite

Avec l'ajout du panneau de la **Liste des mots clés** (anciennement Etiquettes de mots-clés), le groupe des panneaux de droite s'est modifié et renferme désormais avec le panneau **Mots-clés** et le panneau **Métadonnées**, l'ensemble des outils de gestion des mots-clés et des métadonnées.

Les panneaux **Histogramme** et **Développement rapide** sont toujours présents.

Panneau Histogramme

L'histogramme présent dans le module **Bibliothèque** ne permet pas de réglages directement. Il n'est là qu'à titre d'information et va nous donner des indications sur les modifications que nous allons réaliser sur l'image. Sous l'histogramme s'affiche également des infos comme l'ISO, la longueur de focale de l'objectif utilisé, l'ouverture et le temps d'exposition.

L'histogramme du module **Développement** permet d'intervenir sur les corrections de l'image.

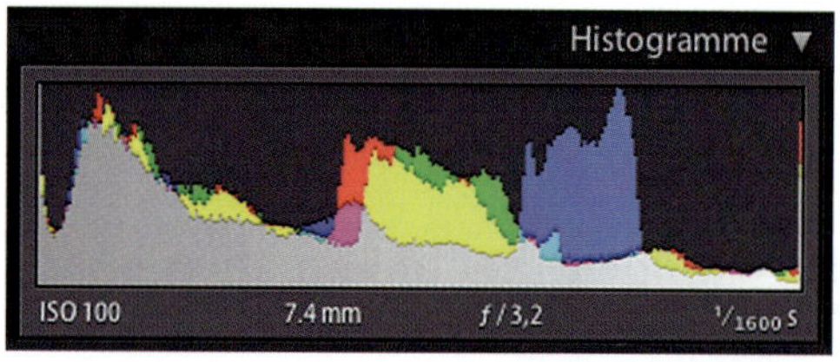

Figure 4.23 – L'histogramme de Lightroom.

L'histogramme

L'histogramme est un graphique à barres représentant la répartition des pixels de l'image selon leur valeur de luminosité. La hauteur des barres indique la proportion de pixels possédant cette valeur. Lorsque le graphique s'étend des tons les plus foncés (proches de 0 %), à gauche, aux tons les plus clairs (proches de 100 %), à droite, cela signifie que la photo exploite au mieux l'ensemble des tonalités possibles. Un histogramme présentant un amas de pixels sur la gauche sera celui d'une photo très sombre et à l'inverse, une photo très claire aura ses pixels concentrés sur la droite.
Dans l'histogramme de Lightroom, vous pouvez voir comment se répartissent les valeurs des pixels des couches du rouge, du vert et du bleu. Le cyan est le résultat du chevauchement de la couche du vert et de la couche du bleu, le magenta de la couche du rouge et de la couche du bleu et le jaune de la couche du rouge et de la couche du vert. Lorsque les trois couches se chevauchent, vous voyez alors du gris. L'histogramme d'un fichier RAW ne représente pas le profil choisi pour l'exportation comme dans Camera Raw, mais le profil Melissa qui est un profil dérivé de Prophoto RVB. C'est pour cette raison qu'il ne faut pas s'attendre à trouver le même histogramme affiché dans Photoshop et dans Lightroom.

Panneau Développement rapide

Le panneau de développement rapide permet de réaliser une série d'opérations élémentaires pour régler la Balance des blancs, l'Exposition, la Luminosité, le Contraste, la Clarté, etc. Toute modification réalisée sera automatiquement répercutée et visible dans le module Développement et écrit dans son historique.

L'intérêt de ce panneau est la possibilité de pouvoir modifier très rapidement un ensemble d'images sélectionnées pour une meilleure visualisation quitte à affiner ensuite les réglages dans le module développement pour une impression ou une livraison à vos clients.

Vous avez par exemple la possibilité de sélectionner une série d'images en mode grille en pressant la touche **Ctrl/Cmd**, et appliquer la même correction à toutes les images. Pour passer des images en mode Niveau de Gris, allez dans la première section **Param. Préd. enregistré**, cliquez sur la flèche à droite pour développer cette section, et choisissez dans le menu déroulant **Création-Sépia**.

Toutes les images que vous avez sélectionnées dans la grille sont passées en Sépia. Si cela ne vous convient pas, resélectionner **Param. par déf.** (Paramètres par défaut), pour retrouver votre image originale.

Paramètres prédéfinis

Développement rapide propose une liste de préréglages dans le menu déroulant de **Param. Préd. enregistré**. Ce sont des paramètres de développement identiques à ceux que l'on peut trouver dans la fenêtre d'importation des photos dans la section Informations à appliquer (voir pages 34, 40).

Nous vous décrivons ci-dessous le résultat obtenu lorsqu'on les utilise :

Courbes des tonalités (**Contraste fort**, **Contraste linéaire**, **Contraste moyen** et **Paramètres Lightroom par défaut**) modifie les tons pour contraster l'image ou la rendre plus neutre. **Cyanotype** est un procédé argentique monochrome donnant une photo bleutée. **Niveaux de gris patinés** passe l'image en noir et blanc puis lui applique une couleur. Par défaut, un orangé. **Positif direct** sature les couleurs de l'image et surexpose la photo. **Ton sépia** est un des effets photo les plus connus. La photo est passée en niveau de gris puis une teinte dorée lui est appliquée.

Figure 4.24 – Nous avons fait une sélection de photos dans la Grille puis, en cliquant sur la flèche (1), avons choisi « Création – Photo vieillie » dans le menu déroulant. Pour annuler le résultat nous pouvons cliquer sur « Tout rétablir ».

Le mieux est d'essayer par vous-même car vous voyez immédiatement le résultat. Si votre choix ne vous convient pas, revenez à la première ligne du menu déroulant et choisissez **Paramètre par défaut**. Vous retrouverez votre image sans correction.

En développant cette section **Param. Préd. enregistré** par un clic sur le petit triangle noir, vous accédez à des options de recadrage. Dans le menu déroulant **Rapp. Recadrage** vous pouvez choisir un type de format d'image : 1 x 1 (image carrée), 2 x 3 et 4 x 6 (image des réflexes numériques ou 24 x 36 mm des films argentiques). Vous pouvez également entrer un rapport Largeur/Hauteur personnalisé en bas du menu. Pas question ici de définir un cadrage précis qui sera réalisé dans le module développement. Vous pouvez bien sûr revenir à tout moment sur le cadrage que vous avez réalisé et l'annuler en sélectionnant Original dans le menu déroulant.

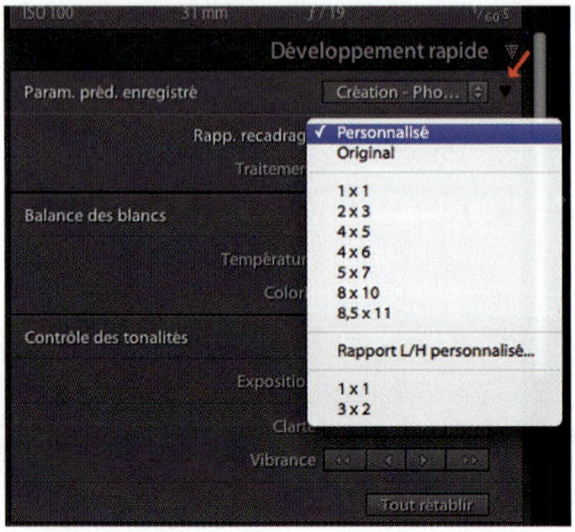

Figure 4.25 – En cliquant sur la flèche noire, vous accédez à des options de recadrage.

Les corrections automatiques dans Balance des blancs, Contrôle des tonalités

Nous connaissons les limites des fonctions automatiques de correction. Leur efficacité dépend souvent des caractéristiques de votre image. Mais pour un développement rapide, vous pouvez essayer d'utiliser dans la section **Balance des blancs** le réglage **Auto**, et dans la section **Contrôle des tonalités** le réglage **Tonalité auto**. Si cela n'améliore pas le rendu de votre image, cliquez sur le bouton **Tout rétablir** que vous trouvez en bas de la section. Utilisez ces réglages en sélectionnant toutes les photos d'un même dossier quand vous êtes en mode Grille, vous gagnerez du temps. Si le réglage ne vous satisfait pas, vous pourrez toujours revenir dessus image par image dans le panneau Développement rapide du module Bibliothèque ou dans le module Développement.

Pour ce qui concerne les autres réglages possibles dans ce module Balance des blancs, Exposition, Luminosité, Contraste, Clarté, etc., nous reviendrons sur l'intérêt dans la description du module Développement (voir page 169). Ce sont les mêmes outils qui, au lieu de se régler avec des flèches, se règlent là-bas avec des curseurs et des valeurs indiquées. Sachez simplement qu'en cliquant sur une flèche double, vous modifiez votre image avec environ trois fois plus d'intensité qu'en cliquant sur une flèche simple.

Balance des blancs

Si vous trouvez que votre image possède une dominante de couleur que vous souhaitez corriger, vous pouvez dans le menu déroulant essayer **Auto** qui vous donnera peut-être un résultat satisfaisant.

Les autres réglages par défaut sont en général moins satisfaisants.

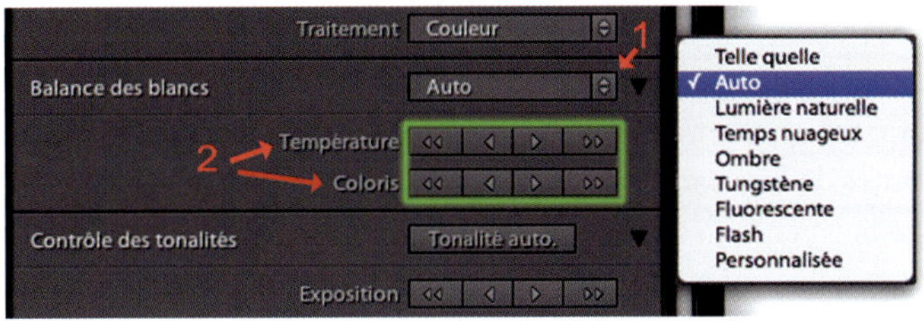

Figure 4.26 – Sélectionnez Auto (1), puis modifiez à l'aide des flèches (cadre vert). Cliquez sur Température ou Coloris (2) pour retrouver Tel Quel.

Pour choisir un réglage personnalisé, cliquez sur la flèche noire à droite et vous avez alors accès à deux réglages pour ajuster la balance des blancs. Pour régler la Température, si vous cliquez sur une flèche vers la droite, vous allez réchauffer la photo en la rendant plus jaune. La flèche double ira quatre fois plus vite que la flèche simple. Vers la gauche, vous allez la refroidir en la rendant plus bleue. Il est également possible d'ajuster la température à l'aide du curseur **Coloris**. Utilisez les flèches vers la gauche pour ajouter du vert et les flèches vers la droite pour ajouter du magenta (par exemple en cas de dominante verte lors d'une prise de vue sous des tubes fluorescents). Cliquez sur le mot **Température** ou **Coloris** pour revenir à la normale, au réglage par défaut de votre photo.

Contrôle des tonalités

Cliquez sur la flèche tout à droite pour obtenir plus d'options de réglages.

- ✓ **Exposition** va agir comme si vous aviez modifié l'exposition de votre photo à la prise de vue. Si votre image présente des zones dans les hautes lumières sans détail, les barres de votre histogramme sont coincées sur la droite. Cliquez alors sur les flèches de gauche. Cliquez sur les flèches de droite pour amener les zones les plus claires de votre image à la valeur 100 %.
- ✓ **Récupération** permet d'essayer de récupérer des détails dans les plus hautes lumières.
- ✓ **Lumière d'appoint**, à l'inverse permet de récupérer des détails dans les tons foncés. Si vous connaissez la fonction **Tons Foncés/Tons clairs** de Photoshop, c'est assez proche.
- ✓ **Noirs** ajuste les tons foncés. Les flèches de droite ajoutent du noir dans les tons foncés. Les flèches de gauche agissent pour ajuster le point le plus foncé sur la valeur 0 %.
- ✓ **Luminosité** éclaircit ou assombrit l'ensemble des tons de la photo.

- ✓ Le **Contraste** augmente en tirant le curseur vers la droite. Les couleurs les plus foncées s'obscurcissent et les plus claires s'éclaircissent. Vers la gauche, on diminue le contraste les couleurs les plus claires s'obscurcissent et les plus foncées s'éclaircissent s'assombrissent et les pixels foncés prennent des valeurs les rapprochant dans les tons moyens. Mais ici la modification du contraste ne se fait qu'à l'intérieur des limites déterminées par le point blanc et le point noir.
- ✓ La **Clarté** est assez similaire à un effet d'accentuation. En tirant le curseur vers la droite, on renforce la netteté en augmentant le contraste local, surtout sur les valeurs moyennes et lorsque le contraste est déjà important avec la zone adjacente. Vers la gauche, on diminue le contraste local en donnant un effet de flou. Attention à ne pas faire apparaître des halos sur les bords de zone différentes de l'image.
- ✓ La **Vibrance** augmente la saturation en privilégiant plutôt les couleurs les moins saturées, pour ne pas écrêter celles qui le sont déjà. De plus, elle ne touche pas aux couleurs de teinte chair.

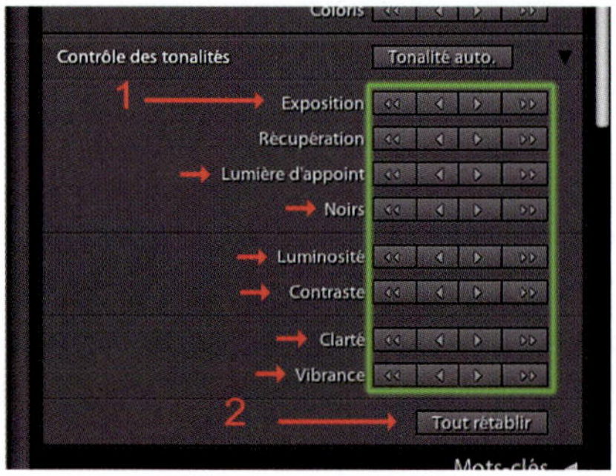

Figure 4.27 – Réglages de Tonalité. Ajustez les réglages à l'aide des flèches (cadre vert). Cliquez sur Exposition (1) pour redéfinir l'exposition sur 0. En cliquant sur n'importe quel nom de réglage (flèches rouges), vous remettrez le réglage concerné à 0. Cliquez sur Tout rétablir pour remettre à 0 tous les réglages (2).

Si vous souhaitez réinitialiser l'ensemble des réglages, cliquez sur le bouton **Tout rétablir**.

Panneau Mots-clés

Les mots-clés sont comme les autres métadonnées d'une importance fondamentale pour pouvoir retrouver vos photos.

Comme nous l'avons déjà vu, tous les panneaux de mots-clés sont maintenant regroupés dans ce groupe de panneaux de droite. Celui-ci existait déjà dans la précédente version, mais a subi quelques modifications. Trois sections apparaissent en cliquant sur la flèche blanche à droite : **Etiquettes de mots-clés**, **Suggestion de mots-clés** qui est une nouveauté et **Ensemble de mots-clés**.

Etiquettes de mots-clés

Sélectionnez avant tout une ou plusieurs images, et dans le menu déroulant vous avez le choix entre trois options :

- **Entrer les mots-clés** affiche dans la grande fenêtre au-dessous les mots-clés qui seraient déjà affectés à vos photos. Si vous avez sélectionné plusieurs photos, le mot-clé qui est suivi d'un astérisque (*) appartient uniquement à certaines des photos sélectionnées. Vous pouvez dans cette fenêtre supprimer un mot-clé déjà attribué aux photos sélectionnées. Vous pouvez également en ajouter, mais il est plus judicieux de le faire dans la case où il est écrit **Cliquer ici pour ajouter des mots-clés** car une liste de suggestions vous est proposée dès que vous tapez les premières lettres, évitant ainsi que vous tapiez le même mot-clé avec deux orthographes différentes. Cliquez ensuite sur la touche Entrée et votre mot-clé s'affichera dans la fenêtre au-dessus.
- **Mots clés et mots clés parents** affiche les mots-clés que vous avez entrés ainsi que les mots-clés parents même si vous avez choisi de ne pas exporter ceux-ci
- **Exportera** affiche les mots-clés qui seront exportés avec vos photos. Cela dépendra des options choisies lors de la création des étiquettes de mots-clés. Attention si vous avez choisi dans la fenêtre d'exportation de cocher la case **Ecrire les mots-clés selon la hiérarchie Lightroom**, les synonymes, même s'ils s'affichent ici, ne seront pas exportés.

Suggestions de mots-clés

Ce tableau suggérant l'utilisation de neuf mots-clés est une nouveauté dans Lightroom 2. Les suggestions sont faites en fonction des mots-clés attribués aux photos ayant été réalisées dans la même période et tient également compte des habitudes de l'utilisateur pour affiner les suggestions.

Il suffit pour attribuer un mot-clé à une photo de cliquer dessus. Il va alors s'afficher dans la fenêtre Etiquette de mots-clés, puis disparaît du tableau pour être remplacé par un autre.

Figure 4.28 – En cliquant un « t » dans le champ de texte (1), une liste de suggestions est apparue dans laquelle nous avons choisi taxi (2), qui est venu s'écrire à côté du premier mot-clé après avoir cliqué sur Entrée. Dans le cadre en vert nous trouvons les mots-clés suggérés récemment utilisés.

Ensemble de mots-clés

La section suivante permet d'ajouter des mots-clés à partir d'un ensemble de neuf mots-clés regroupés dans un tableau. En cliquant sur la double flèche, vous avez accès à ces tableaux.

Par défaut existe un ensemble nommé **Mots-clés récents** réunissant ceux que vous avez récemment créés ou utilisés, ainsi que trois ensembles proposés par défaut : **Photographie en plein air**, **Photographie de portrait** et **Mariage**. Mais vous pouvez également créer vos propres ensembles.

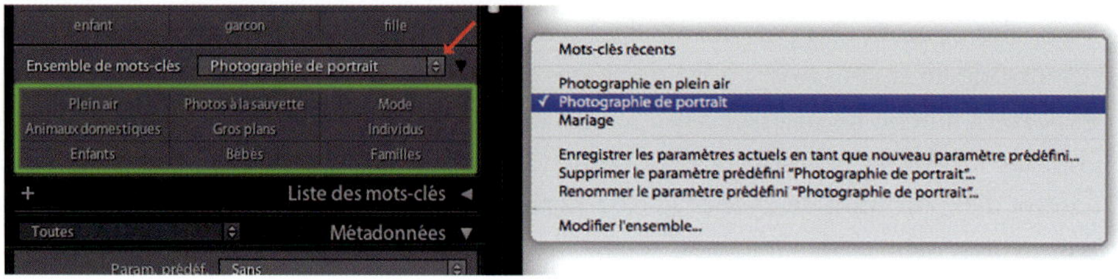

Figure 4.29 – En cliquant sur la double flèche nous avons ouvert le menu déroulant dans lequel vous pouvez gérer et choisir des ensembles de mots-clés. Ici, nous avons choisi « Photographie de Portrait », dont les mots-clés s'affichent dans le cadre vert.

Pour créer un ensemble vous pouvez par exemple sélectionner l'ensemble **Mots-clés récents** qui peut correspondre plus ou moins à une thématique. Choisissez dans le menu déroulant **Enregistrer les paramètres actuels en tant que nouveau paramètre prédéfini...** Dans la fenêtre qui s'ouvre, remplissez le champ **Nom du paramètre prédéfini**. Cliquez sur le bouton Créer. Dans le menu déroulant, vous voyez maintenant apparaître cet ensemble avec le nom que vous lui avez attribué.

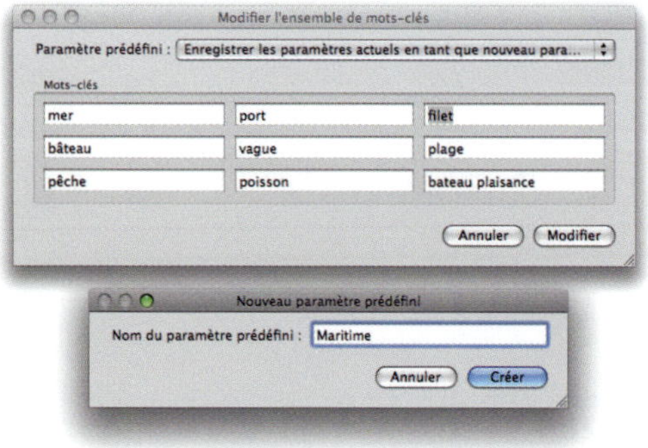

Figure 4.30 – Vous pouvez créer vos propres ensembles de mots-clés.

Si vous voulez changer quelques mots-clés dans cet ensemble, sélectionnez-le et choisissez **Modifier l'ensemble...** Dans la fenêtre qui s'ouvre, changez tous les mots-clés qui ne vous conviennent pas. Vous pouvez aller jusqu'à 9, mais vous n'êtes pas forcé de tout remplir. Cliquez sur **Modifier**. Il apparaît alors en deuxième place dans le menu déroulant avec le même nom suivi de **(modifié)**. Dans le menu déroulant, choisissez alors **Mettre à jour le paramètre prédéfini « xxx »**. L'ensemble est alors modifié et vous pourrez le sélectionner à tout moment dans le menu déroulant.

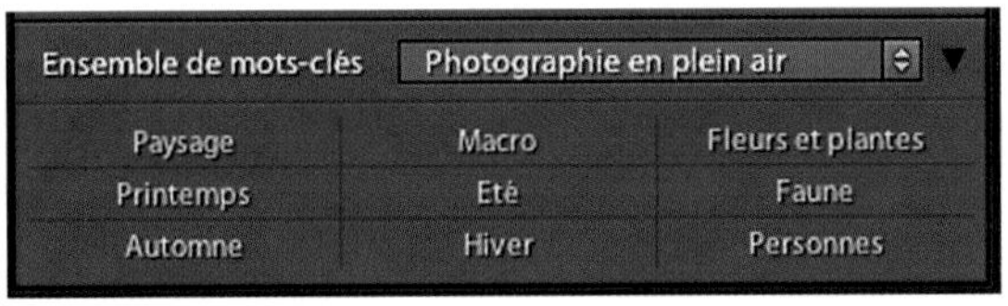

Figure 4.31 – Les mots-clés proposés dans l'ensemble de mots-clés « Photographie en plein air », proposé par Lightroom.

Dans ce même menu, vous pouvez bien sûr en sélectionnant un ensemble, **Supprimer le paramètre prédéfini « xxx »** ou **Renommer le paramètre prédéfini**. L'utilisation de ces ensembles est identique au tableau suggestion de mots-clés. Il suffit pour attribuer un mot-clé à une photo, de cliquer dessus. Il va alors s'afficher dans la fenêtre Etiquette de mots-clés.

Panneau Liste de mots-clés

Ce panneau remplace l'ancien panneau Etiquettes de mots-clés de Lightroom 1 qui se trouvait dans le panneau de droite. Il a subi quelques modifications qui rendent son usage plus fonctionnel.

Peut-être avez-vous déjà expérimenté les mots-clés avec les photos provenant des banques d'images. Afin que les recherches sur les sites de banques d'images soient plus performantes, les mots-clés sont nombreux et tous les synonymes sont utilisés. Une utilisation pertinente et cohérente pourra vous faire gagner énormément de temps pour répondre aux demandes de vos clients ou dans vos recherches personnelles.

Sans doute avez-vous déjà importé dans votre catalogue des images contenant des mots-clés, ou bien en avez-vous attribué à des photos dans le panneau Mots-clés que nous avons vu précédemment. Vous trouvez ici toute la liste des mots-clés utilisés dans votre catalogue, classés par liste alphabétique. À droite de chaque mot-clé, vous trouverez le nombre d'images auxquelles a été attribué ce mot-clé. En cliquant sur la flèche à droite de ce nombre, vous disposez d'un moyen rapide pour sélectionner toutes les images contenant ce mot-clé. Elles s'afficheront dans le Film fixe et la Grille si ce mode d'affichage a été choisi. Nous verrons plus loin des moyens plus performants pour faire des sélections en utilisant les mots-clés (voir page 137). Si, après avoir fait une sélection avec un mot-clé, vous voulez revenir à votre affichage précédent, cliquez sur la flèche **Précédent** située à gauche de la barre d'outils du Film fixe.

Création de mot-clé

1. Cliquez dans le vide de la grille pour ne sélectionner aucune photo ou faites **Edition/Ne rien sélectionner (Ctrl/Cmd + D)**.

2. Dans le panneau **Liste de mots-clés**, cliquez sur le **+**.
3. Dans la boîte de dialogue qui s'ouvre, entrez un mot-clé dans le champ Etiquette de mot-clé.
4. En dessous, dans la section synonyme, entrez les synonymes que vous souhaitez utiliser. Ici : bicyclette.
5. Si un mot-clé est sélectionné par exemple « Transport routier » au moment de créer ce mot-clé « vélo », vous avez la possibilité de Cocher la case **Placer dans "XX"**. Le nouveau mot-clé « transport » sera parent du mot-clé « vélo ». Dans la liste des mots-clés, il ne prendra pas place dans l'ordre alphabétique mais se trouvera sous le mot-clé « transport » qui se présente alors comme un dossier. Tous les mots-clés ayant une flèche blanche à leur gauche sont des mots-clés parents. En cliquant sur cette flèche, vous faites apparaître les mots-clés enfants.
6. Si des photos sont sélectionnées au moment de la création d'un mot-clé, la fenêtre d'options proposera d'appliquer directement le mot-clé sur les photos sélectionnées. Cochez alors **Ajouter aux photos sélectionnées**.
7. Les trois dernières cases à cocher vous permettent de choisir automatiquement pour chaque mot-clé s'il doit être inclus à la photo lorsque vous l'exportez, si les mots-clés parents doivent l'être ainsi que les synonymes.
8. Cliquez sur **Créer**. Dans le panneau **Etiquettes de mots-clés**, vous pouvez voir que seul le mot-clé créé (ici vélo) apparaît et non les synonymes. Le gain de place et de temps est important.

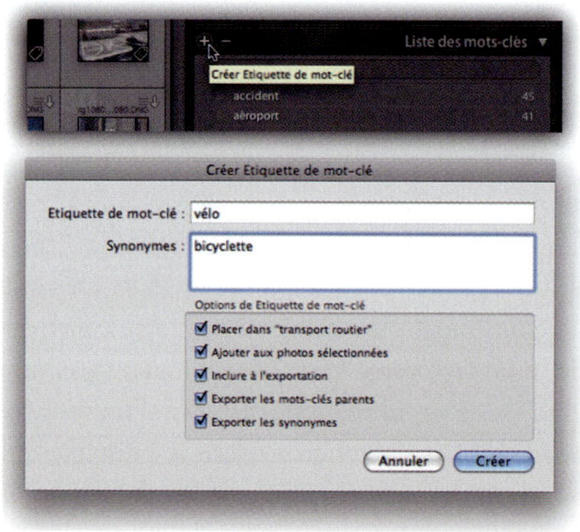

Figure 4.32 – Nous avons créé un mot-clé « vélo » dans un mot-clé « parent ».

Pour créer un mot-clé enfant, faites un clic droit (**Ctrl + clic** sur Mac) sur un mot-clé « XX » et choisissez **Créez Etiquette de mot-clé dans "XX"...** Quand vous appliquez ce mot-clé sur une photo, le mot-clé parent sera alors appliqué aussi, vous réalisez le gain de temps que cela peut représenter. Par exemple, si **Vélo** était un mot-clé enfant de **Transport routier**, en appliquant **Vélo**, il sera logique que **Transport routier** soit aussi appliqué.

Mots-clés de filtre

La liste de mots-clés est établie alphabétiquement à partir des mots-clés parents. Lorsque vous avez une très longue liste de mots-clés, Lightroom 2 a créé une nouveauté qui peut vous aider à retrouver un mot-clé. Tapez un mot ou groupe de lettres dans le champ **Mots-clés de filtre** et seuls les mots-clés qui contiennent ce mot resteront affichés dans la liste. Vous pouvez faire plusieurs recherches simultanées en séparant les mots ou groupes de lettres par un espace ou une virgule. Pour annuler cette recherche, tapez sur la croix dans le cercle gris et vous réafficherez la liste de tous les mots-clés.

Cliquez sur la flèche à droite pour faire apparaître dans le panneau central les photos contenant ce mot-clé (figure 4.33).

Pour faire apparaître en même temps des photos ayant des mots-clés différents, vous devrez utiliser les filtres en haut du panneau central (voir page 137).

Figure 4.33 – Les mots-clés écrits dans le champ supérieur apparaissent avec leurs parents. Nous avons cliqué sur la flèche à droite pour faire apparaître dans la grille les photos contenant le mot-clé « ciel ».

Appliquer un mot-clé

Pour appliquer un mot-clé à une photo, cliquez sur le mot-clé sans relâcher le bouton de la souris et glissez-le sur la photo. Vous pouvez aussi faire l'inverse en glissant l'image ou les images sur un mot-clé dans le panneau **Liste de mots-clés**, ce qui n'est pas toujours aisé quand vous avez une longue liste de mots-clés.

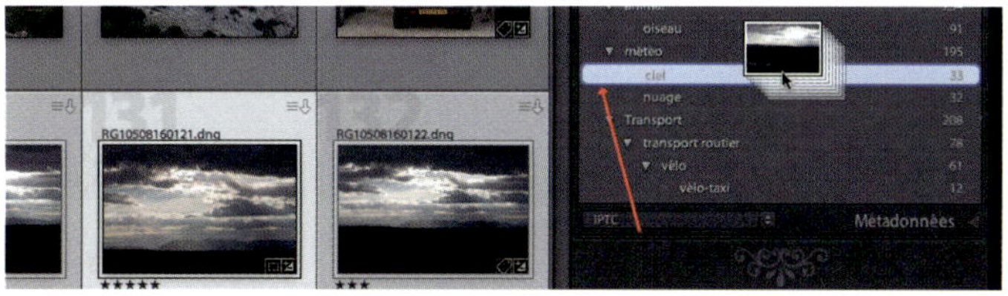

Figure 4.34 – Pour appliquer un mot-clé à une photo, glissez-la simplement sur le mot-clé en question ou cliquez sur le petit carré à gauche.

Pour appliquer un mot-clé à plusieurs photos à la fois, vous pouvez cliquer sur le petit carré qui apparaît tout à gauche du mot-clé quand vous déplacez le pointeur de la souris à cet endroit. Vous pouvez également faire un clic droit (**Ctrl + clic** sur Mac) sur le mot-clé qui vous intéresse et choisir **Ajouter ce mot-clé aux photos sélectionnées**.

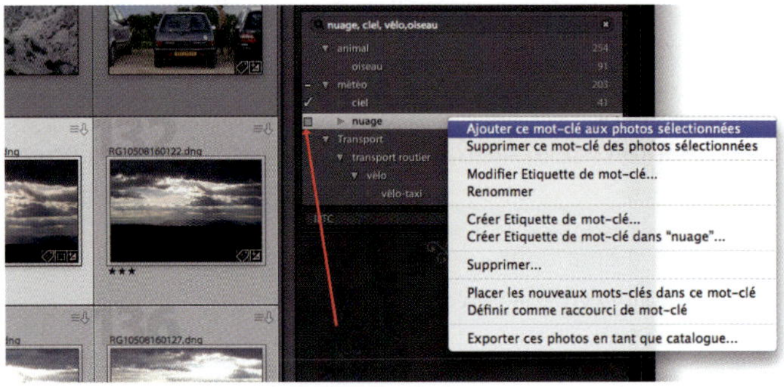

Figure 4.35 – Autre méthode d'attribution d'un mot-clé : le petit carré et le menu contextuel.

Lorsqu'une photo a un mot-clé attribué, un petit « badge de vignettes » représentant un crayon apparaît en bas à droite de sa vignette. Attention, il faut, pour afficher ce badge, avoir bien réglé les Options d'affichage de la bibliothèque. Allez dans le menu **Affichage/Style du mode grille/Afficher les badges (Ctrl/Cmd + Maj + Alt + H)**. Vous pouvez aussi aller dans le menu **Affichage/Options d'affichage... (Ctrl/Cmd + J)** et choisir de cocher la case **Badges de vignette** dans l'onglet **Mode Grille** et la section **Icônes de cellules**.

Figure 4.36 – Un petit crayon apparaît lorsqu'un mot-clé est appliqué.

Lorsqu'une photo est sélectionnée dans la grille, les mots-clés qui lui sont attribués sont marqués d'une coche à gauche du mot-clé dans le panneau **Liste de mots-clés**.

En faisant un clic droit (**Ctrl + Clic** sur Mac) sur chaque mot-clé, vous pouvez faire apparaître un menu contextuel. Ici vous pouvez choisir d'ajouter un mot-clé à la photo sélectionnée, le modifier, le renommer, le supprimer (figure 4.37).

Vous pouvez aussi le définir comme **Raccourci de mot-clé** et l'utiliser avec l'outil peinture (voir page 136). Nous verrons cela plus loin, en étudiant la barre d'outils.

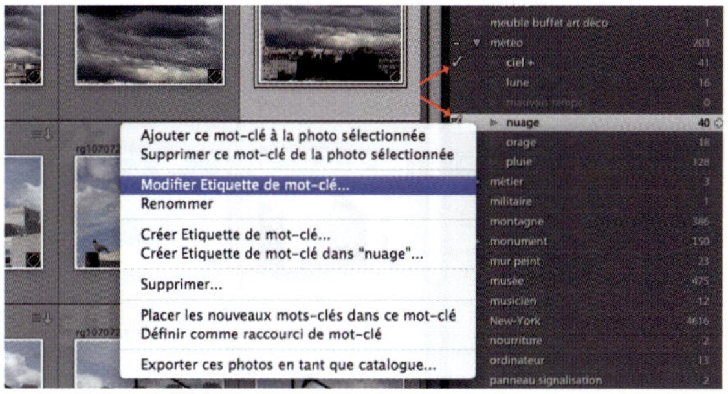

Figure 4.37 – À la photo sélectionnée, les mots-clés « ciel » et « nuage » sont attribués. Nous avons fait un clic droit pour faire apparaître le menu contextuel.

Supprimer un mot-clé

Pour qu'un un mot-clé ne soit plus attribué à une photo, sélectionnez la ou les photos et effacez le mot-clé concerné dans la grande fenêtre du panneau **Mots-clés** ci-dessus. Vous pouvez également cliquer sur le carré marqué d'une coche à gauche du mot-clé dans le panneau **Liste de mots-clés**.

Vous pouvez aussi sélectionner la photo et faire un clic droit (**Ctrl + clic** sur Mac) sur le mot-clé et choisir **Supprimer ce mot-clé de la photo sélectionnée**. Si aucune photo n'est sélectionnée, cette option n'apparaît pas.

Pour supprimer un mot-clé du panneau **Etiquettes de mots-clés**, faites un clic droit dessus (**Ctrl + clic** sur Mac) et choisissez **Supprimer**. Il sera alors aussi supprimé des photos auxquelles il a été attribué.

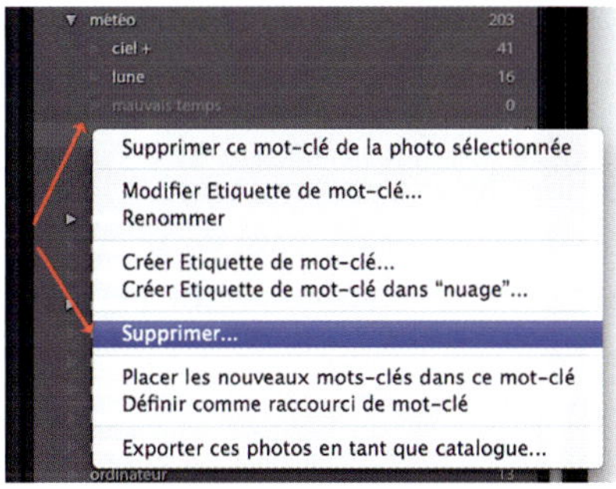

Figure 4. 38 – Nous avons fait un clic droit sur le mot-clé « mauvais temps » qui apparaissait en grisé, et avons choisi de le supprimer.

Vous pouvez aussi sélectionner le mot-clé et cliquer sur signe **Moins (-)** en haut à droite du panneau **Etiquette de mots-clés**. Il sera également supprimé des photos auxquelles il a été attribué. Vous pouvez sélectionner plusieurs mots-clés à effacer en les sélectionnant à l'aide de la touche Ctrl/Cmd ou Maj.

Il peut arriver que certains mots-clés ne servent plus. Ils apparaissent alors en gris dans la liste des mots-clés suivis du nombre 0. Vous pouvez ainsi repérer et supprimer ceux-ci, mais vous pouvez également passer par le menu **Métadonnées** et choisir **Purger les mots-clés non utilisés** (figure 4.39).

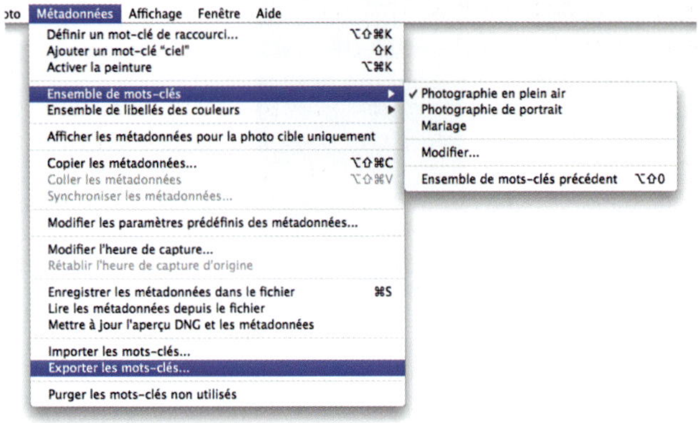

Figure 4.39 – Dans le menu Métadonnées, nous pouvons effectuer de nombreuses actions avec les mots-clés et notamment les exporter.

Import/Export de mots-clés

Il est possible d'importer et d'exporter les mots-clés. Les exporter peut servir pour d'autres applications ou pour des bases de données. Les importer permet un gain de temps plutôt que de les créer. Si vous disposez d'une photothèque gigantesque, vous pouvez par exemple travailler avec quelqu'un qui créerait des mots-clés pour vos photos. Vous n'aurez plus qu'à les importer et les appliquer.

Les fonctions d'import et d'export de mots-clés se trouvent dans le menu **Métadonnées**. Choisissez **Exporter les mots-clés** et enregistrez le fichier sur votre bureau, qui par défaut porte le nom Lightroom Keywords. Vous verrez qu'il s'agit d'un simple fichier texte contenant vos mots-clés en colonne. Attention, ces fichiers texte doivent être enregistrés en code ASCII ou Unicode UTF-8.

Panneau Métadonnées

Nous avons déjà entrevu dans le chapitre consacré à l'importation des images ce qu'étaient les métadonnées (voir page 41). Ce sont des informations concernant vos images et pouvant entre autres vous permettre de les retrouver selon certains critères. Elles viennent compléter les mots-clés que l'on peut également considérer comme des métadonnées.

L'utilité des métadonnées et leur complexité

Il existe principalement deux types de métadonnées. Les métadonnées techniques relatives à la prise de vue qui sont écrites automatiquement soit par votre appareil photo, soit par Lightroom (métadonnées EXIF) et les métadonnées relatives à la sémantique de l'image attribuées par vous (métadonnées IPTC), qui informent essentiellement sur l'auteur de la photo, la description formelle et visuelle de l'image et le copyright.
Ce sont ces informations IPTC qui sont absolument indispensables pour tout photographe soucieux d'exploiter au mieux son stock d'images. Quand on a plusieurs milliers d'images, on peut considérer que toute photo non indexée est une photo perdue.
Ce panneau vous permet d'écrire ou de corriger cette deuxième série de métadonnées. Lightroom n'est bien sûr pas la seule application à vous permettre de remplir ces champs. Photoshop, Bridge, Aperture, Expression Media (ex Iview Media Pro) le permettent aussi. Le gros problème auquel se heurtent tous les photographes, c'est que d'une application à l'autre, voire d'une version à l'autre, ces champs indiquant la même chose ne portent pas le même nom. Cela tient parfois à des problèmes de traduction, mais aussi à l'évolution des nomenclatures de métadonnées. Les sociétés Adobe, Apple, Canon, Microsoft, Nokia et Sony se sont récemment regroupées pour publier un document « Guidelines for Handling Image Metadata » et éviter ce problème. En attendant, si vous êtes confronté à ce problème, vous pouvez remplir tous les champs d'une image et voir dans quel champ s'affiche tout ce que vous avez écrit dans une autre application.
Vous pouvez trouver d'excellents renseignements sur ces normes et notamment un tableau de correspondance entre les informations IPTC/IIM et les champs disponibles de certains éditeurs IPTC, sur l'excellent site Web de Patrick Peccatte : http://peccatte.karefil.com/Software/Metadata.htm#Meta.

Dans ce panneau **Métadonnées** vous pouvez également renommer vos fichiers, sélectionner un dossier, enregistrer dans les fichiers les métadonnées que vous avez affectées à vos photos dans Lightroom, attribuer ou changer une note ou un label, sélectionner toutes les photos prises le même jour ou appartenant au même dossier.

Dans le menu déroulant à gauche du nom du panneau Métadonnées, nous voyons qu'il existe plusieurs options de présentation de ce panneau, mais nous allons commencer par la description du menu **Toutes**, puisque c'est ici que nous allons trouver tous les champs IPTC qui doivent être remplis. Dans les autres menus, ils ne seront pas tous présents.

Les champs IPTC sont très nombreux. Ceux que nous vous conseillons d'utiliser correspondent à ce qui est fait dans la plupart des banques d'images. Bien sûr, chaque agence ou chaque banque d'images à ses propres recommandations qui vous seront données le jour où vous leur confierez vos photos pour en assurer la promotion ou la diffusion.

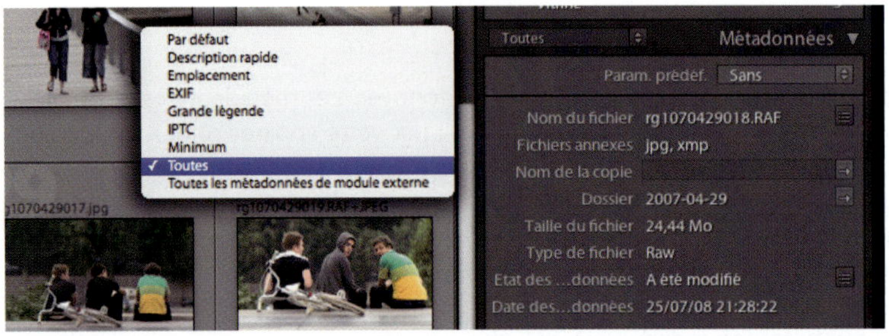

Figure 4.40 – Dans le menu déroulant, choisissez les métadonnées à afficher.

Voyons donc tous les champs que nous pouvons trouver en sélectionnant le menu **Toutes** :

- ✓ **Param. prédéf.** : dans le chapitre 2, vous avez vu qu'il est possible dès l'import d'appliquer des métadonnées aux photos importées grâce à des paramètres prédéfinis (voir page 41). Nous vous avons expliqué comment créer un paramètre que nous avons appelé « auteur ». Il vous permet de remplir dès l'importation, un certain nombre de champs IPTC qui seront normalement toujours les mêmes puisqu'ils concernent l'auteur de la photo. Si vous avez déjà créé ce paramètre prédéfini, vous pouvez le retrouver dans ce menu déroulant et l'appliquer maintenant si cela n'a pas été fait à l'importation de vos photos dans le catalogue.
- ✓ **Nom du fichier** : dans le chapitre 2, vous avez vu qu'il est possible dès l'import de changer automatiquement vos noms de fichiers (voir page 37). Il est également possible de le faire ici, ce qui modifiera immédiatement le nom original. Si à l'importation vous aviez oublié de renommer vos fichiers, ne le faites pas ici en renommant une photo après l'autre. Mais sélectionnez le nombre de photos que vous voulez renommer, puis allez dans le menu Bibliothèque/Renommer les photos... et vous retrouverez le même type de fenêtre que nous avons vu dans les options d'importation. Vous pourrez retrouver le paramètre prédéfini « Mes fichiers » si vous l'avez déjà créé.
- ✓ **Fichiers annexes** : ce champ n'apparaît que s'il existe un fichier dit « side-car », qui a été créé soit à la prise de vue (fichier.THM), soit après l'enregistrement des modifications apportées à un fichier RAW (fichier.XMP).
- ✓ **Nom de la copie** : c'est le nom qui sera donné à la copie virtuelle, si vous en créez une (voir page 145). Copier 1 est le nom attribué par défaut, mais vous pouvez bien sûr le changer. En cliquant sur la petite flèche à droite, vous pouvez accéder au fichier original.
- ✓ **Dossier** : vous ne pouvez pas changer le nom du dossier ici, mais en laissant le pointeur de la souris sur le nom du dossier. Une info-bulle s'affichera indiquant le chemin du dossier. En cliquant sur la petite flèche à droite, vous pouvez sélectionner dans le panneau **Dossiers** du groupe de panneaux de gauche le dossier original.
- ✓ **Taille du fichier** : c'est le volume en octets utilisé par le fichier sur le disque dur.
- ✓ **Type du fichier** : c'est le format du fichier (RAW, JPEG, TIFF, etc.).

✓ **État des métadonnées** : plusieurs états sont possibles :

- **A été modifié** : signifie que vous avez attribué des mots-clés ou des métadonnées soit à l'importation, soit dans les panneaux correspondants de Lightroom et que vos fichiers originaux ne les contiennent pas. Ils seront néanmoins incorporés aux fichiers que vous exporterez. Un **symbole** (trois lignes verticales et une flèche dirigée vers le bas), en haut à gauche des vignettes des fichiers dans le menu Grille, indique également que les métadonnées ont été modifiées (figure 4.41). Pour mettre à jour, c'est-à-dire enregistrer dans le fichier original, vous pouvez cliquer sur le mot « **A été modifié** » ou sur la petite icône au bout de la ligne qui porte le nom de « Résoudre le conflit ». Un message s'affichera : « Les métadonnées de cette photo ont été modifiées dans Lightroom. Voulez-vous enregistrer les modifications sur disque ? ». Choisissez Enregistrer. Nous vous rappelons qu'un fichier Raw crée alors un fichier portant le même nom avec l'extension XMP, puisqu'il est impossible d'écrire dans un fichier Raw (excepté les fichiers Dng). Vous pouvez également enregistrer ces nouvelles métadonnées depuis le menu **Métadonnées/Enregistrer les métadonnées dans le fichier** (**Ctrl/Cmd + S**). Vous pouvez aussi avoir décidé dans les préférences d'enregistrer directement les métadonnées (voir page 22).

Figure 4.41 – Un symbole avec une flèche vers le bas vous signale que les métadonnées de cette photo ont été modifiées dans Lightroom.

- **A jour** : signifie que les métadonnées écrites dans Lightroom ont été écrites dans vos fichiers originaux. Mais cela ne signifie pas que les métadonnées enregistrées dans votre fichier original et les métadonnées affichées dans Lightroom correspondent, si vous avez fait une modification dans un autre logiciel (Bridge ou Photoshop). Le meilleur chemin pour écrire et remplacer les métadonnées de Lightroom par les métadonnées écrites dans un autre éditeur est d'aller dans le menu **Métadonnées/Lire les métadonnées depuis le fichier** Vous pouvez aussi aller dans le panneau **Dossiers** à gauche et faire un clic droit (**Ctrl + clic** sur Mac) sur le nom du dossier, puis choisir **Synchroniser** et cocher la case **Analyser les mises à jour des métadonnées.** Les changements faits dans une autre application s'inscriront parfois dans votre catalogue.

Figure 4.42 – Un symbole avec un point d'exclamation vous signale que les métadonnées de cette photo ont été modifiées dans Lightroom et dans un éditeur externe.

- **Conflit détecté** : lorsque les mêmes métadonnées ont été modifiées à la fois dans un éditeur Externe et dans Lightroom, un symbole (trois lignes verticales et un point d'exclamation) en haut à gauche des vignettes des fichiers dans le menu Grille indique cet état. Ce symbole n'apparaît que si vous avez cherché à **Synchroniser le dossier...** (voir page 81). Vous avez alors le choix d'**Importer les paramètres depuis le disque** et ce sont les modifications réalisées et enregistrées dans un éditeur externe qui s'imposeront, ou bien de **Ecraser les paramètres** et ce sont les métadonnées écrites dans le catalogue qui s'écriront dans le fichier original.
- **... (des points de suspension)** signifient qu'une mise au point est en train de se faire.

✓ **Date des métadonnées** : elle se change au fur et à mesure des modifications sur les métadonnées réalisés dans le catalogue.

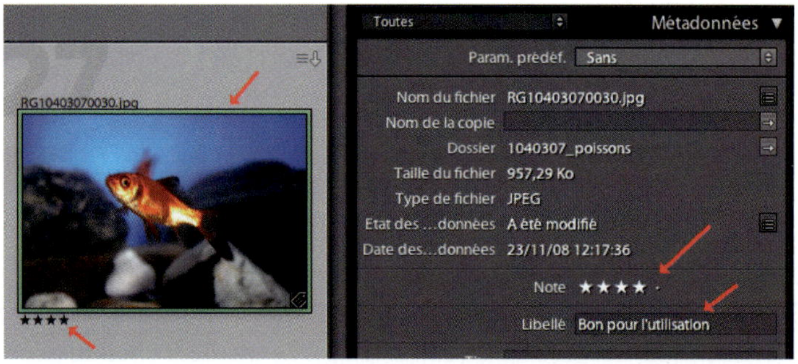

Figure 4.43 – Vous pouvez modifier les notes (4 étoiles) et voir le nom attribué au libellé de couleur vert « Bon pour l'utilisation ».

✓ **Note** : vous avez la possibilité de changer la note ici.

✓ **Libellé** : le nom qui a été attribué au libellé de couleur s'affiche ici (voir page 133). Si vous le modifiez ici la couleur de libellé ne s'affichera plus autour des vignettes.

- ✓ **Titre** (***title***) : c'est le libellé que l'on trouve dans la section **Etat IPTC** dans la fenêtre **Modifier les paramètres prédéfinis des métadonnées**. Il ne faut pas le confondre avec l'autre « titre » ci-dessous. On peut y écrire le titre du reportage.
- ✓ **Légende** : la légende doit décrire l'image en répondant principalement aux questions concernant le sujet, le lieu, la date, l'action, le contexte. S'il y a des personnes sur la photo, ce champ peut comporter leur nom ou leur rôle ou fonction dans l'action représentée.
- ✓ **EXIF** (***EXchangeable Image File format***) : ce format définit les informations techniques décrivant les réglages de l'appareil photo et les paramètres de prise de vue. Les données suivantes proviennent soit de l'appareil photo, soit de Lightroom. La plupart ne sont pas modifiables. Une petite flèche suit le champ **Recadrée** et donne accès au cadre de recadrage dans le module **Développement**. La petite flèche au bout du champ **Date/heure origin.** affiche les photos prises à cette date. D'autres petites flèches au bout de certains champs permettent notamment d'afficher les photos prises à la même vitesse ISO, avec le même boîtier ou le même objectif. Les données EXIF affichées ne sont pas toutes du même nombre. Elles dépendent de l'appareil photo et de son format RAW.
- ✓ **Créateur** : c'est le nom de l'auteur de la photographie.
- ✓ **Fonction** : ce champ doit contenir le titre professionnel du photographe : photographe ou photographe indépendant, mais cela pourrait être illustrateur, etc.
- ✓ **Adresse** : il n'est pas vraiment indispensable de remplir ce champ si vous donnez d'autres moyens de vous contacter.
- ✓ **Ville** : mettez le nom de la ville où vous habitez, peut-être qu'un jour on vous contactera pour y réaliser une prise de vue.
- ✓ **Région – Code postal – Pays** : comme pour Ville.
- ✓ **Téléphone – Adresse électronique** : donnez au moins un de ces deux moyens pour vous joindre. Il se peut que vos photos se promènent malgré vous sur le Web ou ailleurs. Grâce à ces infos, quelqu'un qui voudrait utiliser votre photo pourrait prendre contact avec vous pour négocier les droits.
- ✓ **Site Internet** : indiquez ici l'adresse de votre site si vous en avez un. C'est un excellent moyen de présenter votre travail.
- ✓ **Titre** (***headline***) : celui que l'on trouve dans la section **Contenu IPTC** dans la fenêtre **Modifier les paramètres prédéfinis des métadonnées**. Il ne faut pas le confondre avec l'autre « titre » ci-dessus. On peut écrire la même chose mais il est plutôt à concevoir comme une légende courte.
- ✓ **Code de sujet IPTC** : il s'agit d'écrire les sujets selon la liste IPTC Subject Code. Cette liste est disponible sur différents sites Web. À remplir selon les demandes de la banque d'images qui diffusera vos photos. Voir sur http://www.iptc.org/NewsCodes/
- ✓ **Auteur de la description** : écrire les initiales de la personne qui a écrit la légende si ce n'est pas vous. Pratique dans les agences en cas de contestation sur la rédaction de la légende.

- ✓ **Catégorie** et **Autres catégories** : comme le Code de sujet IPTC, voyez avec la banque d'images. Voir sur http://www.iptc.org/NewsCodes/
- ✓ **Date de création** : la date de prise de vue.
- ✓ **Catégorie intellectuelle** : indiquez ici l'adresse de votre site si vous en avez un. C'est un excellent moyen de présenter votre travail.
- ✓ **Scène** : description de la scène par un code.
- ✓ **Emplacement** : concerne un lieu décrit ni par un nom de ville, de région ou de pays.
- ✓ **Ville** : ville où a été prise la photo.
- ✓ **Région** : région où a été prise la photo, mais peu utilisé pour la France.
- ✓ **Pays** : nom du pays où a été prise la photo.
- ✓ **Code de pays ISO** : très utilisé dans les agences mais vous pouvez vous en passer.
- ✓ **Identifiant de la fonction** : vous pouvez y écrire le nom du fichier sans l'extension.
- ✓ **Instructions** : dans les agences, on écrit ici les restrictions, les embargos et les droits concernant la diffusion.
- ✓ **Fournisseur** : fournisseur de l'objet.
- ✓ **Source** : propriétaire intellectuel de l'objet.
- ✓ **Etat du copyright** : choisir entre Indéterminé, Protégé par un copyright, Domaine public.
- ✓ **Copyright** : doit contenir les informations pour revendiquer un droit de propriété intellectuelle et identifier les propriétaires actuels des droits moraux sur la photo. En Europe : © {année de première publication} {Détenteur des droits}, tous droits réservés.
- ✓ **Condit. D'utilis.** : conditions d'utilisation de la photo (Tous droits réservés, Reproduction interdite, etc.).
- ✓ **URL info copyright** : c'est l'adresse d'une page Web où vous avez écrit des informations plus détaillées au sujet des droits d'utilisation et du copyright.

Après la description de tous les champs, c'est à vous de déterminer quelle présentation vous sera plus facile d'utilisation en fonction des champs que vous voulez remplir. À la place de l'option **Toutes** dans le menu déroulant à gauche du nom du panneau Métadonnées, vous pouvez choisir parmi les options suivantes : **Par défaut**, **Description rapide**, **Emplacement**, **EXIF**, **Grande légende**, **IPTC**, **Minimum**, **Toutes les métadonnées de module externe**.

Les paramètres prédéfinis

Pour ne pas avoir à remplir pour chacune des images les mêmes métadonnées, nous avons vu dans le chapitre Importation comment créer un paramètre prédéfini concernant les informations à propos de l'auteur (voir page 41). Ce sont des informations que vous pourrez appliquer systématiquement à chaque fois que vous importerez des photos.

chaque légende de chaque photo. Vous pouvez pour cela utiliser le bouton Synchroniser les métadonnées, car vous pouvez avoir des images qui peuvent contenir exactement les mêmes légendes.

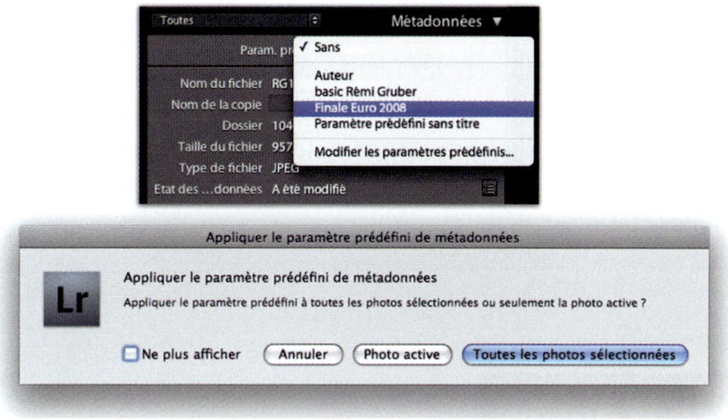

Figure 4.46 – Retrouvez dans le menu déroulant le paramètre prédéfini de métadonnées que vous avez créé, et appliquez-le à toutes les images sélectionnées.

Synchroniser et copier les métadonnées

En bas des panneaux de gauche se trouvent deux boutons qui servent à synchroniser l'un, les paramètres, l'autre, les métadonnées. Le premier est également disponible dans le module **Développement**. Nous le verrons à ce moment-là car il contient des réglages non disponibles dans le module **Bibliothèque**. Mais il est le même dans les deux modules.

Le bouton de synchronisation des métadonnées permet de sélectionner plusieurs photos et de synchroniser leurs métadonnées en récupérant celles de la photo active. L'image active est celle qui est « plus sélectionnée » que les autres. Son cadre est plus clair.

1. Sélectionnez plusieurs photos auxquelles vous aimeriez attribuer les mêmes métadonnées qu'à une autre que vous venez de régler. Elle doit faire partie du lot sélectionné.
2. Dans la Grille ou le Film fixe, cliquez une fois sur la vignette dans la cellule, elle devient la photo active, celle depuis laquelle seront copiées les métadonnées. Attention à ne pas cliquer sur les bords de la cellule car vous désélectionnerez les autres photos.
3. Cliquez sur **Synch. métad**.
4. Dans la fenêtre qui s'ouvre, cochez les cases qui vous intéressent. Vous pouvez tout synchroniser d'un coup en cliquant sur **Tout sélectionner** ou bien choisir vos informations en cochant soit par groupe (copyright, créateur IPTC, etc.) ou encore métadonnée par métadonnée en cochant la case de droite.
5. Cliquez sur **Synchroniser**.
6. Vérifiez en cliquant sur une des images. Les métadonnées de la photo active ont bien été copiées.

Dans le menu **Métadonnées**, vous pouvez également synchroniser les photos de la même façon.

Bien sûr, nous procédons avec la synchronisation lorsque nous n'avons pas fait de paramètre prédéfini des métadonnées de la photo en question.

Par le biais du menu **Métadonnées**, vous pouvez copier les métadonnées d'une photo et les coller sur une autre. Pour cela, sélectionnez une photo, faites **Métadonnées/Copier les métadonnées**, sélectionnez les infos qui vous intéressent, cliquez sur **Copier**, puis sélectionnez une autre photo ou plusieurs et faites **Métadonnées/Coller les métadonnées**. Par rapport à **Synchroniser**, la fonction **Copier/Coller** peut s'avérer utile si on veut copier les métadonnées d'une photo sur une photo ne se trouvant pas dans le même dossier.

Panneau central et Barre d'outils

Nous venons de voir les panneaux latéraux et leur contenu. Le film fixe, situé tout en bas et qui reste le même quel que soit le module choisi a été décrit dans le chapitre précédent (voir page 61). Tournons-nous à présent vers le panneau central de l'interface qui permet de visualiser les photos et de les comparer. Elle comprend trois parties :

- ✓ Le Filtre de Bibliothèque que vous pouvez afficher en cliquant sur la touche **$** si vous ne le voyez pas tout en haut du panneau central. Nous verrons son utilisation un peu plus loin.
- ✓ La zone d'affichage des photos qui peut s'afficher en quatre modes différents :
  - Le mode **Grille** (touche **G**) qui affiche une ensemble de vignettes de photos sélectionnées.
  - Le mode **Loupe** (touche **E**) qui affiche l'image active.
  - Le mode **Comparaison** (touche **C**) pour comparer deux images.
  - Le mode **Ensemble** (touche **E**) pour comparer plusieurs images et faire un tri.
- ✓ La **barre d'outils** qui s'affiche tout en bas. Elle peut être masquée en utilisant juste la touche **T** (comme *Tools*, outils en anglais) ou en allant dans le menu **Affichage/Masquer la barre d'outils**.

Nous allons dans ce sous-chapitre tout d'abord examiner les différents **modes d'affichage** des images et la **Barre d'outils,** qui est différente selon le mode d'affichage choisi. Nous verrons ensuite les manières d'utiliser le **filtre de Bibliothèque**, les différentes **Options d'affichage** des images dans le mode Grille et le mode Loupe.

Nous finirons en examinant tout ce que nous pouvons faire sur les images dans le module Bibliothèque, et notamment l'empilement, la suppression des photos et la modification des images dans un éditeur externe.

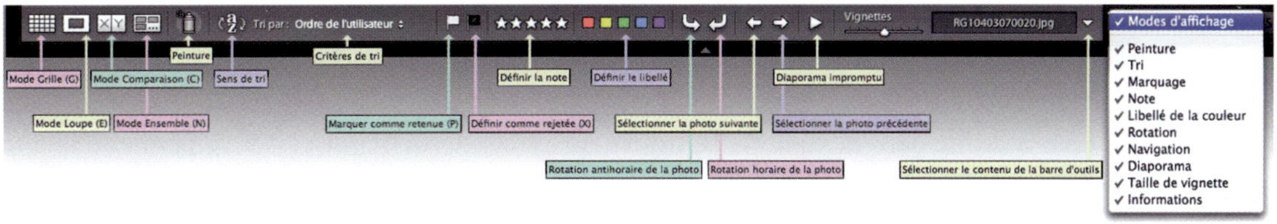

Figure 4.47 – La barre des outils.

Les modes d'affichages

À gauche de la barre d'outils se trouvent quatre icônes. Notez qu'il est possible de passer d'un mode à l'autre en utilisant aussi le menu **Affichage**. Nous vous recommandons aussi d'apprendre les quatre touches de raccourcis pour passer d'un mode à l'autre. Cela facilitera votre travail.

Mode Grille 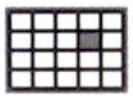

Le raccourci pour choisir ce mode est la touche **G**. Il affiche vos photos les unes à côté des autres, comme la plupart des logiciels de gestion de photos. En mode **Grille**, les cellules contenant les vignettes comportent de nombreuses options. Ces options sont paramétrables dans les **Options d'affichage** que nous verrons plus loin (voir page 141).

Voici ce que donnent les cellules en mode réduites et agrandies avec toutes les options cochées :

Figure 4.48 – À gauche cellule réduite, à droite cellule agrandie : les badges (flèches rouges), un marqueur de collection rapide (flèche verte), les marqueurs de sélection (flèches blanches), icônes d'avertissement (flèches bleues).

- ✓ Dans la vignette même, en bas à droite, peuvent apparaître des icônes nommées **badges** : il peut s'agir d'un crayon qui indique qu'un ou plusieurs mots-clés sont attribués, ou d'une marque de développement appliquée, ou encore d'une marque de recadrage, etc.
- ✓ En haut à droite dans la vignette se trouve un cercle. Un clic sur ce cercle permet d'ajouter la photo à la collection rapide ou de l'en retirer si elle y est déjà.
- ✓ En haut à gauche apparaît le marqueur de sélection représenté par un drapeau.
- ✓ En haut à droite peuvent apparaître différentes icônes d'avertissement.
- ✓ En bas au centre sa note représentée par des étoiles (cellule agrandie uniquement).
- ✓ En bas à droite, l'icône du libellé de couleurs (cellule agrandie uniquement).
- ✓ En bas à droite et à gauche dans la cellule, des icônes pour la faire pivoter.

Notez que chacune de ces icônes n'est pas là uniquement pour indiquer quelque chose, mais qu'elle est également modifiable. Faites un clic droit (**Ctrl + clic** sur Mac) sur le marqueur de retenue et vous pouvez choisir entre les trois options : marquée, neutre, rejetée. Toutes les options se trouvant autour des vignettes et même celles que nous allons ajouter plus loin sont modifiables d'un clic ou d'un clic droit (**Ctrl + clic** sur Mac).

Les badges, se trouvant en bas à droite de chaque photo, indiquant que la photo a subi des modifications, donnent accès au réglage en question d'un simple clic. Cliquez sur le crayon représentant les mots-clés et le panneau **Mots-clés** s'ouvre. Cliquez sur l'icône des réglages et votre photo s'ouvre dans le module **Développement**.

Figure 4.49 – Un clic sur l'un des badges vous ouvre son panneau.

Mode Loupe 

Pour y accéder, double-cliquez sur une photo en mode **Grille** ou bien faites un clic droit (**Ctrl + clic** sur Mac) sur la photo et choisissez **Ouvrir en mode Loupe**. Il affiche la photo active au dernier rapport d'agrandissement utilisé dans le panneau **Navigation** (voir page 74). Choisissez **ADAPT**. tout en haut de ce panneau, nous verrons plus loin les autres modes.

Par défaut, aucune info ne s'affiche dans le mode **Loupe**. Mais nous verrons plus loin qu'il est possible d'en ajouter (voir page 143).

Vous pouvez régler le rapport d'agrandissement dans la barre d'outils si vous avez choisi d'afficher **Zoom** dans le menu déroulant, mais il existe également cinq raccourcis pour passer d'un rapport d'agrandissement à un autre :

- ✓ La touche **E** permet de sélectionner le mode Loupe quand on est en mode Grille dans le module Bibliothèque. Mais lorsque vous êtes dans un des autres modules (Développement, Diaporama, Impression ou Web), cette touche vous permettra de passer directement dans le module Bibliothèque en mode Loupe. Le rapport d'agrandissement sera le dernier rapport utilisé.
- ✓ La touche **Z** vous permet de passer du mode Grille au mode Loupe quand vous êtes dans le module Bibliothèque. Le rapport d'agrandissement sera le dernier rapport utilisé.
- ✓ La **barre d'Espace** vous permet quand vous êtes en mode Grille de passer en mode Loupe soit dans le rapport **Adapt.** ou **Rempl** (cela dépend du dernier rapport utilisé comme standard). Une pression supplémentaire sur la barre d'espace vous fera passer au rapport **1:1** ou au rapport choisi dans le menu déroulant de **1:4** à **11:1** (cela dépend du dernier rapport utilisé comme agrandissement).
- ✓ La touche **Retour chariot** vous permet de faire la même chose que la barre d'espace quand vous pressez successivement la touche, mais vous passerez aussi par le mode Grille.
- ✓ Le raccourci **Ctrl/Cmd + "+"** ou **Ctrl/Cmd + "-"** vous permet d'afficher l'image dans les quatre rapports d'agrandissement successif du mode Loupe et le mode Grille.

Mode Comparaison 

Lorsque vous avez une photo à choisir parmi plusieurs et que vous voulez les comparer une à une, vous pouvez utiliser ce mode. Ce mode affiche deux photos côte à côte : à gauche la photo **Sélectionner**, à droite la photo **Candidat**.

Le raccourci est la touche **C**. Mais avant de passer dans ce mode, désélectionnez toutes les photos (**Ctrl/Cmd + D**) et appuyez sur la touche **Tab** afin de masquer les panneaux de gauche et de droite, et de disposer de plus d'espace écran pour comparer vos photos.

Figure 4.50 – Dans le mode comparaison, à gauche la photo « Sélectionner », à droite la photo « Candidat ». Nous voyons dans la fenêtre du film fixe le losange blanc de la photo sélectionnée et le losange noir de la photo candidate.

Sélectionner

Sélectionnez une photo dans le film fixe. Elle devient la photo sélectionnée bien qu'elle s'affiche à la fois du côté **Sélectionner** et du côté **Candidat**. Cliquez sur une autre photo dans le **Film Fixe** pour choisir la photo candidat. Elle est « candidat » à la sélection que l'on cherche à faire en les comparant.

Dans le film fixe, la photo sélectionnée est marquée d'un petit losange blanc en haut à gauche de la vignette et la photo candidate d'un petit losange noir. La photo active (avec un fond un peu plus clair que l'autre) est la photo candidate. En cliquant sur une autre photo dans le film fixe, vous allez changer de photo candidate. Attention, si vous aviez procédé autrement il se pourrait que ce soit la photo **Sélectionner** qui soit active, et en cliquant sur une autre photo, c'est celle-ci que vous changeriez.

Vous avez aussi la possibilité de faire défiler les photos candidates avec les touches directionnelles du clavier ou avec les flèches à droite de la barre d'outils. Si vous avez sélectionné un certain nombre de photos dans le film fixe le défilement des images candidates ne portera que sur celles-là.

Permuter

Lorsque vous voulez donner le statut de **Sélectionner** à une photo **Candidat**, vous pouvez cliquer sur le premier bouton **Permuter** à droite de la barre d'outils ou faire un clic droit (**Ctrl + clic** sur Mac) sur une des deux images dans le panneau central et choisir **Permuter les images**.

Le deuxième bouton **Faire une sélection** permet de faire défiler les photos en les comparant deux à deux par rapport à leur ordre dans le **Film Fixe**. Pour modifier le sens de défilement, cliquez sur les flèches à droite de la barre d'outils .

Zoomer

Dans la barre d'outils du mode **Comparaison**, vous disposez également d'un outil de zoom personnalisé. S'il n'est pas affiché, cliquez sur le petit triangle à l'extrémité droite de la barre d'outils pour sélectionner **Comparaison** dans le menu déroulant. Par défaut, il est accompagné d'un cadenas verrouillé. Ce verrouillage permet, lors d'un zoom (avec le curseur), de faire varier les deux photos en même temps. Si vous souhaitez zoomer sur une photo indépendamment de l'autre, cliquez une fois sur le cadenas pour le déverrouiller. Cliquez sur la photo sur laquelle vous souhaitez zoomer et utilisez le curseur à droite du cadenas. Enfin, si vous changez d'avis et souhaitez que la seconde photo soit au même zoom que l'autre, cliquez sur **Synchroniser**.

Pour quitter le mode Comparaison, cliquez sur le bouton **Terminer** à droite de la barre d'outils pour revenir au mode **Loupe** ou sélectionnez directement un autre mode à l'aide des icônes ou de la barre d'outils.

Mode Ensemble

Le mode **Ensemble** (raccourci : touche **N**) est assez proche du mode **Comparaison**, mais ici vous allez pouvoir sélectionner plus de deux photos pour les comparer. Nous allons ensemble utiliser ce mode :

1. Passez en mode **Grille** en cliquant sur l'icône ou en utilisant la touche **G,** puis sélectionnez plusieurs photos à comparer avec la touche **Ctrl** sur PC ou **Cmd** sur Mac. Vous pouvez aussi sélectionner les photos dans le **Film Fixe**.
2. Cliquez sur l'icône **Ensemble** ou sur le raccourci, touche **N**.
3. Double-cliquez sur une des photos pour passer en mode **Loupe**. Vous pouvez utiliser alors le panneau **Navigation** pour zoomer ou dézoomer. Et lorsque vous double-cliquez à nouveau sur la photo, vous retrouvez le mode **Ensemble**.

4. Cliquez avec la touche **Ctrl** sur PC ou **Cmd** sur Mac sur une nouvelle photo dans le **Film Fixe** et elle s'ajoute à votre sélection.
5. Un peu comme sur une table lumineuse, vous pouvez aussi cliquer sur une des photos sans relâcher le bouton de la souris et la placer où bon vous semble. Cela aide beaucoup à la comparaison. Attention, vous ne pourrez pas réaliser ce déplacement si dans le panneau de gauche, ce n'est pas un dossier qui est sélectionné. Cela ne fonctionne pas avec une collection ou un des éléments du panneau Catalogue.
6. Ce mode vous permet de comparer puis d'éliminer une à une les photos que vous ne souhaitez pas. Il suffit pour cela de cliquer sur la croix se trouvant en bas à droite de chaque photo. Cela n'efface évidemment pas l'image, mais la désélectionne simplement. Vous pouvez aussi faire **Ctrl + Clic** ou **Cmd + Clic** sur la photo à désélectionner.
7. Dans la barre d'outils, les flèches gauche et droite vous servent à passer d'une photo à l'autre.
8. Vous pouvez également utiliser la touche **X** pour définir une photo comme rejetée ou la touche **P** pour la définir comme retenue.

Figure 4.51 – Nous avons sélectionné huit photos pour les comparer dans le mode Ensemble. Dans le film fixe nous voyons deux photos que nous avons déjà écartées de notre premier choix en cliquant sur la croix en bas à droite de la photo.

La barre d'outils

La barre d'outils se trouve juste entre le panneau central et le Film Fixe. Le raccourci pour l'afficher ou la masquer est la touche **T**. Chaque mode d'affichage possède ces propres outils, mais un certain nombre est commun au mode Grille, Loupe et Ensemble. Seul le mode Comparaison affiche des outils qui lui sont spécifiques.

Dans chaque mode, tout à droite de la barre d'outils, se trouve un triangle qui permet d'afficher un menu déroulant. Utilisez-le pour afficher les outils que vous désirez utiliser. En maintenant le pointeur de la souris sur chaque icône, une info-bulle sur l'outil s'affiche. Ceux marqués d'une coche sont affichés dans la barre d'outils. Pour les afficher ou les masquer, il suffit de cliquer dessus. De haut en bas de la liste, les outils sont classés dans l'ordre et s'afficheront de gauche à droite dans cette barre. Selon la largeur de votre écran, essayez de les afficher tous.

Nous allons passer en revue tous ces outils en marquant entre parenthèses les modes dans lesquels ils figurent. Nous vous conseillons lorsqu'ils existent dans plusieurs modes de choisir plutôt le mode Grille pour mieux voir les changements qui s'opèrent.

Outil Mode d'affichage (Modes Grille, Loupe, Comparaison, Ensemble)

Les icônes que l'on trouve à l'extrémité gauche représentent la sélection du **Mode d'affichage** que nous avons décrit ci-dessus : Grille, Loupe, Comparaison ou Ensemble (voir page 121).

Outil Tri (Modes Grille, Loupe, Ensemble)

Il est possible de trier simultanément les photos selon certains critères. La modification s'opère simultanément dans la Grille et dans le Film fixe. Par défaut, les photos sont classées par **Ordre ajouté**. Ainsi, les photos importées les premières se trouvent au début et les dernières à la fin. Cet ordre peut être inversé en cliquant sur l'icône représentant une double flèche (**a-z**) dans le sens normal à gauche de **Tri** dans la barre d'outils. En cliquant sur cette icône, on obtient un sens inversé (**z-a**). Les explications suivantes impliquent que le sens normal par défaut soit sélectionné.

Le tri peut aussi être sélectionné en passant par le menu **Affichage/Tri par**.

À droite de **Tri**, vous disposez d'un menu contextuel permettant de choisir le type de tri :

- ✓ **Heure de capture**. Va chercher l'info de l'heure de capture dans les données Exif de la photo. Il est important de bien synchroniser vos appareils concernant l'heure de la prise de vue quand vous en possédez plusieurs.
- ✓ **Ordre ajouté** (réglage par défaut, voir ci-dessus).

- ✓ **Heure de modification**. Chaque modification dans Lightroom est enregistrée automatiquement. Aussi, dès qu'une photo subit une modification aussi bien dans le module Bibliothèque que dans le module Développement, avec cette option de tri choisie, elle passera automatiquement à la fin dans la **Grille** et le **Film Fixe** (ou au début en sens inversé).

Figure 4.52 – En cliquant sur la double flèche (vert) vous pouvez choisir votre ordre de tri dans le menu qui s'affiche. L'ordre de tri peut être inversé en cliquant sur la flèche courbe (rouge).

- ✓ **Nombre de modifications**. Avec ce type de tri sélectionné, ce sont les photos qui auront subi le plus de modifications dans les réglages de Lightroom (**Bibliothèque** comme **Développement**) qui seront en fin de grille.
- ✓ **Note**. Les photos non notées (sans étoiles) apparaîtront d'abord, puis celles avec les plus hautes notes, en sens normal.
- ✓ **Sélection**. En sens normal, le tri se fait d'abord avec les photos définies comme **Rejetée**, puis les photos **Neutre**, puis les photos marquées comme **Retenue**. Attention car dans le logiciel, les photos retenues peuvent parfois s'appeler **Marquée** (menu **Photo/Définir le marqueur** par exemple).
- ✓ **Texte du libellé**. Le tri se fait en fonction du nom que l'on a assigné à la couleur de libellé. Vous pouvez changer les noms par défaut dans le menu **Métadonnées/Ensemble de libellés des couleurs/Modifier...** (voir page 133).
- ✓ **Couleur de libellé**. Le tri se fait en fonction de la couleur attribuée à une photo. En sens normal, nous trouverons au début les photos avec une couleur rouge, puis jaune, vert, bleu, violet pour finir avec les photos sans couleur.

- **Nom de fichier**. Affiche les photos dans l'ordre alphabétique.
- **Extension de fichier**. Affiche les photos dans l'ordre alphabétique de leur extension (.jpg, .tif, .nef, etc.).
- **Type de fichier**. Affiche les photos selon leur type (bitmap, document photoshop ou raw), dans l'ordre alphabétique. Ce renseignement s'affiche dans le panneau **Métadonnées** du module Bibliothèque en choisissant l'option **Toutes**.
- **Rapport L/H**. Affiche en sens normal les photos selon leur rapport **Largeur/Hauteur**. Les photos verticales seront affichées d'abord, puis progressivement les photos au format carré pour finir par les photos horizontales. Ce mode prend en compte le recadrage opéré dans le module Développement de Lightroom.
- **Ordre de l'utilisateur.** En choisissant cette option, vous pouvez cliquer sur une photo et la déplacer où vous souhaitez dans la grille. Attention, ce mode ne fonctionne pas toujours. Cela dépend du choix de photos que vous avez fait dans le panneau gauche du module Bibliothèque. Si dans le panneau **Catalogue**, vous avez choisi **Toutes les photos** ou **Importation précédente** ou si dans le panneau **Dossiers**, le dossier que vous avez choisi contient lui-même un sous-dossier, cette option de tri ne sera pas disponible. Vous remarquerez que même si vous déplacez vos photos alors qu'un autre ordre de tri est sélectionné, celui-ci sera automatiquement remplacé par **Ordre de l'utilisateur**.

Figure 4.53– Nous avons choisi de déplacer les deux photos en bas à droite après les deux premières. Nous pouvons remarquer pour les vignettes des photos déplacées (flèche rouge) le trait vertical noir plus épais qui indique où nous allons déplacer ses images (flèche verte), et dans la barre d'outils « Tri par : Ordre de l'utilisateur ».

Outils Marquage, Note et Libellé de la couleur (Modes Grille, Loupe, Ensemble)

Il existe trois méthodes pour marquer vos photos et vous aider ainsi à les classer. Il s'agit des **Marqueurs**, des **Notes** et des **Libellés**. Dans les modes **Comparaison** et **Ensemble**, vous retrouverez ces trois réglages en bas des photos. Dans les modes **Grille** et **Loupe,** ils sont disponibles dans la barre d'outils si vous avez choisi de les afficher en ouvrant le menu déroulant, ou bien directement sous les photos.

Si vous ne les voyez pas, survolez les photos et vous les voyez alors apparaître. Mais si vous souhaitez que ces réglages soient disponibles tout le temps, il faut modifier les options d'affichage. Faites un clic droit (**Ctrl+clic** sur Mac), choisissez **Options d'affichage** ou **Cmd+J** et décochez la case **Afficher les éléments cliquables au passage de la souris seulement** dans l'onglet **Mode Grille**. Nous verrons le reste des options plus loin.

Les marqueurs

Cet outil est très pratique pour faire un choix dès le premier examen de vos photos. Par défaut, vos photos sont **Neutre** (absence de petit drapeau), vous pouvez les définir comme **Retenue** (petit drapeau blanc) ou **Rejetée** (petit drapeau noir marqué d'une croix). Attention, le mode Retenue s'appelle parfois **Marquée** comme par exemple dans le menu **Photo/Définir le marqueur**.

Sélectionnez une ou plusieurs photos et cliquez sur l'un de ces drapeaux dans la barre d'outils. Les photos sont marquées. Vous voyez le drapeau correspondant apparaître en haut à gauche de la vignette. Une fois les photos marquées, utilisez la zone des filtres du **Film Fixe** pour choisir d'afficher les photos retenues, rejetées ou neutres (qui n'ont pas été marquées).

Connaître les raccourcis de ces marqueurs peut être très utile car un examen des photos en plein écran sur fond noir permet de bien juger ces photos. Cliquez sur la touche **P** pour attribuer le marqueur **Retenue,** sur la touche **U** pour le marqueur **Neutre** ou sur la touche **X** pour le marqueur **Rejetée**. Vous pouvez aussi utiliser la touche Fin de parenthèse « **)** », qui vous permet d'attribuer le marqueur **Retenue** quand une photo n'a pas de marqueur ou supprimer le marqueur quand elle en possède un.

> **Astuce** : Si vous voulez faire défiler vos photos, vous pouvez utiliser les touches directionnelles du clavier pour passer d'une photo à l'autre, mais si vous activez la touche Verrouillage Majuscule, vous passerez automatiquement à la photo suivante après avoir marqué une photo avec les touches **P**, **U** ou **X**.

À la fin de votre choix, vous pouvez décider de supprimer toutes les photos rejetées afin d'alléger votre catalogue et votre disque dur. Choisissez de n'appliquer que le filtre **Rejetée**. Sélectionnez toutes les images rejetées apparaissant alors (**Cmd + A**), appuyez sur la touche **Effacement arrière** et choisissez **Effacer** si vous voulez les supprimer du catalogue sans les supprimer du disque ou **Supprimer du disque** pour les mettre dans la Corbeille.

En mode **Comparaison** et **Ensemble**, il est possible d'affecter un marqueur en bas à droite de chaque photo.

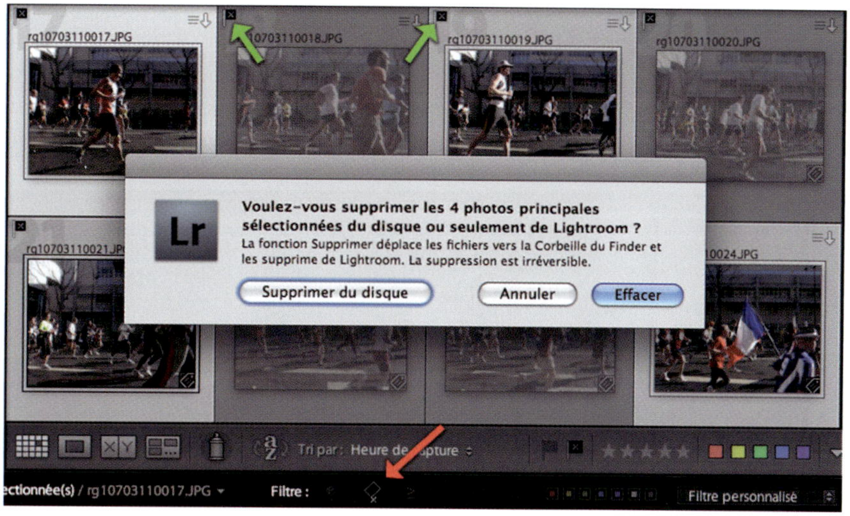

Figure 4.54 – En cliquant sur le filtre des photos rejetées, nous les avons affichées dans le panneau central. Après les avoir toutes sélectionnées et cliqué sur la touche « Retour effacer » nous avons ouvert la fenêtre pour les supprimer du disque.

Dans le menu **Bibliothèque**, vous pouvez **Affiner les photos**. Vous allez ainsi modifier le marqueur en caractérisant les photos non marquées comme photos rejetées et les photos marquées comme neutres.

Les notes

Vous pouvez appliquer une note de 1 à 5 étoiles sur chaque photo. Il suffit de sélectionner une ou plusieurs photos, puis de cliquer sur une des étoiles dans la barre d'outils pour leur attribuer la note.

Une autre méthode consiste à utiliser l'espace prévu en bas à gauche de chaque photo en mode **Grille**, avec l'option **Cellules agrandies**, pour noter les photos une à une.

Vous pouvez aussi faire un clic droit (**Ctrl + clic** sur Mac) sur la ou les photos et choisir **Définir la note**. Ici, il est possible de choisir une note, mais aussi de baisser ou augmenter les notes, ainsi que de n'appliquer aucune note. Une méthode encore plus simple consiste à utiliser les touches de 0 à 5 du pavé numérique du clavier pour attribuer une note aux photos sélectionnées.

Maintenant que vos photos sont notées, vous allez pouvoir choisir de n'afficher par exemple que les photos avec « 3 étoiles ou plus ». Nous avons vu dans le chapitre précédent qu'il fallait cliquer en bas à droite dans les filtres au-dessus du **Film Fixe** (voir page 64).

Les libellés

Voici une troisième méthode pour marquer vos photos. Il s'agit d'un marquage par couleur. Elles sont au nombre de cinq : rouge, jaune, vert, bleu et pourpre. Comme pour les notes et les marqueurs, il suffit de sélectionner une ou plusieurs photos puis de cliquer sur une couleur dans la barre d'outils. Utilisez ensuite le filtre dans le **Film Fixe** pour n'afficher que les photos de certaines couleurs. On ne peut définir qu'une couleur par photo, mais il est possible de choisir plusieurs filtres comme, par exemple, les photos avec un libellé vert et celles avec un libellé bleu.

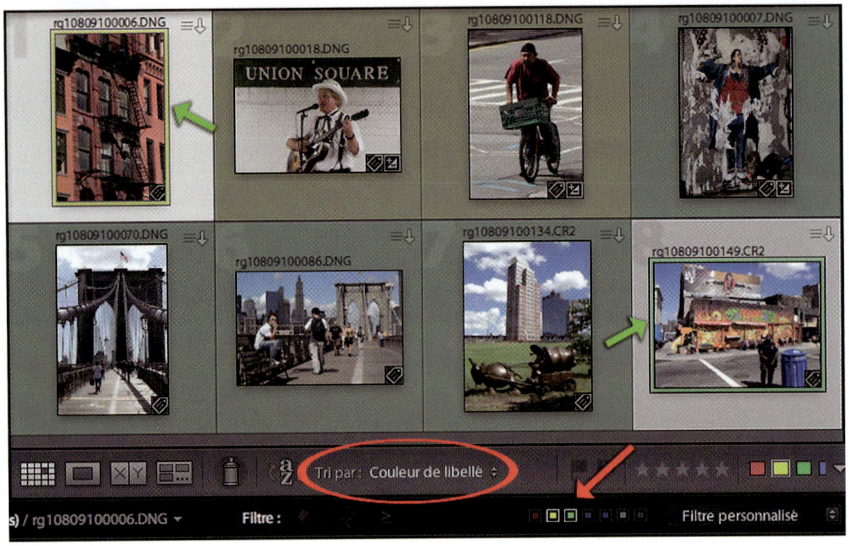

Figure 4.55 – En cliquant dans le filtre des photos sur le libellé jaune et le vert, nous avons affiché les photos avec ce libellé dans le panneau central. Vous remarquerez que nous avons choisi « Tri par : Couleur de libellé ». Les photos qui ont un fond gris sont sélectionnées, seul leur cadre est en couleur.

En modes **Comparaison** et **Ensemble**, il est possible d'affecter un libellé en bas à droite de chaque photo. Cliquez sur la couleur et choisissez une nouvelle couleur dans le menu déroulant.

C'est à vous de définir ce que chaque couleur peut représenter, et vous pouvez même changer le nom attribué à chaque couleur. Attention, en faisant cela vous perdrez la compatibilité avec Bridge, si vous ne réalisez pas les mêmes modifications dans cette application, car en fin de compte ce qui va être écrit dans votre fichier, c'est le nom que vous aurez choisi d'attribuer à chaque couleur.

Pour modifier les noms des couleurs, vous avez des options dans le menu **Métadonnées**. Cliquez sur **Métadonnées/Ensemble de libellés des couleurs/Modifier. Par défaut** porte le nom des couleurs et permet une compatibilité avec **Bridge**. Attention cependant à la dernière couleur qui s'appelle par défaut

violette dans Bridge et **pourpre** dans Lightroom. **Etat de la révision**, qui est une bonne suggestion pour utiliser les libellés couleur, propose de définir ce que vous devez faire sur chaque photo : **À supprimer**, **Correction colorimétrique requise**, **Bon pour l'utilisation**, **Retouche nécessaire**, **À imprimer**.

- ✓ Mais vous pouvez bien sûr définir une autre utilisation. Dans le menu déroulant **Paramètre prédéfini**, sélectionnez **Personnalisé**.
- ✓ Dans chaque champ en face d'une couleur, entrez votre choix. Par exemple, il peut s'agir de personne ou société à qui la photo est dédiée. Ces informations seront enregistrées dans le champ libellé des métadonnées **IPTC.**
- ✓ Sélectionnez ensuite **Enregistrer en tant que nouveau paramètre prédéfini** dans le menu déroulant.
- ✓ Donnez un nom à ce paramètre et cliquez sur **Créer.** Ce nouveau paramètre apparaît à présent dans le menu déroulant.

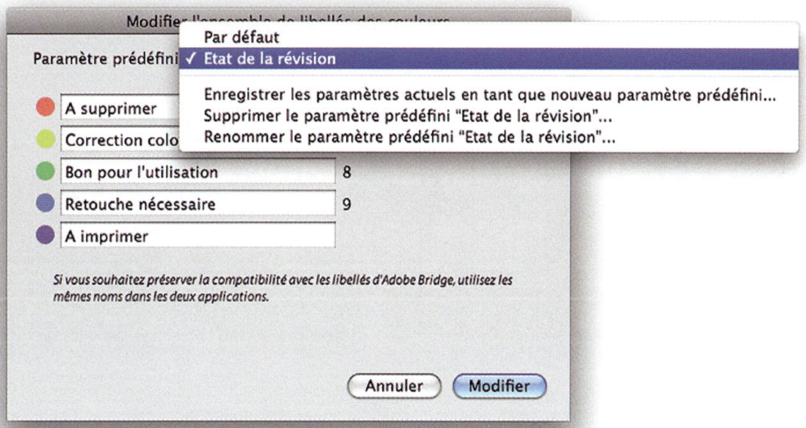

Figure 4.56 – Nous avons choisi d'utiliser « Etat de la révision » proposé par Lightroom comme noms pour les libellés de couleur, mais vous pouvez ici créer vos propres paramètres.

Attention : une photo ne peut avoir qu'un seul libellé. Si vous sélectionnez dans le menu Métadonnées un autre ensemble de libellés que celui qui a été attribué aux photos affichées, les couleurs des photos marquées disparaissent, mais l'information Libellés est toujours inscrite dans les métadonnées. Une recherche par le nom dans le filtre de bibliothèque est toujours possible.

Outils Rotation, Navigation, Diaporama et Informations (Modes Grille, Loupe, Ensemble)

Rotation/Symétrie

Il est possible de faire pivoter les photos à l'aide d'un clic droit (**Ctrl + clic** sur Mac) ou encore directement dans la vignette à l'aide de l'icône, vous pouvez aussi utiliser, dans la barre d'outils, la flèche courbée à gauche qui fait pivoter la photo à l'inverse du sens des aiguilles d'une montre (anti-horaire donc) et celle de droite dans le sens horaire.

Notez qu'il est possible aussi de faire une symétrie de votre photo. Sélectionnez une ou plusieurs photos et allez dans le menu **Photo/Symétrie axe horizontal ou vertical**.

La fonction dans le menu **Affichage/Activer le mode Symétrie de l'image** n'est pas la même car elle affiche toutes les photos de votre catalogue en mode symétrie.

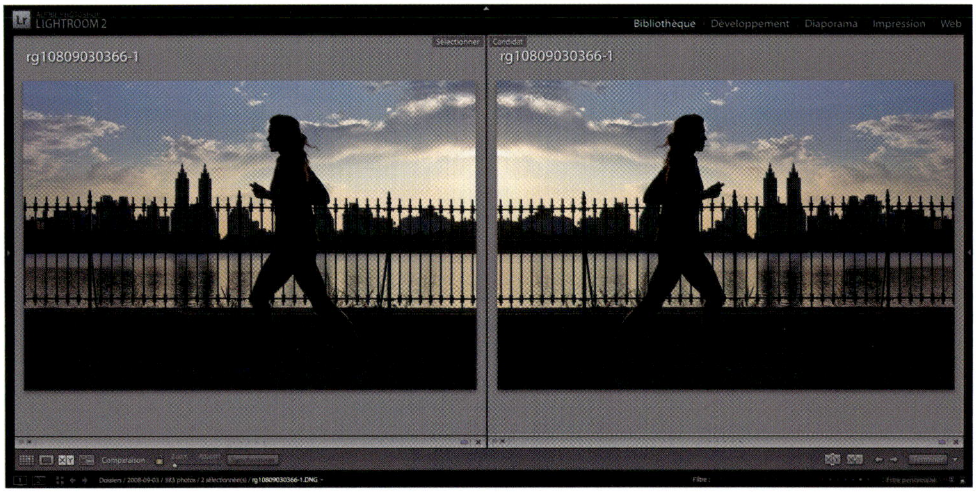

Figure 4.57 – Dans le mode comparaison nous avons sélectionné une photo et sa copie virtuelle, à laquelle nous avons appliqué une « Symétrie axe horizontal ».

Navigation

Les flèches gauche et droite horizontales permettent, elles, de sélectionner la photo suivante ou la photo précédente. Vous pouvez aussi utiliser les touches directionnelles du clavier.

Diaporama

Le bouton suivant est connu pour être en général un bouton de lecture. Et, en effet, il lance la lecture d'un… diaporama. Nous verrons dans un chapitre suivant le module Diaporama, mais il est possible depuis n'importe quel module de lancer un diaporama dit « impromptu » pour visualiser les photos. Cliquez simplement sur ce bouton, l'interface s'éteint et le show commence. Un simple clic dans la photo l'arrête. La durée d'affichage et la couleur du fond dépendent des options sélectionnées dans le module Diaporama.

Informations

Il s'agit d'un champ indiquant le nom de la photo. Il n'est pas possible de changer le nom de la photo dans ce champ.

Outils Taille de vignette (Mode Grille) – Outils Zoom (Mode Loupe)

Taille de vignette permet de définir la taille des vignettes des photos du mode **Grille**. Pour cela, utilisez simplement le curseur : vers la droite les vignettes s'agrandissent, vers la gauche, elles se réduisent.

Zoom permet de définir la taille de l'image dans le mode **Loupe** avec un affichage des niveaux de zoom, identiques à ceux que l'on peut trouver dans le panneau Navigation des modules Bibliothèque et Développement.

Outil Peinture (Mode Grille)

L'outil **Peinture** se présente sous la forme d'une bombe de peinture. Il permet d'attribuer différents types de métadonnées, ou des corrections d'image, en cliquant simplement sur les vignettes du mode Grille.

En cliquant sur cet outil, la barre d'outils se modifie et permet de choisir les options du mode Peindre dans un menu déroulant : Mots-clés, Libellé, Marqueur, Note, Métadonnées, Paramètres, Rotation, Collection cible. Pour appliquer ensuite une métadonnée ou une correction il suffit de cliquer sur une vignette dans le panneau central. Si vous cliquez et que vous ne relâchez pas la pression il est possible par un simple glissement de la souris d'attribuer cette option à une série d'images.

Vous pouvez également appliquer l'outil **Peinture** à plusieurs photos en un clic, mais il faut d'abord les sélectionner. Pour sélectionner plusieurs photos alors que le marqueur est déjà actif, cliquez dans le gris de la cellule et non sur l'image puis sélectionnez des photos consécutives (touche **Maj**). Cliquez ensuite sur une des photos pour appliquer le mot-clé sur toutes les photos sélectionnées.

Figure 4.58 – Nous avons sélectionné l'outil peinture pour appliquer le mot-clé « plage ». Par erreur nous l'avons appliqué à l'image de droite sur laquelle nous avons à nouveau cliqué pour l'effacer. Remarquez dans la liste des mots-clés le signe + qui indique que plage a été désigné comme raccourci de mot-clé.

Lorsque l'outil Peinture est placé au-dessus d'une photo contenant déjà l'option choisie, le curseur se transforme en gomme. En cliquant alors, vous supprimez la métadonnée ou la transformation appliquée à votre photo.

Lorsque vous ne voulez plus utiliser l'outil Peinture, il faut aller le redéposer dans son cercle, dans la barre d'outils, pour ne plus l'utiliser. Sans quoi vous risquez de modifier vos images involontairement.

Mots Clés permet d'attribuer un ou plusieurs mots-clés. Il suffit d'écrire ce mot-clé dans le champ apparaissant à droite. En tapant les premières lettres du mot une liste de suggestion apparaît et nous permet de choisir. Ceci évite d'écrire les mêmes mots-clés avec des orthographes différentes. En tapant une virgule après le mot, il est possible de rajouter un autre mot-clé et d'en attribuer ainsi plusieurs en même temps. Dans le menu **Métadonnées/Définir un mot-clé de raccourci…**, vous avez la possibilité de faire la même chose.

Nous avons vu dans la section panneau **Liste des mots clés** comment définir un mot-clé comme raccourci (voir page 109). En fait, en faisant cela, le mot-clé sélectionné s'inscrit dans le champ à droite du tampon, dans la barre d'outils. Notez que lorsqu'un mot-clé existant dans le panneau **Liste des mots-clés** est choisi comme **Raccourci de mot-clé**, un petit signe **Plus (+)** apparaît à sa droite dans le panneau.

Le filtre de bibliothèque

Le filtre de bibliothèque est une nouveauté dans Lightroom 2 et remplace à la fois le panneau Rechercher et le panneau Explorateur de métadonnées. Il se situe tout en haut du panneau central. Appuyez sur la touche $ pour le faire apparaître ou le masquer.

Il permet de faire des recherches dans son catalogue en combinant de nombreux critères, qui peuvent porter sur le Texte (Nom de fichier, ou métadonnées), les Attributs (marqueurs, notes libellés de couleur), les Métadonnées (IPTC ou EXIF). Ces recherches grâce à ce nouveau filtre sont devenues plus faciles et les résultats plus pertinents. Il est également possible de personnaliser le choix des critères de recherche et de sauvegarder ces choix sous forme de paramètres prédéfinis.

Dans la barre de titres, nous pouvons voir s'afficher les trois principaux modes de filtrage : **Texte**, **Attribut**, **Métadonnées**. En cliquant sur l'un d'entre eux, la barre de filtre se développe et fait apparaître des champs que nous pouvons remplir comme autant de critères de recherche. Nous pouvons sélectionner plusieurs modes de filtrage en appuyant sur la touche **Majuscule**. Les noms des modes sélectionnés apparaissent plus lumineux que les autres. L'option **Sans** nous permet de désactiver les filtres et nous pouvons voir la barre de filtre de bibliothèque se rétracter.

Filtrage Texte

Il comporte deux menus déroulants et un champ texte à remplir.

Le premier menu déroulant sert à choisir sur quel critère vous voulez faire votre recherche. Ce critère doit être bien sûr du texte et peut porter sur tous les champs suivants : **Tout champ pouvant être recherché** (c'est-à-dire toute la liste qui suit), **Nom du Fichier**, **Nom de la copie** (copie virtuelle), **Titre** (il s'agit du titre (*headline*) que l'on trouve dans la section Etat IPTC de la fenêtre des paramètres prédéfinis (voir page 41)), **Légende**, **Mots-clés**, **Métadonnées pouvant être recherchées** (tous les champs IPTC et EXIF, mais exclut le champ Légende, ainsi que le Nom du fichier, le Nom de la copie, le nom du Dossier), **IPTC pouvant être recherchées** (tous les champs que le panneau Métadonnées affiche dans la section IPTC du menu déroulant), EXIF pouvant être recherchées (tous les champs que le panneau Métadonnées affiche dans la section EXIF du menu déroulant), **Tout Champ de module externe pouvant être recherché** (il existe aujourd'hui des logiciels recevant des fichiers expédiés par Lightroom dans lesquels on peut réaliser des corrections qui sont ensuite reprises par Lightroom).

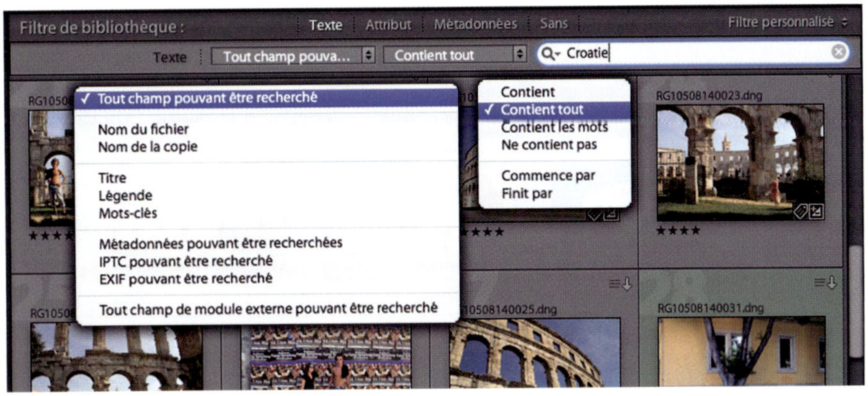

Figure 4.59 – Le Filtrage Texte avec ses deux menus déroulants. Nous avons cherché les photos qui contiennent le mot « Croatie » parmi au moins un des mots de la liste.

Le deuxième menu déroulant permet de déterminer comment doit se faire le filtrage par rapport au mot, à la partie de mot, ou à plusieurs mots que vous avez saisis dans le champ texte.

- ✓ **Contient**. Si vous avez écrit un mot, les images contenant celui-ci sont sélectionnées. Attention, si vous avez écrit « pays », vous sélectionnez aussi paysan et paysage. Si vous ne voulez pas sélectionner paysan et paysage ; écrivez ces deux mots précédés d'un point d'exclamation « pays, !paysan, !paysage ». Si vous écrivez plusieurs mots « pays, mer », vous sélectionnez les photos qui contiennent soit pays, soit paysan, soit paysage, soit mer, soit merle ou plusieurs de ces différents mots.
- ✓ **Contient tout**. Si vous écrivez un mot, ce critère fonctionne comme Contient. Si vous écrivez plusieurs mots « pays, mer », vous sélectionnez les photos qui contiennent à la fois pays et mer, mais aussi à la fois paysan et mer, à la fois pays et merle, etc.
- ✓ **Contient les mots**. Si vous écrivez « pays » ; vous ne sélectionnez que les photos contenant le mot pays. Si vous écrivez « pays, mer », vous ne sélectionnez que les photos contenant à la fois pays et mer.
- ✓ **Ne contient pas**. Exclut les images contenant les mots, mais si vous écrivez « pays, mer », vous excluez également les images contenant les mots paysan ou merle.
- ✓ **Commence par.** Si vous écrivez « pays », vous sélectionnez les photos dont le champ commence par le mot pays ou paysan. Par exemple, une photo dont la légende commence par « le paysan assis… » ne sera pas sélectionnée car le champ commence par « le ». La liste des mots-clés étant alphabétique, l'ordre n'est pas pris en compte dans ce champ.
- ✓ **Finit par**. C'est l'inverse de Commence par.

Dans le champ texte, vous écrirez le mot ou les mots sur lesquels effectuer une recherche. Séparez les mots par une virgule. Si vous voulez que votre recherche élimine les images contenant un mot, écrivez celui-ci en le faisant précéder d'un point d'exclamation.

Filtrage Attribut

Il permet de réaliser un filtrage en fonction des marqueurs, notes, libellés de couleur que vous avez attribué à vos images. Il est identique à celui que nous trouvons dans le film fixe et que nous avons déjà décrit dans la section Film Fixe du chapitre précédent (voir page 64). Tout paramètre entré dans le Film fixe est affiché ici, et réciproquement.

Nous avons déjà noté également l'existence de deux nouveaux filtres : un blanc qui affiche les photos avec un libellé personnalisé et un gris affichant les photos sans libellés. Nous remarquons également la possibilité de ne filtrer que les Photos principales, que les Photos virtuelles ou les deux. Par défaut, les deux types de photos sont sélectionnés.

Filtrage Métadonnées

En sélectionnant ce filtrage, vous voyez apparaître des colonnes (**Colonnes par défaut**) qui concernent la **date** de prise de vue, le type d'**appareil photo** utilisé, l'**objectif** utilisé, et le **libellé**. Si un dossier est sélectionné, vous voyez apparaître dans chaque colonne tous les choix possibles en fonction de la lecture par Lightroom des métadonnées EXIF de vos fichiers. Vous voyez affiché sur chaque ligne le nombre de photos concernées par ce critère.

Prenons la première colonne, si vous cliquez sur une des dates, vous sélectionnez toutes les images prises à cette date. En utilisant la touche Cmd, vous pouvez ajouter une autre date à la première. Vous aurez donc sélectionné les photos prises le X ou le X. En faisant un choix dans la deuxième colonne, vous choisissez les photos prises le X ou le X et avec tel appareil photo.

Il existe un autre paramètre prédéfini que vous pouvez sélectionner tout à droite dans le menu déroulant qui se nomme **Colonne de localisation**. Ce filtrage s'appuiera sur les métadonnées que vous aurez attribuées à vos photos en ayant rempli les champs IPTC concernant la localisation de l'image : Pays, Région, Ville et Emplacement (voir pages 114, 115, 116).

Vous pouvez bien sûr créer votre propre modèle de filtrage par métadonnées :

✓ Ajoutez ou supprimez une colonne en cliquant sur le menu déroulant se trouvant à droite de chaque colonne.

✓ Choisissez un autre critère de sélections pour chaque colonne parmi les données EXIF ou Métadonnées. La plupart de ces métadonnées sont évidentes et nous les avons déjà vues en étudiant les métadonnées (voir page 115). Sachez simplement que :
  - Vous pouvez faire une recherche avec le **numéro de série de l'appareil photo** si vous avez deux appareils du même type.
  - **Rapport L/H** établit une classification entre les formats Carré, Paysage (horizontale), Portrait (verticale). Il tient compte du recadrage que vous avez éventuellement réalisé.
  - La recherche sur **Travail** correspond au champ **Identifiant de la fonction**. Il s'appelle **Identifiant du travail** dans Bridge et **identifiant de la tâche** dans Photoshop.
  - **Traitement** correspond au choix que vous avez fait dans le module développement de traiter votre image en **Couleur** ou **Noir et Blanc**. Elle ne vous affichera pas une photo que vous auriez modifiée en Niveau de gris dans Photoshop et enregistrée en Tiff.
  - **Paramètre prédéfini de développement** vous permet de sélectionner les images sur lesquelles vous n'avez effectué aucune correction colorimétrique (Paramètre par défaut), celles corrigées (Personnalisé) et celles pour lesquelles vous avez utilisé des paramètres prédéfinis.
  - **Mots-clés** Si vous créez une série de colonnes en choisissant pour chacune le critère Mots-clés, dans la première colonne s'affichent tous les mots-clés contenus par les photos du dossier que vous avez sélectionné. En sélectionnant un mot-clé, s'affichent dans la deuxième colonne tous les mots-clés contenus dans les photos contenant le mot-clé de la première

colonne. Le filtre sélectionnera les photos contenant à la fois le mot-clé de la première et de la deuxième colonne. Un choix dans une même colonne de plusieurs mots-clés grâce à la touche **Cmd.** filtre les photos contenant un de ces mots-clés.

- ✓ Lorsque vous avez créé votre propre modèle, ouvrez le menu déroulant tout à gauche de la partie supérieure, cliquez sur **Enregistrer les paramètres actuels en tant que nouveau paramètre prédéfini...**, nommez-le, cliquez sur **Créer**. Vous le retrouvez maintenant dans le même menu déroulant.

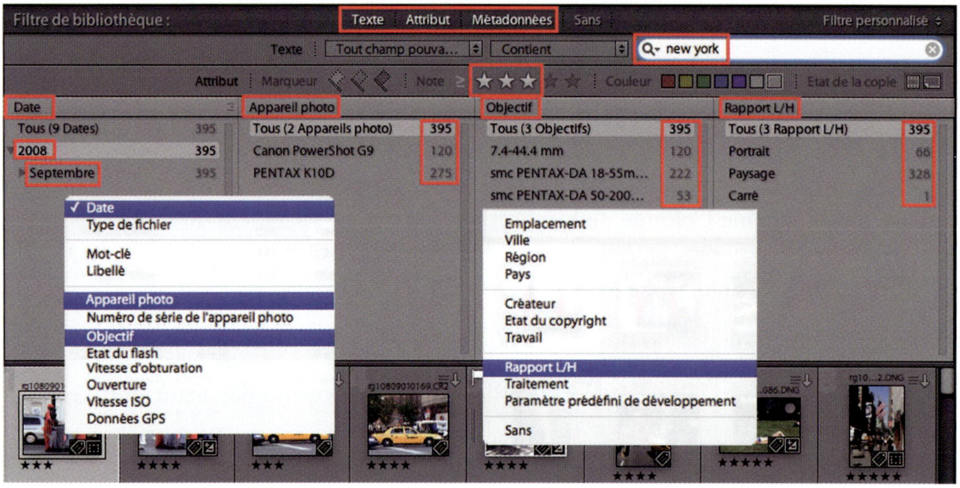

Figure 4.60 – En cumulant les filtres Texte Attribut et Métadonnées, nous avons recherché les photos contenant New York, auxquelles nous avons attribué trois étoiles. Ces photos datent toutes de septembre 2008 (colonne 1), nous voyons le nombre de photos prises avec chaque appareil, chaque objectif et le cadrage horizontal et vertical. Dans le menu déroulant (coupé en deux) nous voyons tous les critères sur lesquels nous pouvons faire une recherche.

Les options d'affichage de la Bibliothèque

Le panneau central affiche vos photos selon les modes d'affichage que nous venons de voir. Mais elle possède aussi différentes options avec la possibilité de choisir d'afficher de nombreuses informations, que nous avons déjà décrites en partie en découvrant le panneau central et les modes d'affichages (voir page 121).

Les options d'affichage sont accessibles de différentes manières :

- ✓ par le raccourci **Ctrl/Cmd + J** ;
- ✓ d'un clic droit (**Ctrl + clic** sur Mac) sur une photo en mode **Grille** ;
- ✓ depuis le menu **Affichage** en haut de l'écran ;

- ✓ pour certaines options directement dans **Affichage/Style du mode Grille ;**
- ✓ pour certaines options dans **Affichage/Informations sur le mode Loupe**.

Ce panneau est divisé en deux et offre ainsi les options d'affichage des modes **Grille** et **Loupe**. Tous les réglages dans cette fenêtre se verront immédiatement dans l'application, ce qui vous permettra de mieux comprendre les différentes options choisies.

Mode Grille : Afficher les extras de grille

La première section permet de choisir un affichage plus développé des « extras » : passer de **Cellules réduites** à **Cellules agrandies**. Cette option affiche les notes en plus grand et ajoute d'autres informations comme les libellés de couleur, le numéro de la photo, sa dimension en pixels, son nom et son format. Il s'agit des réglages par défaut car ces options d'affichage des cellules sont paramétrables juste au-dessous. En décochant cette case, aucune information n'apparaîtra autour de la cellule. Si votre ordinateur vous semble un peu lent pour afficher les miniatures, décochez ces options et voyez si cela améliore ses performances.

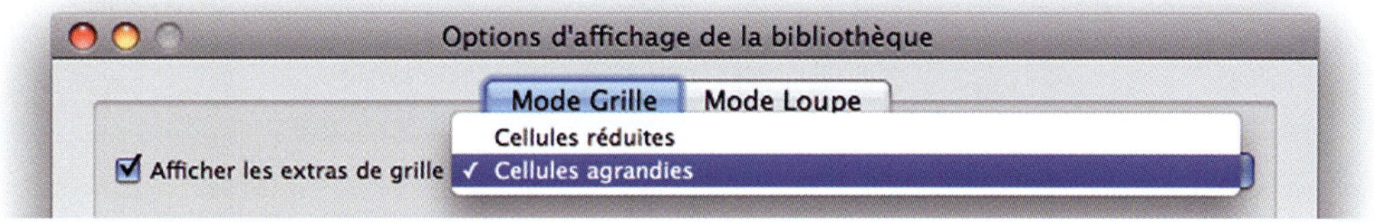

Figure 4.61 – Options d'affichage du mode Grille.

Mode Grille : Options

La section **Options** permet de choisir les éléments à afficher :

- ✓ **Afficher les éléments cliquables au passage de la souris**. Si l'option est cochée, les marqueurs de collection rapide (le cercle en haut à droite), les marqueurs (le drapeau en haut à gauche) et les flèches de rotation ne s'affichent qu'au passage de la souris. Bien sûr si un marqueur ou un ajout à la collection rapide a été attribué, ils sont affichés. Les marqueurs de collection rapide (le cercle en haut à droite) ne s'affichent qu'au passage de la souris.
- ✓ **Colorer les cellules de la grille avec des couleurs de libellé**. Si vous utilisez ces libellés, cochez cette option.
- ✓ **Afficher les info-bulles d'information sur les images**. Ces info-bulles donnent des informations sur le nom du fichier, la vitesse d'ouverture, le diaphragme et la sensibilité ISO utilisés à la prise de vue. Ces info-bulles ne fonctionnent que sur les Cellules réduites et après la fermeture de la fenêtre des Options d'affichage de la Bibliothèque.

Mode Grille : Icônes des cellules

Possibilité de choisir d'afficher les **Marqueurs** (le petit drapeau en haut à gauche ne s'affiche plus même si un marqueur a été attribué), les **Badges de Vignette** (qui indiquent si des métadonnées ont été attribuées, ou un recadrage et certains réglages de développement effectués), les **Marqueurs de Collection rapide**, les **Métadonnées non enregistrées** (trois lignes horizontales suivies d'une flèche vers le haut, vers le bas ou un point d'exclamation).

Mode Grille : Cellules réduites – Extras

La section **Cellules réduites – Extras** permet de définir les informations supplémentaires à afficher autour de la photo lorsque vous avez choisi **Cellules réduites** dans **Afficher les extras de grille**. Cochez les cases qui vous intéressent. **Numéro d'index** va afficher dans chaque cellule le numéro d'indexation de la photo. Ce numéro est défini en fonction de l'emplacement de la photo par rapport au type de tri choisi. **Rotation** va afficher les flèches horaire et anti-horaire.

Pour **Libellé supérieur et inférieur**, vous avez accès à une liste d'informations récupérées des données EXIF et IPTC de chaque photo.

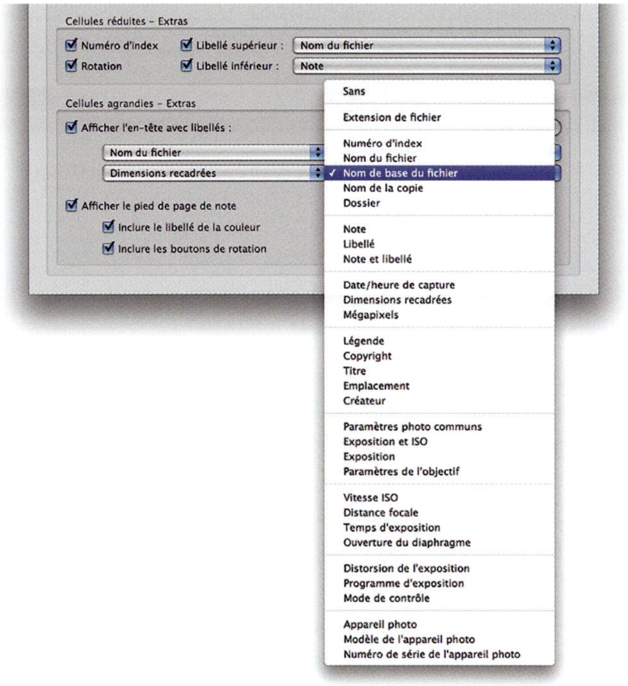

Figure 4.62 – Vous pouvez choisir les « Extras » à afficher pour les cellules réduites et les cellules agrandies.

Mode Grille : Cellules agrandies – Extras

La section **Cellules agrandies – Extras** définit les extras lorsque vous avez choisi **Cellules agrandies** dans **Afficher les extras de grille**. Les options sont plus nombreuses car l'espace est plus grand.

Afficher l'en-tête avec libellés affiche une zone grise un peu plus claire au-dessus de la vignette qui permet d'afficher quatre informations. Par défaut, c'est le **Numéro d'index**, le **Nom de base du fichier**, les **Dimensions recadrées**, et **l'Extension du fichier**. Vous pouvez afficher d'autres informations Exif ou IPTC en choisissant dans chaque menu déroulant.

Choisissez ensuite les infos que vous voulez afficher en bas de la photo, à savoir les notes, les libellés de couleur et les boutons de rotation (ces derniers n'apparaissent qu'en survolant la photo si vous avez choisi l'option Afficher les éléments cliquables au passage de la souris seulement).

Mode Loupe : Afficher l'incrustation d'informations

Choisissez ici le modèle type d'informations (Informations 1 ou Informations 2) que vous souhaitez voir en haut à gauche de votre photo en mode Loupe. Vous pouvez choisir de ne rien afficher en décochant la case.

Une fois la fenêtre fermée quand le mode Loupe est sélectionné vous pouvez en cliquant successivement sur la touche **I** ou **Affichage/Informations sur le mode Loupe,** passer de l'affichage d'un modèle à l'autre en passant par aucun affichage d'informations. Vous définissez dans la même fenêtre ci-dessous ce que vous voulez voir afficher dans chaque modèle.

Mode Loupe : Informations sur la Loupe 1 et Loupe 2

Réglez ici les paramètres des deux choix d'incrustations disponibles. Vous avez accès à un grand nombre d'informations provenant des métadonnées de la photo.

Vous pouvez choisir trois informations pour chaque modèle type. La première information s'affiche dans un corps de texte supérieur aux deux autres. Si vous ne souhaitez pas que ces informations restent à l'écran mais qu'elles n'apparaissent que quelques secondes au chargement de la photo, cochez la case **Afficher rapidement au chargement de la photo**.

Loupe : Général

Cochez la case **Afficher un message lors du chargement ou du rendu des photos** si vous souhaitez voir « traitement en cours » lorsque Lightroom charge une de vos photos. Choisissez cette option, cela vous permettra parfois de comprendre ce que fait Lightroom.

Figure 4.63 – Nous avons choisi d'afficher des informations différentes pour la Loupe 1 et la Loupe 2.

Le menu contextuel

De nombreux menus contextuels sont disponibles dans Lightroom. Celui des vignettes du panneau central est un des plus importants, il est à peu près identique au menu contextuel s'affichant sur l'image dans le mode Loupe.

On y trouve certains outils que nous avons déjà vus (rotation marqueur, etc.), et bien sûr des commandes accessibles dans la barre de menu du module Bibliothèque.

Gestion des photos

Faites un clic droit (**Ctrl + clic** sur Mac) dans le panneau central, sur une photo.

- ✓ Vous avez la possibilité d'ouvrir la photo sélectionnée dans le mode **Loupe** ou en mode **Comparaison**.
- ✓ Vous pouvez l'afficher dans le **Finder** sur Mac ou **l'Explorateur** sur PC. Notez que le même menu est disponible dans le **Film Fixe** si vous faites un clic droit (**Ctrl + clic** sur Mac) sur une photo.
- ✓ Vous pouvez **Afficher dans la collection** si la photo sélectionnée fait partie d'une collection (voir page 82).

- ✓ Vous pouvez modifier les photos enregistrées dans le catalogue dans une autre application que Lightroom. Nous développons ce sujet ci-dessous dans la section **Modifier dans un éditeur externe** (voir page 151).
- ✓ Vous pouvez attribuer une **Note**, un **Marqueur** ou un **Libellé** de couleur.
- ✓ **Ajouter un mot-clé « xx »** : c'est celui qui a été choisi comme **Raccourci de mot-clé d**ans le panneau **Liste de mots clés** (voir page 105).
- ✓ **Ajouter à la collection rapide** : voici un moyen pratique d'ajouter une photo d'un clic droit (**Ctrl + clic** sur Mac) à la collection rapide. Nous vous conseillons de l'utiliser lorsque plusieurs photos sont sélectionnées.
- ✓ **Empilement** : cette fonction permet de réunir vos photos sous la forme de pile. Nous développons ce sujet ci-dessous dans la section **L'empilement** (voir page 147).

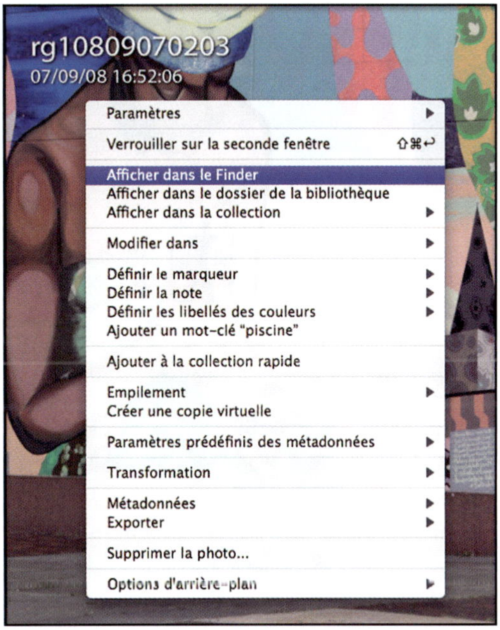

Figure 4.64 – Le menu contextuel possède de nombreuses options.

Créer une copie virtuelle

L'option **Créer une copie virtuelle** que l'on trouve dans le menu contextuel est une fonction intéressante de Lightroom. Faites un clic droit (**Ctrl + clic** sur Mac) sur une des photos et choisissez **Créer**

une copie virtuelle. Vous voyez apparaître une seconde vignette de votre image avec une corne dans le coin inférieur gauche. Lightroom n'a pas créé un deuxième fichier, mais uniquement un aperçu distinct de celui de votre original sur lequel vous pouvez appliquer des réglages différents. Vous pouvez en créer autant que vous le souhaitez ce qui vous permet d'avoir différentes versions d'un même fichier sans l'avoir dupliqué. En haut à gauche des vignettes, s'inscrit un numéro de copie ainsi que le nombre total de copies existantes. Ces copies sont en fait associées dans une pile (voir page 147).

Figure 4.65 – Nous avons créé une copie virtuelle de la photo de gauche pour essayer un autre réglage et un autre cadrage. La copie virtuelle est empilée et possède un coin corné.

Paramètres de développement et paramètres prédéfinis des métadonnées

Nous avons vu précédemment qu'il était possible de créer des paramètres prédéfinis de métadonnées, nous verrons plus loin qu'il en est de même pour les paramètres de développement. Deux options de notre menu contextuel permettent d'accéder aux mêmes réglages que par le panneau de droite : appliquer les paramètres prédéfinis, appliquer des réglages automatiques, mais aussi copier les réglages et métadonnées de la photo sélectionnée ou encore enregistrer directement ces réglages et informations comme paramètre prédéfini.

Rotation anti-horaire et Rotation horaire

Nous avons vu que deux icônes sont disponibles sous chaque photo pour la faire pivoter, mais vous pouvez aussi dans ce menu accéder à cette option.

Métadonnées

- ✓ **Enregistrer les métadonnées dans le fichier** écrira dans les fichiers originaux ou le fichier XMP des fichiers RAW les métadonnées qui ont été écrites dans Lightroom.

- ✓ **Lire les métadonnées depuis le fichier** écrira et remplacera dans le catalogue les métadonnées qui ont été modifiées dans les fichiers originaux par un éditeur externe.
- ✓ **Mettre à jour les aperçus DNG et les métadonnées** écrira dans le fichier XMP contenu dans le fichier DNG les métadonnées qui ont été écrites dans Lightroom, et mettra à jour l'aperçu, par exemple en cas de conversion d'un fichier au format DNG. Cette conversion est possible à l'Importation des images, mais vous pouvez le faire également en sélectionnant une ou plusieurs images en allant dans le menu Bibliothèque/Convertir les photos au format DNG… Les options qui s'ouvrent sont les mêmes que celles vues à l'Importation (voir page 41).

Exporter

Nous retrouvons ici les mêmes options que dans le menu **Fichier. Exporter avec précédent** permet d'exporter avec les mêmes paramètres que l'image précédemment exportée.

Supprimer la photo…

En sélectionnant cette option, Lightroom vous demande si vous souhaitez Supprimer du disque ou Effacer. Nous développons ce sujet ci-dessous dans la section **Supprimer ou effacer** (voir page 150).

Options d'affichage

Nous avons détaillé les différentes options que l'on trouve dans la fenêtre Options d'affichage de la bibliothèque ci-dessus (voir page 140).

Options d'arrière-plan

Cette option n'est disponible qu'en mode **Loupe**. Elle permet de définir la couleur d'arrière-plan visible lorsque la photo ne recouvre pas la totalité du centre de l'interface. Vous pouvez aussi y choisir une texture (aucune ou rayures). Ces options sont aussi accessibles dans les préférences (voir page 17).

L'empilement

Vous avez sans doute choisi de classer vos images dans des dossiers par dates voire par thèmes. Dans ces dossiers, vous avez dû supprimer les images que vous trouviez mauvaises. Après ce tri, vous avez sans doute encore beaucoup de photos dans chaque dossier, et il est difficile de voir rapidement dans la grille le contenu de chacun. L'association d'images dans une pile peut s'avérer être une bonne solution. L'idée est de réunir des photos qui ont été prises à quelques secondes ou minutes d'intervalle, ou simplement parce que leur sujet est connexe.

✓ Choisissez dans la grille ou même le Film Fixe, plusieurs photos à grouper à l'aide de la touche **Ctrl** sur PC et **Cmd** sur Mac.

✓ Faites ensuite un clic droit (**Ctrl + clic** sur Mac) et choisissez **Empilement/Associer dans une pile**, ou le raccourci **Ctrl/Cmd + G.** Elles sont alors posées les unes sur les autres et au premier plan se trouve la photo « active ». Notez que les photos empilées doivent faire partie du même dossier. Impossible d'empiler des photos de dossiers différents. Une fois les photos empilées, une nouvelle icône apparaît en haut à gauche de la photo et indique combien de photos se trouvent empilées.

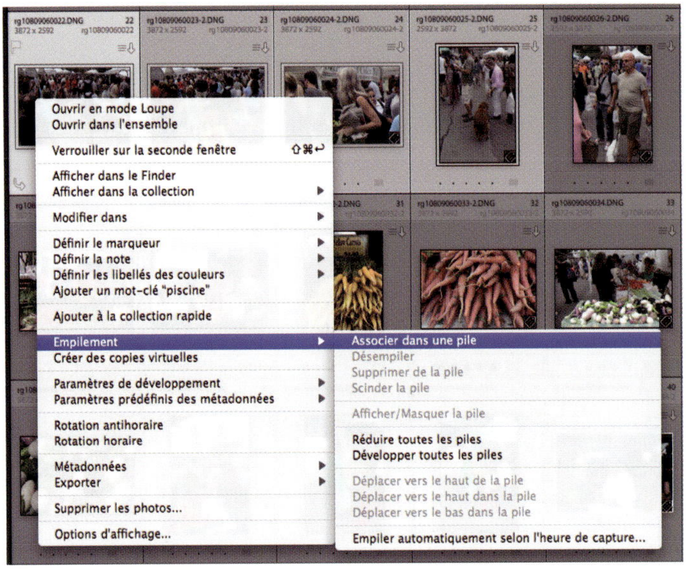

Figure 4.66 – Pour empiler les quatre photos sélectionnées nous avons utilisé le menu contextuel.

✓ Faites à présent un clic droit (**Ctrl + clic** sur Mac) sur la pile et choisissez **Empilement/Développer la pile**. Vous pouvez alors voir toutes les photos qu'elle contient et, en haut à gauche de chaque cellule, lors d'un survol de la souris, apparaît l'ordre d'empilement (1 sur 4, 2 sur 4, etc.).

✓ Retournez dans le menu contextuel et choisissez **Réduire la pile** pour qu'elle se referme.

✓ Pour développer ou réduire une pile, vous pouvez aussi cliquer sur l'icône représentant le nombre de photos ou encore sur les doubles barres situées à droite et à gauche de la photo. Attention, l'icône représentant le nombre de photos n'apparaîtra pas si vous avez décoché **Badges de vignette** dans les **Options d'affichage de la bibliothèque (Ctrl/Cmd + J)** concernant le mode Grille. Vous pouvez également utiliser la touche **S**.

- Dans le menu contextuel/**Empilement**, vous pouvez choisir de développer ou réduire toutes les piles à la fois ce qui est plutôt pratique si elles sont nombreuses…
- Vous pouvez aussi modifier l'ordre d'empilement en faisant monter ou descendre une photo dans la pile. Cela modifiera la photo affichée en haut de la pile. Choisissez pour cela **Empilement/Déplacer vers…** Vous pouvez aussi faire un glisser/déposer dans la grille, ce qui vous permet de modifier totalement l'ordre de la pile.

Empilement auto

Enfin, autre fonction bien pratique, la possibilité d'automatiser l'empilement. En effet, il n'est pas rare qu'à la même heure, vous ayez pris des photos semblables lors de shoot pour un mariage ou un défilé, etc. Aussi, il est possible de faire **Photo/Empiler automatiquement selon l'heure de capture…** Une boîte de dialogue apparaît alors pour vous aider, à l'aide d'un curseur, à choisir l'intervalle entre les piles. En déplaçant le curseur vers la droite, vous allez augmenter l'intervalle horaire jusqu'à une heure. Ceci augmentera le nombre de photos empilées. Vers la gauche, vous réduisez l'intervalle horaire. Ainsi les photos shootées en rafale par exemple seront empilées.

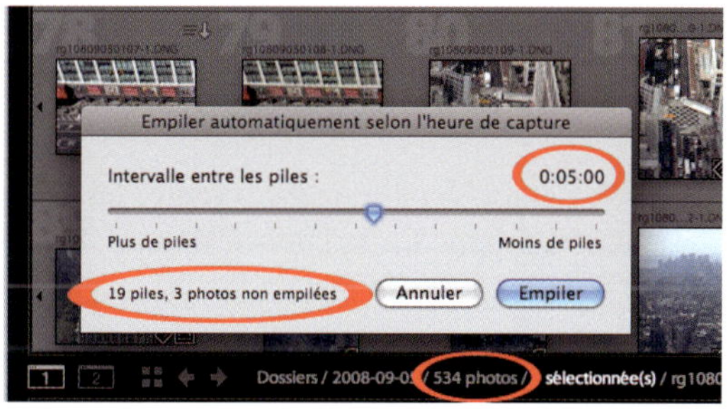

Figure 4.67 – Dans ce dossier de 534 photos, l'empilement selon l'heure de capture crée 19 piles avec un intervalle de 5 minutes.

Déplacer dans des piles

Si jamais vous souhaitez empiler certaines photos dans des piles existantes, il suffit de les prendre et de les glisser sur une pile. Elles seront automatiquement ajoutées. Si vous sélectionnez une pile pour la glisser dans une autre pile, il n'y aura pas de « sous-piles » créées, mais les photos de la pile déplacée seront simplement ajoutées dans la pile cible. Faites attention à bien cliquer sur la vignette et non sur le bord de la cellule, et à glisser une pile réduite et non développée.

Vous pouvez aussi sélectionner une pile existante, puis une ou plusieurs photos à l'aide de la touche **Ctrl** sur PC ou **Cmd** sur Mac, puis faire un clic droit (**Ctrl + clic** sur Mac) et choisir **Empilement/Associer dans une pile**.

Pour supprimer une photo de la pile, développez la pile, faites un clic droit (**Ctrl + clic** sur Mac) et choisissez **Empilement/Supprimer de la pile**, ou bien sélectionnez une photo et faites un glisser/déposer hors de la pile.

Développer une pile c'est faire apparaître toutes les images d'une pile. **Réduire une pile** c'est l'inverse. Le raccourci pour ces deux actions est la touche **S**. Faites **Ctrl/Cmd + A** (tout sélectionner) et cliquez sur **S**, vous développerez toutes les piles, cliquez à nouveau sur **S** si toutes les photos sont toujours sélectionnées, vous réduirez toutes les piles.

Désempiler c'est supprimer l'association des photos dans une pile.

Scinder une pile c'est associer dans une pile distincte un certain nombre de photos. Commencez par développer une pile. Sélectionnez ensuite une image dans cette pile. Faites un clic droit sur l'image et choisissez **Scinder la pile**. Vous créez une nouvelle pile avec toutes les photos suivantes.

Réglages

Si vous appliquez un réglage à l'une des photos de la pile, vous pouvez utiliser l'option de synchronisation pour que les mêmes réglages soient appliqués à toutes les photos de la pile. Il est en effet logique que si vous avez réuni des photos prises en même temps, les conditions d'éclairage soient les mêmes et que l'ensemble des photos nécessitent les mêmes corrections, à peu de choses près.

Mais malheureusement ce réglage ne s'applique pas à toutes les photos de la pile si elles ne sont pas sélectionnées, il faudra donc la développer. En la laissant réduite, les réglages ne seront appliqués qu'à la photo active. Il en est de même si vous ajoutez des mots-clés ou des métadonnées.

Supprimer ou Effacer ?

Ce sont deux notions distinctes dans Lightroom qu'il faut connaître pour ne pas faire d'erreur :

- ✓ **Supprimer du disque** retire la photo du catalogue et la met dans la Corbeille, où vous pouvez toujours la récupérer si vous avez fait ce choix par erreur.
- ✓ **Effacer** c'est la retirer du catalogue Lightroom, mais la laisser enregistrée dans son dossier sur votre ordinateur.

Il est clair que ces deux notions sont capitales. Quoi qu'il en soit, Lightroom vous prévient avant d'agir. Cliquez sur une photo, faites un clic droit (**Ctrl + clic** sur Mac) dessus et choisissez **Supprimer la photo**. Lightroom vous avertit et vous propose trois choix : **Supprimer du disque**, **Annuler** ou **Effacer**. Annuler c'est bien sûr ne rien faire. Faites très attention à votre choix ! En utilisant la touche **Effacement arrière** ou **Suppr**, vous ouvrez la même boîte de dialogue.

Vous trouverez aussi des options de suppression dans le menu **Photo**.

- ✓ **Supprimer la photo** ouvre la même boîte de dialogue avec les options **Supprimer du disque**, **Annuler** ou **Effacer**.
- ✓ **Supprimer les photos du catalogue** supprime les photos sélectionnées du catalogue Lightroom, mais les conserve enregistrées dans leur dossier sur votre ordinateur.
- ✓ **Supprimer les photos rejetées** sélectionne les photos du dossier ouvert qui ont été marquées comme rejetées et les placent dans la Corbeille.

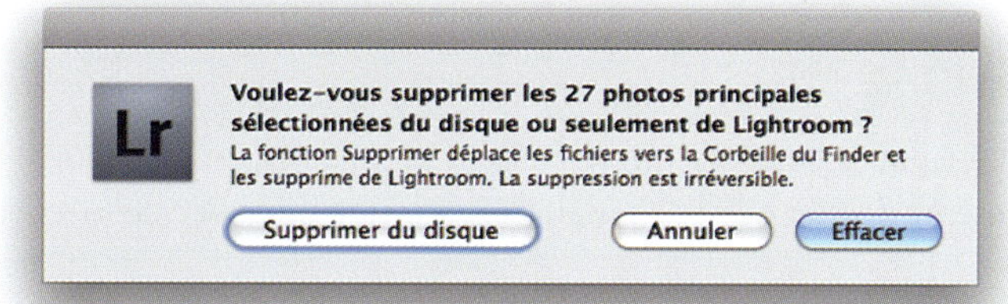

Figure 4.68 – En choisissant Supprimer vous l'effacez du catalogue et mettez votre fichier à la Corbeille. Effacer le retire simplement du catalogue.

Notez qu'un **Ctrl/Cmd+Z** annule l'effacement mais pas la suppression ! Les photos supprimées sont placées dans la corbeille de votre Bureau. Si vous vouliez récupérer les photos mises dans la Corbeille, ouvrez celle-ci et faites glisser vos photos dans le dossier qui les contenait en utilisant l'Explorateur ou le Finder.

Pour les avoir à nouveau dans votre catalogue, allez dans le panneau **Dossier**, sélectionnez le dossier dans lequel vous avez remis ces photos et choisissez **Synchroniser le dossier...** (voir page 81).

Modifier dans un Editeur externe

Par le biais du menu **Photo/Modifier dans**, il est possible d'envoyer une ou plusieurs photos vers Photoshop ou vers un logiciel de votre choix pour le modifier. Si Photoshop n'est pas installé sur votre machine, cette fonction sera grisée.

Modifier dans Photoshop

Lightroom ne se comporte pas de la même manière si vous sélectionnez une photo au format Raw ou d'un autre format. Nous vous rappelons qu'en dehors des formats Raw ou DNG, Lightroom peut cataloguer les images au format Photoshop, Tiff, et JPEG. Si ces images comportent des calques, ils doivent être enregistrés dans Photoshop avec l'option **Maximiliser la compatibilité**.

Commençons par sélectionner un format Raw ou un format DNG. La photo s'ouvre dans Photoshop en intégrant directement les corrections réalisées dans Lightroom. Réalisez vos corrections dans Photoshop, refermez-la et elle s'enregistrera automatiquement dans le format, dans l'espace colorimétrique avec la profondeur de couleur et la résolution choisies dans le menu **Lightroom/Préférences/Edition externe** (voir page 14).

Si vous créez des calques l'option optimisée sera automatiquement choisie. Un nouveau fichier sera enregistré dans le même dossier que l'original, formant une pile avec celui-ci et avec le même nom suivi de « Modifier ».

Vous pouvez Modifier la dénomination du fichier en choisissant d'autres options dans le menu **Lightroom/Préférences/Edition externe**.

Si vous sélectionnez un autre format, trois choix s'offrent à vous.

- ✓ **Modifier une copie avec les corrections Lightroom**. Une copie est créée sur laquelle les modifications que vous avez réalisées dans Lightroom sont appliquées. C'est cette copie qui est ouverte dans Photoshop. Elle s'enregistrera automatiquement dans le format, dans l'espace colorimétrique avec la profondeur de couleur et la résolution choisies dans le menu **Lightroom/Préférences/Edition externe** en appuyant sur le bouton **Enregistrer.** Cochez la case **Empiler avec l'original** si vous souhaitez que la copie soit mise en pile avec son original.
- ✓ **Modifier une copie**. Une copie est créée sans les modifications que vous avez réalisées dans Lightroom. Et c'est cette copie qui s'ouvre dans Photoshop et que vous pourrez modifier. Elle sera réenregistrée dans le même format que l'original si ce format est compatible avec les modifications apportées, sinon Photoshop vous demandera de choisir le format. Cochez la case **Empiler avec l'original** si vous souhaitez que la copie soit mise en pile avec son original.
- ✓ **Modifier l'original** Vous allez ainsi ouvrir l'original dans Photoshop. Après modifications, il sera réenregistré dans le même format que l'original si ce format est compatible avec les modifications apportées, sinon Photoshop vous demandera de choisir le format.

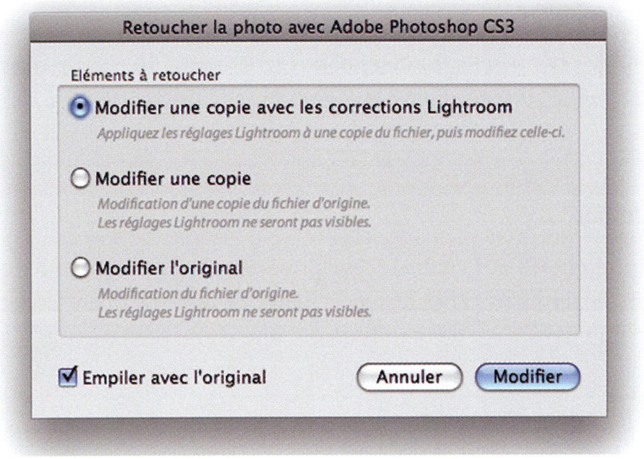

Figure 4.69 – Nous avons choisi de modifier dans Photoshop une copie du fichier avec les corrections que nous avons réalisées dans Lightroom.

Modifier dans un autre éditeur externe

Vous pouvez dans **Lightroom/Préférences/Edition externe** avoir sélectionné un Editeur externe supplémentaire présent dans votre ordinateur. Il sera alors présent dans le menu **Photo/Modifier dans/ Modifier dans cette « Autre éditeur »**. Vous choisirez dans la fenêtre des préférences, les options d'enregistrement pour cet autre éditeur.

Ouvrir en tant qu'objet dynamique dans Photoshop...

Il s'agit d'une nouveauté dans Lightroom 2. Si vous ouvrez une photo qui a été corrigée dans le module Développement en tant qu'objet dynamique cela vous donne la possibilité de travailler dans Photoshop et de retrouver dans Camera Raw tous les paramètres de correction colorimétrique réalisés dans Lightroom. Les corrections de type Recadrage ou Yeux rouges peuvent effectivement être corrigées car elles sont présentes dans Camera Raw. La correction suppression des tons directs et les nouvelles corrections possibles dans Lightroom 2 Filtre gradué et Pinceau de réglage, sont modifiables dans Camera Raw 5 compatible avec la version Photoshop CS4.

Ceux qui connaissent bien Photoshop et utilisent les Objets dynamiques apprécieront le développement de cette nouvelle compatibilité entre Lightroom et Photoshop. Les trois commandes qui suivent sont une nouvelle preuve de cette compatibilité. Ce sont des fonctions présentes dans Photoshop, mais qui sont réalisables à partir de photos directement sélectionnées dans Lightroom.

Fusion panorama dans Photoshop...

À partir d'une suite de photos sélectionnées dans Lightroom, Photoshop réalise une vue panoramique. Pour la qualité du résultat, il vaut mieux que vous ayez réalisé cette série de photos avec des zones de recouvrement.

Fusion HDR dans Photoshop...

À partir de différentes photos de la même scène prises sur pied et avec des temps d'exposition différents, Photoshop crée une image HDR (*High Dynamic Range*). C'est une image codée sur 32 bits par couche et qui permet de restituer davantage de détails quand une scène présente des grands écarts de luminance.

Ouvrir en tant que calques dans Photoshop...

En sélectionnant plusieurs images qu'elles soient au format vertical ou horizontal, Photoshop crée un document comportant autant de calques que de photos sélectionnées.

5 Développement

Dans ce module nous allons découvrir toute la richesse de Lightroom, la possibilité de faire des réglages colorimétriques, de recadrer, de supprimer les poussières, de corriger les yeux rouges, de renforcer la netteté, de réduire le bruit, et parmi les nouveautés tant attendues de faire des corrections locales.

Mais le plus grand intérêt de Lightroom est cette possibilité de faire ses corrections sans jamais modifier l'original. Les corrections ne seront appliquées sur des duplicatas de votre original que lorsque vous « exporterez » dans le format et la définition de votre choix.

Puisque les corrections ne sont appliquées qu'à la fin, l'ordre a peu d'importance quant à la qualité. Néanmoins, pour vous faciliter la tâche dans vos débuts, nous allons en même temps vous faire découvrir toutes les fonctions et vous proposer quelques méthodes de travail.

Pour passer au module **Développement**, vous disposez de plusieurs méthodes :

- ✓ Presser la touche **D**.
- ✓ Cliquer sur le nom du module en haut à droite.
- ✓ Aller dans le menu **Fenêtre/Modules : Développement**, ou **Cmd + Option +2** sur Mac ou **Ctrl + Alt +2** sur PC.

La photo active s'ouvre alors en plein écran dans le module **Développement**. À l'inverse du module Bibliothèque, nous allons d'abord voir les panneaux de droite où se trouvent tous les outils de développement. Nous reviendrons ensuite sur les panneaux de gauche qui sont des compléments de ceux de droite.

Panneaux de droite

Nous avons déjà expliqué les fonctions de réglage du Contrôle des tonalités du Développement rapide, dans les panneaux de droite du module **Bibliothèque** (voir page 101). Notez toutefois qu'ici la manipulation est différente. Dans le module **Bibliothèque,** nous cliquons sur des flèches pour augmenter ou réduire les réglages. Ici, nous allons pouvoir être plus précis et utiliser plusieurs méthodes pour modifier les réglages (figure 5.1) :

- ✓ Utilisez le curseur et déplacez-le vers la gauche ou la droite. Le réglage est quantifié à droite sous la forme d'un nombre (1).
- ✓ Cliquez une fois sur le nombre. Une double flèche apparaît. Déplacez votre souris vers la droite pour réduire le nombre et vers la gauche pour l'augmenter (2).
- ✓ Double-cliquez sur le nombre, puis utilisez les touches directionnelles du clavier vers le haut pour augmenter le nombre et vers le bas pour le réduire (3).
- ✓ Double-cliquez sur le nombre puis entrez un nombre précis (4).

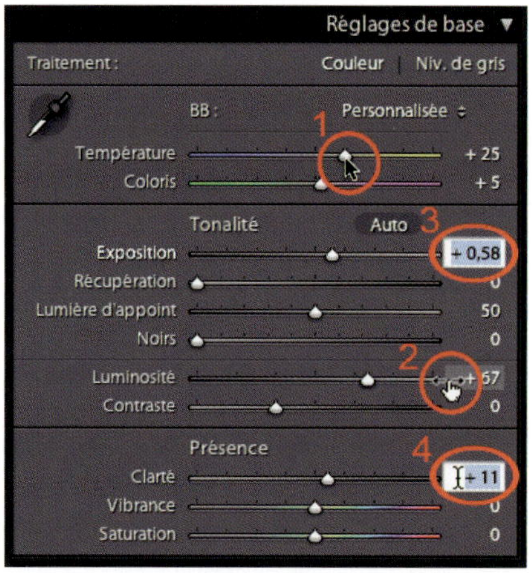

Figure 5.1 – Réglages de base : les différentes méthodes pour modifier les réglages.

La touche **Alt** sera plusieurs fois utile. Si vous souhaitez par exemple revenir à des réglages par défaut, deux solutions : soit vous double-cliquez sur le nom de la fonction, soit vous maintenez la touche **Alt**, puis vous cliquez sur le nom de l'ensemble (comme **BB**, **Tonalité**, etc.) pour remettre à zéro les réglages correspondants. Le nom du réglage se sera d'ailleurs transformé en **Réinitialiser**… (sauf pour BB). Les curseurs sont colorés pour vous aider à comprendre les réglages effectués. Par exemple, la ligne du curseur **Saturation** est en grisé à gauche, puis très colorée à droite pour montrer qu'en déplaçant le curseur vers la gauche vous désaturez les couleurs, tandis que vous les saturez vers la droite.

Panneau Histogramme

Nous avons vu dans le chapitre précédent ce qu'était un histogramme (voir page 98). L'histogramme du module **Développement** est différent de celui du module **Bibliothèque.** Il nous donne des informations sur l'écrêtage et nous permet de réaliser des corrections.

À gauche et à droite de l'histogramme se trouvent deux triangles, les **indicateurs d'écrêtage**. Ils indiquent les zones où les pixels ont atteint le maximum de valeur dans les hautes lumières ou le minimum dans les ombres. Ces zones sont écrêtées et ne présentent alors plus de détails. Survolez le triangle de gauche par exemple. Il indiquera alors en bleu sur votre photo, les zones dites bouchées (sous-exposées), donc toutes noires. Survolez le curseur de droite et, à l'inverse, vous verrez en rouge les zones brûlées (surexposées) donc blanches.

Figure 5.2 – L'histogramme nous indique un écrêtage dans les ombres qui se traduit par du bleu dans l'image et pour les hautes lumières par du rouge. Vous pouvez lire les valeurs des pixels à l'endroit du pointeur (la loupe) sous l'histogramme. Elles confirment l'écrêtage.

Vous pouvez faire en sorte que l'aperçu coloré des zones écrêtées reste affiché en permanence en cliquant une fois sur chaque triangle ou en pressant la **touche J**. Ainsi, lorsque vous ferez vos modifications, vous verrez peu à peu disparaître ces zones colorées de votre photo.

Cliquez dans l'histogramme et, sans relâcher, déplacez votre curseur vers la gauche ou la droite. Vous modifiez l'histogramme et en regardant dans la section **Tonalité** du panneau **Réglages de base,** vous remarquerez que vous modifiez en même temps les valeurs d'**Exposition**, de **Récupération**, de **Lumière d'appoint** et des **Noirs**. Les noms de ces réglages s'affichent par ailleurs sous l'histogramme lorsque vous agissez dans celui-ci. Jetez un œil dans le panneau **Réglages de base**. Bien entendu, vous pouvez observer directement sur votre photo affichée dans le panneau central les modifications que vous réalisez. Nous verrons en étudiant la section Tonalité que nous préférerons agir directement sur les curseurs plutôt que dans l'histogramme, mais nous pouvons dès maintenant remarquer qu'en déplaçant les curseurs, les zones de tonalité principalement concernées apparaissent grisées dans l'histogramme.

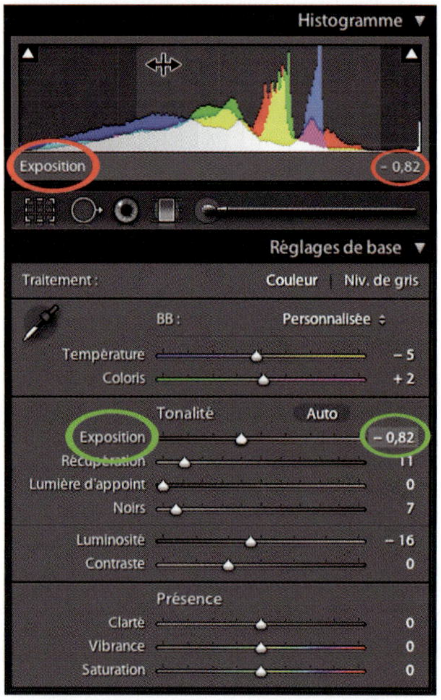

Figure 5.3 – En réglant l'exposition dans l'histogramme (rouge), vous pouvez voir le nom du réglage s'afficher et la valeur qui se modifie dans le panneau (vert).

Enfin, voici encore quelques options de l'histogramme : faites un clic droit (**Ctrl + clic** sur Mac) dans l'histogramme. Vous obtenez un menu contextuel :

- ✓ **Tout réinitialiser** permet de revenir aux valeurs par défaut de la section Tonalité. C'est-à-dire qu'il ne réinitialise que les corrections possibles dans l'histogramme. Si vous avez fait des modifications ailleurs, il faudra appuyer sur le bouton Réinitialiser en bas du groupe de panneaux de droite pour effacer toutes les modifications.
- ✓ **Afficher l'écrêtage** donne le même résultat qu'en appuyant sur la touche **J**. Des zones rouge et bleu apparaissent sur la photo dans le panneau central si des pixels sont écrêtés.

- **Afficher les indicateurs d'écrêtage** affiche ou masque les triangles d'écrêtage.
- **Afficher l'écrêtage au passage de la souris sur l'indicateur** offre la possibilité d'afficher l'écrêtage sur la photo dans le panneau central en survolant les triangles.
- **Afficher les informations** remplace en dessous de l'histogramme, les informations concernant la prise de vue, par le nom du paramètre de Tonalité.

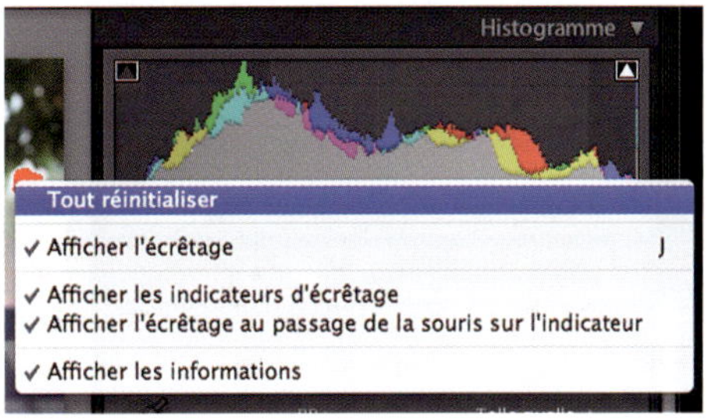

Figure 5.4 – Dans ce menu, vous pouvez réinitialiser l'histogramme modifié et choisir d'afficher ou non l'écrêtage.

Les valeurs RVB de 0 à 100 %

Si vous promenez votre pointeur sur l'image centrale vous remarquerez en dessous de l'histogramme, des valeurs qui s'affichent. Il s'agit des valeurs des pixels pour les couches Rouge, Vert et Bleu de votre photo. Vous savez sans doute que c'est le mélange de ces trois couches qui permet d'obtenir des images en couleur. Ces valeurs ne sont plus exprimées comme dans Photoshop par des nombres de 0 à 255, qui n'étaient valables que pour des images d'une profondeur de couleur de 8 bits. Lightroom pouvant gérer des images avec une profondeur de couleur de 16 bits aurait dû choisir des valeurs avec des nombres allant de 0 à 65535. Cet écart de nombres étant trop élevé pour faire sens, Lightroom a choisi d'afficher les valeurs RVB en pourcentage. Lightroom travaillant dans l'espace de couleur Melissa RVB, il est très difficile de trouver l'exacte correspondance entre les valeurs RVB de Lightroom et celles de Photoshop.

Outils Recadrage, Suppression des tons directs et Correction des yeux rouges

Ces outils que l'on trouve maintenant sous l'histogramme du module Développement étaient auparavant placés dans la barre d'outils sous l'affichage de la photo en mode Loupe. Vous trouverez également deux nouveaux outils de Lightroom 2, le Filtre Gradué et le Pinceau Réglage, mais nous verrons la manière de les utiliser après avoir passé en revue tous les réglages de correction colorimétrique globale.

Lorsqu'un outil est sélectionné, un panneau des options se développe présentant des options d'utilisation de cet outil.

Figure 5.5 – La boîte des options pour l'outil Recadrage est différente de celle pour l'outil Suppression des tons directs.

Recadrage/Redressement

Lightroom recadre une photo sans pour autant supprimer les pixels hors cadre. On peut, comme avec toutes les corrections réalisées dans Lightroom, revenir en arrière en annulant l'opération, ce qui nous permet de retrouver notre image originale.

Recadrage

Cliquez sur l'icône **Cadre de recadrage** dans la barre d'outils ou utilisez le raccourci **R**. Votre photo s'affiche avec des poignées sur les coins et les côtés. Attrapez les poignées, puis déplacez la souris pour recadrer la photo. Si vous souhaitez déplacer la photo dans le cadrage, cliquez au centre de la photo et déplacez-la. Notez que vous déplacez la photo et non le cadrage.

Par défaut, le recadrage reste proportionnel. Si vous souhaitez un recadrage différent, cliquez sur le cadenas dans la boîte des options. Vous pouvez maintenant déplacer chaque côté du cadre indépendamment des autres.

Vous pouvez aussi vous saisir de **l'Outil Recadrage d'image** dans la boîte des options **Recadrer et redresser**, qui s'est ouverte, et dessiner vous-même le cadrage, plutôt que de déplacer les poignées. Par défaut, le cadrage que vous redessinerez aura le même rapport de proportion que votre cadrage original. Pour utiliser un autre rapport, choisissez une des options suivantes :

- ✓ Utilisez un rapport prédéfini disponible dans le menu déroulant à gauche du cadenas. Nous vous conseillons d'ailleurs d'archiver vos images dans votre catalogue avec ces rapports prédéfinis, plutôt que d'avoir vos photos archivées dans tous les rapports possibles.
- ✓ Déterminez un cadrage personnalisé en choisissant **Rapport L/H** personnalisé. Entrez des valeurs 4 x 3, et vous verrez, quand vous ouvrirez de nouveau ce menu déroulant ce nouveau rapport présent en bas du menu.
- ✓ Cliquez sur le cadenas pour l'ouvrir, si vous désirez recadrer sans rapport prédéterminé. Faites glisser les poignées de recadrage comme vous le désirez. En validant ce nouveau recadrage, c'est celui-ci qui apparaîtra dans le menu déroulant sous le nom **Personnalisé**.

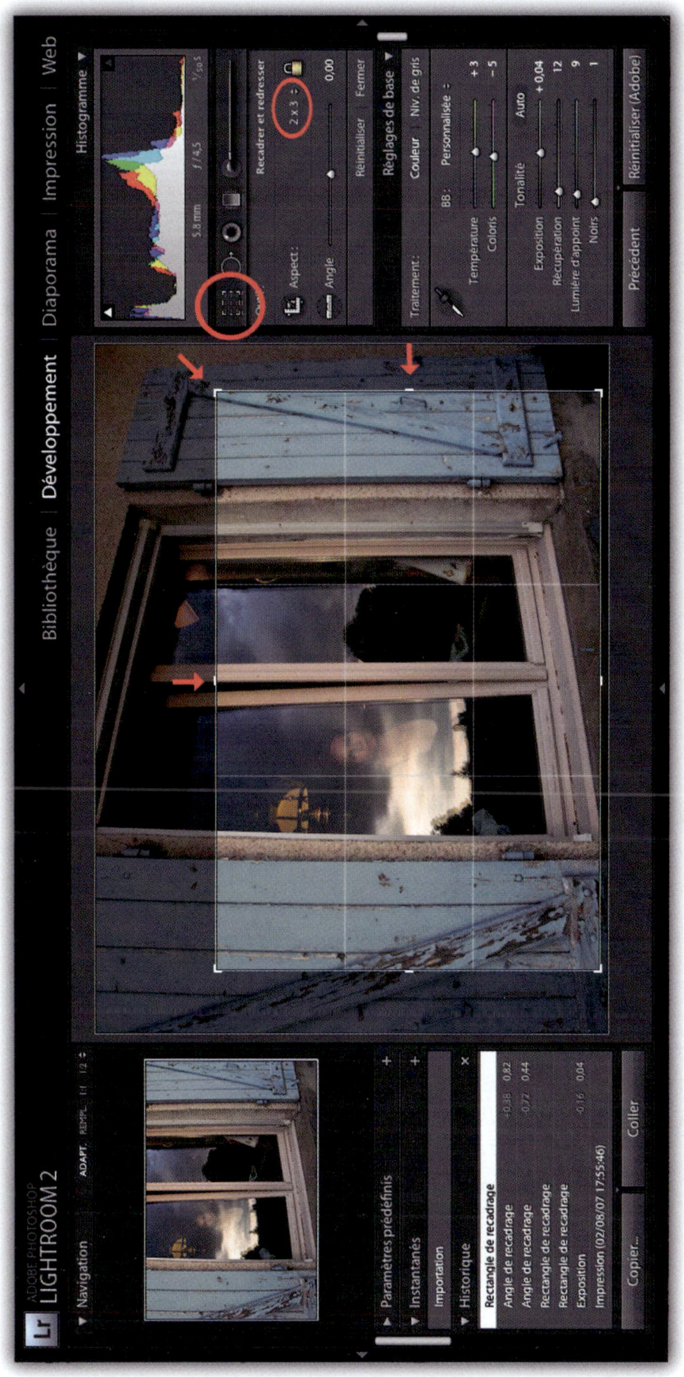

Figure 5.6 – Pour recadrer, des poignées s'affichent au centre et dans les coins. Vous pouvez vous aider du quadrillage au tiers. Vous voyez le résultat dans l'aperçu en haut à gauche.

Figure 5.7 – Vous pouvez utiliser la double flèche à l'extérieur du cadre et vous aider de la grille pour redresser une photo. Vous pouvez également utiliser le curseur et l'outil redressement.

Après avoir réalisé un de ces choix, cliquez sur l'**Outil de recadrage,** sur le bouton **Fermer** en bas à droite de la boîte des options ou sur la touche **Entrée**. Vous pouvez également faire un double-clic sur votre photo.

Pour vous aider, l'outil de recadrage affiche un quadrillage au tiers. Le cadre est divisé dans la hauteur et la largeur en trois parties égales. Selon des règles de composition bien établies, on peut placer l'élément le plus important de son sujet sur un de ces axes ou, encore mieux, à l'intersection de deux lignes. On peut s'inspirer de ce conseil lorsqu'on veut cadrer une photo, mais ceci ne constitue pas une règle absolue, puisque vous pouvez trouver dans Lightroom, dans le menu **Affichage/Guide de recadrage**, d'autres options : **Grille**, **Diagonale**, **Triangle**, **Rapport doré**, **Spirale dorée**. Après avoir sélectionné Triangle ou Spirale dorée, vous trouverez des choix supplémentaires en appuyant sur **Maj + O**.

Redressement

Déplacez votre pointeur à l'extérieur du cadrage, une double flèche incurvée apparaît. Cliquez pour faire apparaître une grille et déplacez le curseur pour faire pivoter votre photo. Servez-vous bien sûr de votre grille pour redresser les éléments de votre photo à l'horizontale ou à la verticale. Si la grille ne s'affiche pas, choisissez dans le menu **Affichage/Outil de Recadrage/Afficher automatiquement**. En faisant pivoter la photo, l'angle de rotation s'affiche à la droite du curseur **Angle**, que vous pouvez utiliser directement pour redresser votre image.

Vous pouvez également utiliser l'outil **Redressement**. Cliquez sur son icône et tracez une ligne dans la photo sur un élément, qui devrait être horizontal ou vertical, la ligne d'horizon ou un élément vertical d'un bâtiment (attention aux lignes de fuite dues à la perspective). Un cadrage se réalise alors et la photo se redresse pour que l'élément sur lequel vous avez tracé votre ligne soit horizontal ou vertical. Faites un double-clic sur votre photo et vous validez recadrage et redressement. Recliquez sur l'outil recadrage pour revenir sur ce que vous avez validé. Faites un double-clic sur le mot angle pour annuler seulement le redressement. Cliquez dans le bas de la boîte des options de l'outil sur **Réinitialiser** pour annuler recadrage et redressement. Vous pouvez également choisir cette option d'un clic droit (**Ctrl + clic** sur Mac) sur la photo.

Outil Anti yeux rouges

Pourquoi les yeux sont rouges ?

Lorsque votre modèle est dans la pénombre, il a la pupille dilatée et la lumière d'un flash face à lui va éclairer la rétine irriguée de sang rouge au fond de l'œil. C'est cette rétine que l'on voit sous forme de cercle rouge au centre des yeux. On peut éviter les yeux rouges à la prise de vue, grâce à une série de petits éclairs émis par le flash avant le déclenchement et qui force le sujet à fermer la pupille, ou bien avec un flash qui n'éclaire pas le sujet dans l'axe.

Si vous avez néanmoins des photos avec des yeux rouges, vous pouvez utiliser cet outil dont vous serez satisfait dans la plupart des cas.

Zoomez sur les yeux et cliquez sur l'outil **Correction des yeux rouges**. Tracez une sélection autour des yeux. Ne tracez pas un cercle trop grand qui supprimerait toute couleur dans l'iris. Vous pouvez retoucher la taille du cercle en allant sur ses bords et réglez ensuite la **Taille des pupilles** afin que celle-ci ne soit pas trop grande. Vous pouvez également régler ce paramètre dans le panneau des options, ainsi que **Obscurcir** qui doit être réglé de manière à donner une tonalité harmonieuse de la pupille avec le reste de l'œil. Vous vous rendez directement compte de vos retouches sur la photo dans le panneau central qui doit être agrandi au moins au rapport 1:1.

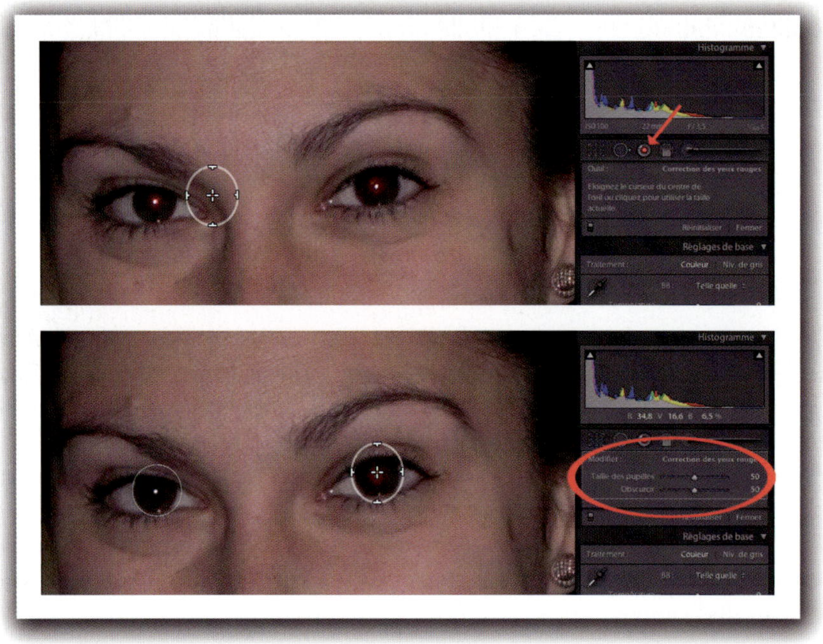

Figure 5.8 – Nous avons commencé par sélectionner l'outil Correction des yeux rouges que nous avons amené vers l'œil à gauche (1). Après avoir corrigé le premier œil, nous avons positionné l'outil sur le deuxième. Nous voyons dans la boîte sous l'outil les options paramétrables.

Corrigez ensuite l'autre œil et lorsque vous aurez terminé, pensez à cliquer à nouveau sur l'outil **Correction des yeux rouges** pour le redéposer ou sur **Fermer** en bas du panneau des options. Les cercles de sélection disparaîtront. Si vous n'êtes pas content du résultat, sélectionnez à nouveau l'outil qui fera réapparaître les cercles de sélection. Cliquez sur le cercle dont la correction ne vous satisfait pas et appuyez sur la touche **Effacement arrière,** le cercle disparaîtra et vous pourrez recommencer. Le bouton **Réinitialiser** en bas de la boîte des options effacera les deux corrections.

Outil Suppression des Tons directs

L'outil **Suppression des tons directs** sert essentiellement à retoucher des poussières sur le capteur ou des marques de goutte d'eau sur l'objectif. Dans ce cas, on se retrouve généralement face à une série de photos qui présentent les mêmes défauts au même endroit. Il est très intéressant de faire ces retouches sur une photo pour les reproduire ensuite automatiquement sur les autres par la commande **Synchroniser...**(voir page 198). Les résultats sont assez satisfaisants et on peut même utiliser cet outil pour des petites retouches sur la peau, mais il ne remplace pas pour l'instant la richesse de la palette d'outils dont on dispose avec Photoshop (tampon de duplication, Correcteur, Correcteur de tons directs et Pièce).

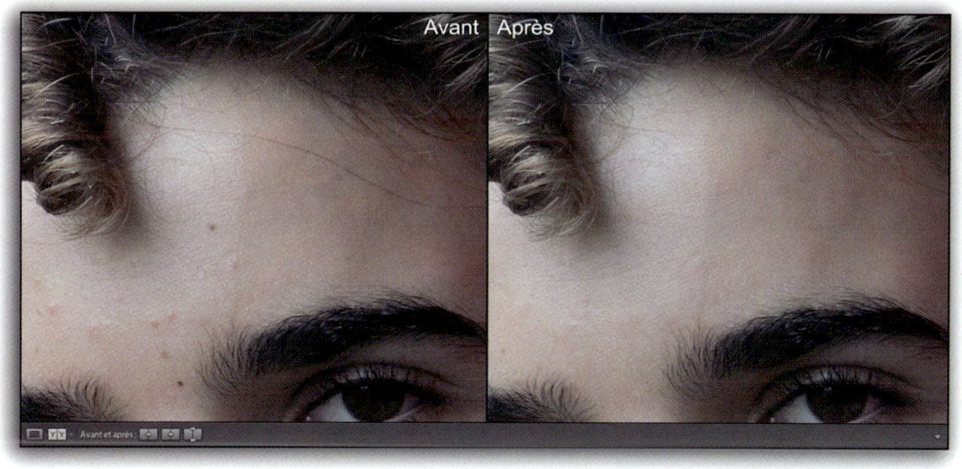

Figure 5.9 – Dans la fenêtre Avant/Après du module Développement nous voyons le résultat obtenu par l'utilisation de l'outil Suppression des tons directs.

Avant toute chose, agrandissez votre photo à un rapport au moins égal à 2:1. Cela est absolument nécessaire pour se rendre compte de la qualité de ces corrections.

1. Cliquez sur l'outil **Supprimer les tons directs** (raccourci **touche N**) entre l'outil Cadre de recadrage et Correction des yeux rouges.
2. Deux options sont possibles pour utiliser cet outil. **Dupliquer** copie un échantillon et le reproduit sur la zone à corriger. **Corriger** copie la texture et la reproduit sur la zone à corriger en préservant la couleur et la luminosité. On utilisera en général cette dernière option sauf si la zone à corriger se trouve en bordure de deux zones offrant un grand contraste, il vaudra mieux alors utiliser Dupliquer.
3. Placez votre pointeur au-dessus de la photo, il se transforme en un cercle et localisez sur votre photo une correction à effectuer.

4. S'il vous faut vous déplacer dans la photo, utilisez le panneau **Navigation** avec son petit rectangle ou appuyez sur la barre d'espace du clavier et cliquez/déplacez à l'aide de l'icône de la main qui s'affiche. Si vous avez un clavier possédant des touches de défilement, vous pouvez également utiliser les touches **Page suivante** ou **Page précédente** pour faire défiler votre image agrandie verticalement ou en pressant **Maj+ Page suivante/Page précédente** pour un défilement horizontal. Si vous n'avez pas de clavier étendu, donc pas de touche de défilement, vous pouvez utiliser la touche **fn** avec les touches directionnelles, pour remplacer les touches de défilement.
5. Une fois l'erreur repérée, réglez la taille du cercle à l'aide du curseur **Taille** dans la boîte des options. La taille du cercle doit être légèrement plus grande que la zone à corriger. Vous pouvez aussi utiliser la molette de votre souris pour jouer sur la taille du cercle.
6. Cliquez sur la zone à retoucher. Automatiquement, Lightroom cherche autour de cette zone un échantillon identique de pixels et réalise la correction. Le second cercle qui apparaît permet de localiser l'échantillon prélevé. Le cercle d'où part la flèche représente la zone d'échantillon et la flèche pointe vers la zone à corriger.

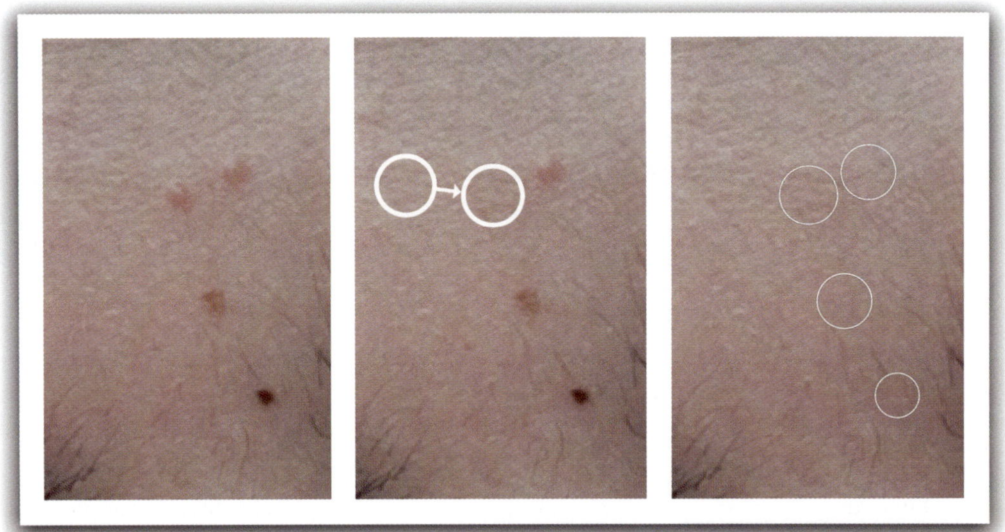

Figure 5.10 – Dans l'image du milieu nous avons cliqué sur le premier bouton et Lightroom a trouvé sur la gauche une zone source où l'échantillon de pixels est prélevé. L'image à droite vous montre les quatre zones retouchées.

7. Pour masquer le cercle afin de mieux évaluer la retouche, sortez le pointeur de la souris du panneau d'affichage de la photo ou cliquez sur la touche **H**. Si le résultat n'est pas satisfaisant, revenez sur la photo et déplacez le cercle pour trouver vous-même un meilleur échantillon. Le cercle le plus épais vous indique la zone sélectionnée.

8. Si la taille de l'outil ne convient pas, vous pouvez placer votre pointeur sur le contour du cercle jusqu'à l'apparition d'une flèche double, puis cliquez et glissez pour modifier la taille. Le changement de taille se fait de manière identique sur l'échantillon et la zone à corriger. La nouveauté dans Lightroom 2, c'est que vous pouvez maintenant régler l'opacité de chaque correction, avec le curseur Opacité dans la boîte des options. Travaillez de préférence à une opacité maximum et modifiez celle-ci après avoir fait la correction si vous le jugez nécessaire.
9. Vous pouvez constater tous les changements réalisés dans la photo en cliquant sur le petit bouton **Désactiver/Activer la retouche des tons directs** en bas à gauche de la boîte des options.
10. Vous pouvez supprimer une correction en sélectionnant un des cercles et en appuyant sur la touche **Effacement arrière**. Pour annuler toutes les corrections, cliquez sur le bouton **Réinitialiser** ou faites un clic droit (**Ctrl + clic** sur Mac) dans la photo. Pour désactiver l'outil, cliquez sur son icône ou sur le bouton Fermer.

Panneau Réglages de base

Par réglages de base, n'entendez pas réglages simples, mais plutôt réglages fondamentaux. Aussi, le premier réglage permet de choisir un type de traitement en cliquant sur **Couleur** ou **Niv. De gris** (qui passe votre photo en noir et blanc).

Balance des blancs

La section suivante permet de régler la balance des blancs (**BB**). N'intervenez sur ce réglage que si votre photo comporte une dominante de couleur non désirée. Si votre balance des blancs a été bien établie à la prise de vue, vous n'aurez pas à intervenir sur ce réglage. Vous pouvez choisir un des préréglages en face de **BB,** mais ils donnent assez rarement de bons résultats.

- ✓ **Telle Quelle** est le réglage d'origine de votre photo.
- ✓ **Auto** laissera le logiciel calculer une balance automatique. Retrouvez cette fonction dans le menu **Développement/Balance des blancs automatique**.
- ✓ **Personnalisée** vous permet de choisir vous-même vos réglages et s'affichera automatiquement si vous déplacez les curseurs.

Figure 5.11 – Options de réglages de la balance des blancs.

Une dominante de couleur est une couleur qui affecte l'ensemble de l'image, pour la neutraliser il faut ajouter sa couleur complémentaire. Une première manière de corriger cette dominante est de cliquer dans le menu déroulant sur le menu Auto, qui donne souvent d'assez bons résultats. Nous vous avions même conseillé de l'appliquer systématiquement à toutes vos images dans le module Bibliothèque. (voir page 100).

Le sélecteur de la balance des blancs est représenté par une pipette que vous trouvez dans le coin à gauche permet de corriger la balance des couleurs avec d'excellents résultats. Cliquez dessus comme pour la saisir ou appuyer sur la **touche W** et cherchez dans votre photo une zone qui dans la réalité devrait être neutre, c'est-à-dire blanche, grise ou noire. Cela peut être une feuille de papier ou un mur que vous savez être blanc ou un détail que vous savez être noir. Ils ne le sont évidemment pas dans votre photo, qui présente une dominante puisque c'est précisément cela que vous cherchez à corriger. Attention à ne pas choisir des zones brûlées (pixels avec valeur proche de 100 %) ou bouchées (pixels avec valeur proche de 0 %) sur votre image. Remarquez qu'en promenant la pipette sur votre image, l'aperçu dans le panneau **Navigation** vous montre le changement qui va se réaliser. Lorsque vous aurez trouvé la bonne zone, cliquez sur la photo avec la pipette.

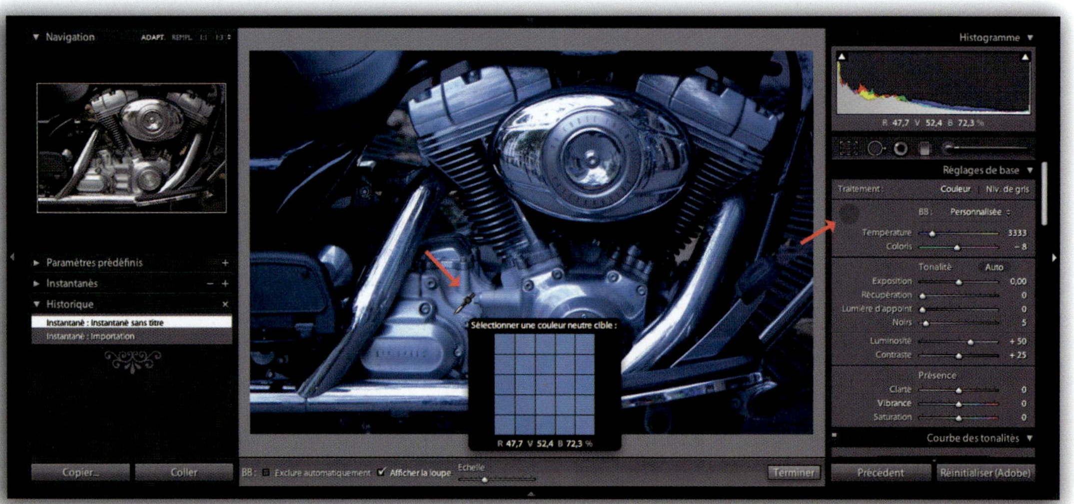

Figure 5.12 – Nous avons cliqué sur le sélecteur de la balance des blancs dans le panneau à droite et nous avons survolé la photo avec l'icône de la pipette à la recherche d'une zone qui devrait être neutre. Nous voyons à gauche l'aperçu se mettre à jour.

Si vous n'êtes pas satisfait du résultat, vous pouvez sélectionner à nouveau le sélecteur de la balance des blancs en cliquant sur l'icône de la pipette ou en appuyant sur la touche **W** et cliquer sur une autre zone. Si le résultat n'est pas encore celui que vous espériez, affinez ce résultat en utilisant les curseurs

Température et **Coloris**. Si vous trouvez votre image encore trop bleue ou trop jaune, choisissez le curseur **Température** et déplacez-le vers la droite (plus de jaune pour neutraliser une image trop bleue) ou vers la gauche (plus de bleu pour neutraliser une image trop jaune).

Si vous trouvez votre image encore trop verte ou trop magenta, choisissez le curseur **Coloris** et déplacez-le vers la droite (plus de magenta pour neutraliser une image trop verte) ou vers la gauche (plus de magenta pour neutraliser une image trop verte).

Le curseur **Température** affiche des valeurs correspondant normalement à la température de Couleur en degré Kelvin, mais si vous travaillez avec un thermocolorimètre, vous vous rendrez compte que vous ne pouvez pas trop vous y fier. Pour annuler les corrections que vous avez faites sur les curseurs, un double-clic sur le nom du curseur vous rétablit les valeurs que vous aviez lors de l'importation de l'image. Un double-clic sur BB rétablit à la fois les valeurs de Température et de Coloris.

Lorsque vous sélectionnez la pipette, la barre d'outils sous la photo du panneau central devient une barre d'options pour la pipette. La première est **Exclure automatiquement**. En cochant cette case, vous ne pourrez cliquer qu'une fois dans la photo et la pipette retournera se ranger dans le panneau des réglages de base. La seconde option, **Afficher la loupe**, affiche ou non la mosaïque qui montre vos pixels en détail. Enfin, la troisième option, **Echelle**, sous la forme d'un curseur, permet de définir la précision de la mosaïque en augmentant le nombre de pixels affichés.

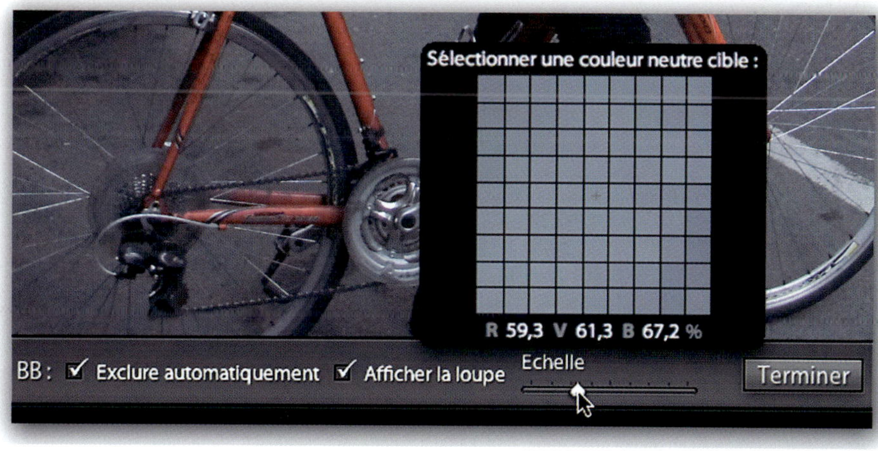

Figure 5.13 – En bas du panneau central, la barre d'options pour le sélecteur de la balance des blancs.

Lorsque vous avez terminé, si vous avez décoché l'option **Exclure automatiquement,** n'oubliez pas de reposer la pipette dans le cercle où vous l'avez trouvée ou cliquez sur **Terminer** dans la barre d'outil, à droite (vous pouvez aussi appuyer sur la touche Echap/Esc du clavier).

Tonalité

Essayez tout d'abord le bouton **Auto** si vous ne l'avez pas déjà fait dans le module Bibliothèque, ou en important les images avec le paramètre prédéfini Création-Tonalité automatique (voir page 000). La fonction Auto fonctionne bien sur la plupart des photos. Vous aurez peut-être juste à ajuster les réglages en agissant sur les curseurs Luminosité et Lumière d'appoint. Vous remarquerez une légère différence dans les résultats si vous ajustez d'abord en automatique les Tonalités puis la Balance des blancs ou l'inverse. Quand l'automatisme ne donne pas des résultats satisfaisants, il faut utiliser les curseurs. Pour utiliser ces cinq options de réglage, nous allons vous proposer une méthode :

1. Utilisez d'abord **Exposition** pour définir la luminosité globale de l'image en ajustant le point blanc. Déplacez le curseur vers la droite en maintenant la touche **Alt** enfoncée pour contrôler l'écrêtage. Si vous voyez sur le fond noir des zones de couleur apparaître, c'est que vous commencez à donner des valeurs maximum à certains pixels dans une ou deux couches RVB. Si les zones deviennent blanches, les pixels correspondants sont dits brûlés et ont atteint la valeur maximum pour les couches Rouge, Vert et Bleu. Il n'y a plus que du blanc dans ces zones, donc plus aucun détail. À vous d'évaluer si vous devez ou non perdre tout détail dans ces zones. Examinez l'ensemble de l'image en relâchant le bouton Alt. S'il s'agit de ce qu'on appelle des lumières spéculaires, un miroir ou une surface métallique qui réfléchit la lumière, on peut laisser ces zones totalement blanches. Mais si vous estimez qu'il ne faut pas perdre des détails dans ces zones, déplacer le curseur vers la gauche en appuyant sur la touche Alt pour contrôler la récupération de valeurs dans ces zones.

Figure 5.14 – En déplaçant le curseur Exposition et en appuyant sur la touche Alt, nous voyons les pixels écrêtés en blanc. En bleu, ce sont les pixels qui ont atteint la valeur maximum (100 %) dans la couche Bleu. Nous devons déplacer le curseur vers la gauche pour récupérer des détails dans les hautes lumières (voir l'aperçu en haut à gauche).

2. Utilisez ensuite **Noirs** pour ajuster le point noir. Poussez le curseur vers la droite en utilisant la touche **Alt** pour contrôler l'écrêtage. C'est sur un fond blanc que nous allons voir apparaître des zones de couleur qui correspondent aux pixels ayant atteint la valeur minimum dans une ou deux couches RVB. Si les zones deviennent noires, les pixels correspondants sont dits bouchés et ont atteint la valeur minimum pour les couches Rouge Verte et Bleu. Il n'y a plus que du noir dans ces zones donc plus aucun détail. À vous d'évaluer si vous devez ou non perdre tout détail dans ces zones. Examinez l'ensemble de l'image en relâchant le bouton Alt. Dans certaines images, la partie la plus sombre ne doit pas être totalement noire. Si vous estimez avoir perdu trop de détails dans les ombres, déplacez le curseur vers la gauche en appuyant sur la touche Alt.
3. Utilisez **Luminosité** pour ajuster le niveau de luminosité, principalement sur les tons moyens de l'image. Vers la gauche, on assombrit les tons moyens. Vers la droite, on éclaircit les tons moyens. Attention car avec ce réglage, on ne peut pas utiliser la touche Alt pour contrôler les zones écrêtées, mais appuyez sur la touche **J** pour activer les **Indicateurs d'écrêtage** et vous verrez des zones rouges et bleues s'afficher directement dans l'image, si de telles zones sont créées par votre réglage sur Luminosité. Si vous modifiez beaucoup la luminosité, vous devrez peut-être intervenir à nouveau sur Exposition et Noirs.
4. Pour récupérer des détails dans les hautes lumières, utilisez maintenant **Récupération**. Si vous avez poussé les réglages Exposition un peu trop loin, cela vous permet de récupérer encore des valeurs dans des pixels les plus clairs. La touche Alt fonctionne pour les visionner.
5. **Lumière d'appoint** va permettre de récupérer des détails dans les ombres. Attention, sur certaines images la récupération des détails dans les ombres va souligner la présence du bruit.
6. Enfin, utilisez **Contraste** si c'est nécessaire. Vous redonnerez du contraste en assombrissant les pixels foncés et en éclaircissant les pixels les plus clairs principalement dans les tons moyens sans modifier les extrémités de la plage tonale. Soyez attentif car vous pouvez perdre les ajustements que vous avez réalisés avec **Récupération** et **Lumière d'appoint**. Vous pouvez modifier le contraste en sélectionnant les zones avec la **Courbe des tonalités** que vous trouverez dans un panneau ci-dessous.

Sous le curseur Contraste se trouvent trois autres réglages regroupés dans la section **Présence** qui peuvent améliorer encore votre image :

- ✓ **Clarté** est assez similaire à un effet d'accentuation, donnant un effet de netteté à vos images. En tirant le curseur vers la droite, on renforce la netteté en augmentant le contraste local, surtout sur les valeurs moyennes et lorsque le contraste est déjà important avec la zone adjacente. Vers la gauche, on diminue le contraste local en donnant un effet de flou. Examinez le résultat obtenu à une valeur de Zoom de 1:1. Attention à ne pas faire apparaître des halos d'accentuation.

- ✓ La **Vibrance** augmente la saturation en privilégiant plutôt les couleurs les moins saturées, pour ne pas écrêter celles qui le sont déjà. De plus, elle ne touche pas aux couleurs de teinte chair. Privilégiez toujours l'utilisation de cette commande plutôt que la saturation.

Figure 5.15 – Nous avons créé deux copies virtuelles de la photo de gauche et nous avons augmenté la Vibrance pour la photo du milieu et la Saturation pour la photo de droite. Nous remarquons que la Vibrance a surtout augmenté la saturation du bleu et des cheveux tandis que la couleur de la peau n'a pas bougé. Toutes les couleurs sont plus saturées sur la photo de droite.

- ✓ La **Saturation** augmente la pureté des couleurs, qui deviennent plus vives et plus intenses. Utilisez Saturation si Vibrance ne suffit pas, mais avec parcimonie. Si vous désaturez complètement, vous obtenez une image Noir et Blanc. C'est le même résultat que vous obtenez en sélectionnant Niveau de gris. Dans Lightroom la désaturation se fait en respectant la perception des couleurs de l'œil humain, le résultat obtenu est le même que lorsqu'on désature dans Photoshop son image en mode Lab.

Panneau Courbe des tonalités

La courbe des tonalités est un outil permettant de compléter les retouches réalisées précédemment dans la section Tonalités des Réglages de base. Cette fonction vous permet d'affiner la récupération de détails dans les zones des hautes lumières et des ombres. Tous les réglages effectués dans le panneau **Réglages de base** ne modifient en rien la courbe de tonalités. Ils ne modifient que l'histogramme que l'on voit en fond du graphique de la courbe.

L'outil est conçu pour pouvoir travailler sur quatre zones distinctes et en limitant au maximum les risques de dégradation de la photo. Son utilisation est beaucoup plus facile à comprendre que dans Photoshop. Le Panneau **Courbe de tonalités** est constitué de trois zones : le graphique de la courbe avec son **Réglage de la cible** en haut à gauche, les curseurs de réglages par **Région** et la section **Courbes à points**.

Le graphique de la courbe

Sur l'axe horizontal se trouvent toutes les valeurs tonales possibles sur une photo avec les tons les plus foncés (0 %) à gauche et les tons les plus clairs (100 %) à droite. Les valeurs tonales sont réparties dans quatre zones dont les limites sont marquées par un curseur surmonté d'un trait vertical : **Tons clairs** (valeurs de 75 à 100 %), **Teintes claires** (valeurs de 50 à 75 %), **Teintes sombres** (valeurs de 25 à 50 %) et **Tons foncés** (valeurs de 0 à 25 %). Sur l'axe vertical se trouvent les valeurs tonales dites de sortie avec les tons foncés en bas et les tons clairs à gauche.

Ce qu'on appelle la courbe est ce trait oblique qui part du coin inférieur gauche du graphique au coin supérieur droit. Sous la courbe se trouve une diagonale en pointillés. Lorsque la courbe se superpose exactement à cette diagonale, aucune modification n'a été réalisée. Lorsque la courbe est au-dessus de la diagonale, l'image est éclaircie. Lorsque la courbe est en dessous de la diagonale, l'image est assombrie. Si la partie de la courbe correspondant aux teintes claires se trouve au-dessus de la courbe et la partie correspondant aux teintes foncées au-dessous de la courbe, on crée une courbe en S qui va contraster la photo.

Sur l'axe vertical se trouvent les valeurs tonales dites de sortie avec les tons foncés en bas et les tons clairs en haut. Pour comprendre ces valeurs de sortie, nous allons modifier la courbe en agissant directement sur celle-ci :

1. Avant toute chose, vérifiez que un peu plus bas dans le menu déroulant **Courbe à points** que c'est l'option **Linéaire** qui est sélectionnée. Faites un double clic sur le mot **Région** pour annuler toute correction que vous auriez pu faire.
2. Promenez le pointeur dans le graphique de la courbe. Vous voyez se déplacer un point sur la courbe elle-même et deux nombres de chaque côté d'une barre oblique apparaître dans le coin en haut à gauche. Le premier nombre désigne la valeur d'origine du point et le deuxième nombre la valeur de sortie du point. Pour l'instant, ils ont la même valeur, vous n'avez apporté aucune modification.
3. Cherchez le point 50/50, appuyez sur la souris et déplacez-le vers le haut. La valeur du nombre après la barre oblique croît, c'est la valeur de sortie. Votre image s'est éclaircie, tous les points de la courbe sont au-dessus de la diagonale.
4. Vous pouvez également déplacer le point de la courbe avec les touches directionnelles vers le haut ou vers le bas du clavier.

Nous avons montré qu'il est possible de modifier la courbe en agissant directement sur celle-ci, et nous allons voir maintenant qu'il est possible d'utiliser également les curseurs.

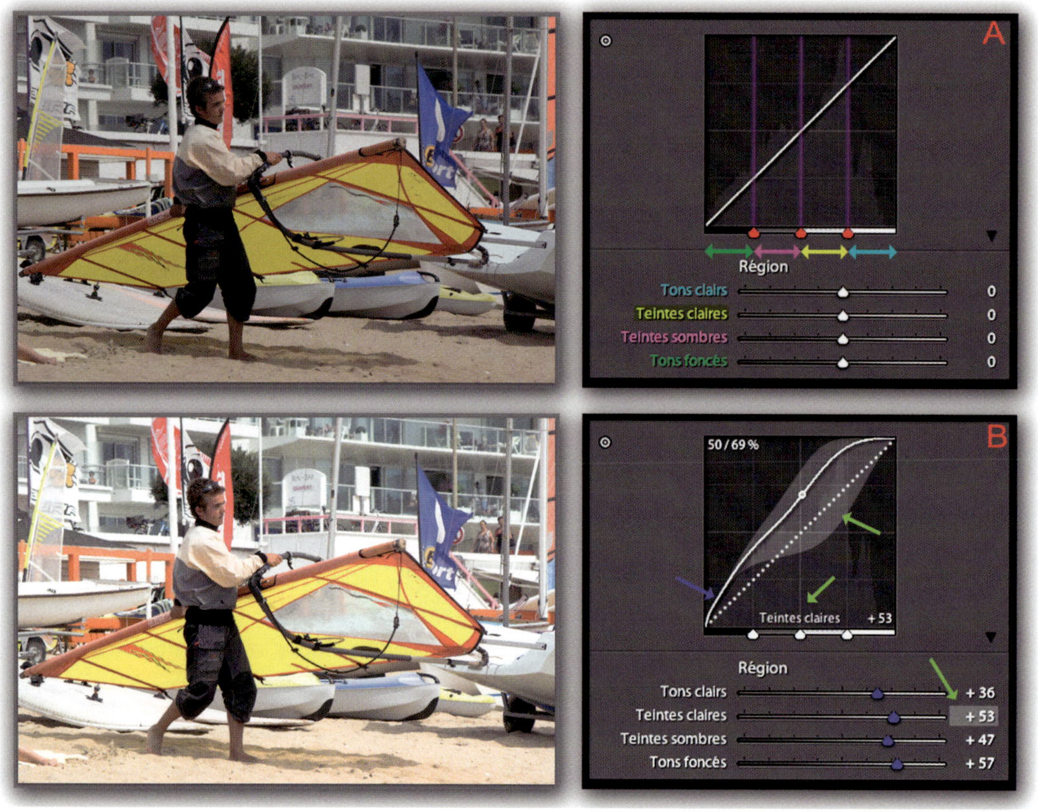

Figure 5.16 – Sur la figure A nous voyons la courbe sans correction représentée par une diagonale. Nous avons marqué en rouge les curseurs qui déterminent l'étendue des différentes zones. Dans la figure B, tous les points de la courbe sont au-dessus de la diagonale, toute l'image est éclaircie. Nous remarquons les curseurs (en bleu) des différentes zones qui ont tous glissé vers la droite. La zone grise plus claire (flèche verte) montre les limites de déplacement de la courbe pour les teintes claires.

Les curseurs de Région

Les curseurs situés dans la partie **Région** vous permettent d'éclaircir ou d'assombrir essentiellement les pixels appartenant à la zone du même nom. Déplaçons le pointeur de la souris sur le curseur **Teintes claires** (valeurs de 50 à 75 %). Nous voyons alors sur le graphique des régions gris clair. Elles indiquent les limites supérieures et inférieures de déplacement de la courbe. Par ailleurs, dans le graphique s'inscrit la zone sur laquelle vous vous apprêtez à intervenir et les valeurs de correction de cette zone.

Déplaçons le curseur des **Teintes claires** vers la droite. Nous voyons la courbe se déplacer au-dessus de la diagonale marquée d'un pointillé, et les pixels de l'image appartenant à cette zone s'éclaircir. Déplacer le curseur vers la gauche, la courbe se déplace en dessous de la diagonale en pointillé et les mêmes pixels deviennent plus foncés. Lorsque vous atteignez la valeur +100 ou la valeur -100, vous voyez que la courbe se positionne sur les limites de la zone grise éclaircie de votre graphique. Vous voyez par ailleurs que ce ne sont pas que les pixels dont les valeurs sont comprises entre 50 et 75 % qui sont concernés. Les pixels des zones Tons clairs et Teintes sombres sont également modifiés mais plus légèrement.

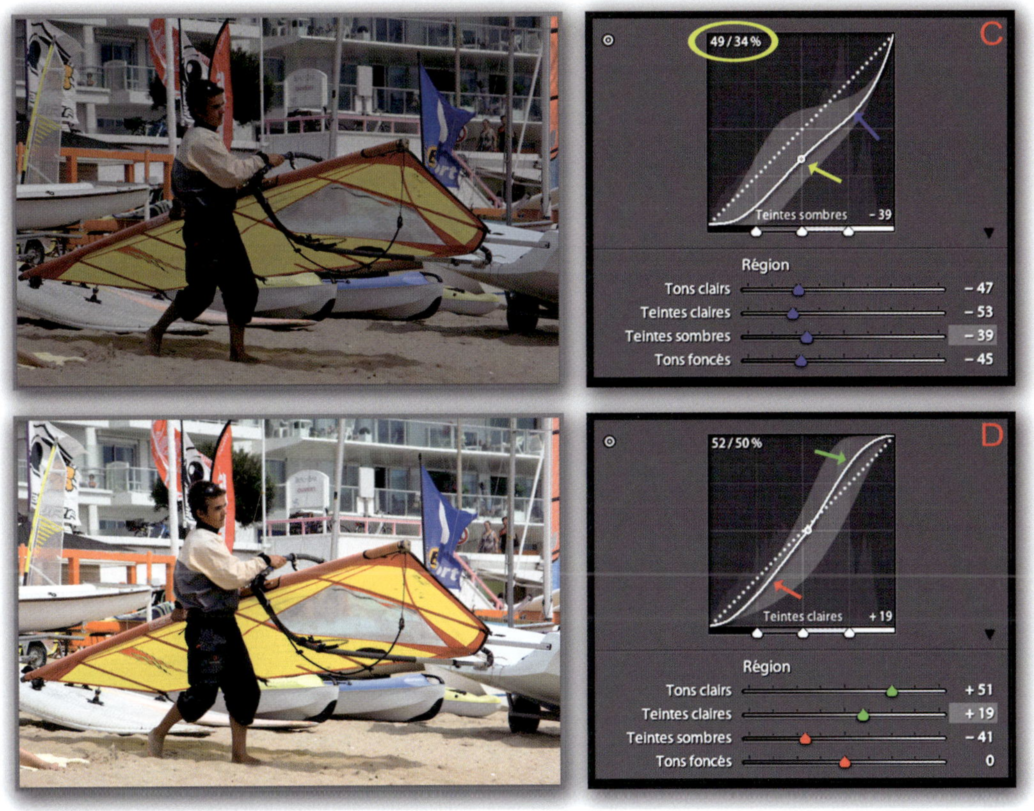

Figure 5.17 – Sur la figure C tous les points de la courbe sont au-dessous de la diagonale, toute l'image est assombrie. Nous remarquons les curseurs (en bleu) des différentes zones qui ont tous glissé vers la gauche, et en haut à gauche (jaune) la valeur du point qui a varié de 49 à 32 %. Sur la figure D les points de la courbe sont au-dessus de la diagonale dans la partie des tons et des teintes clairs (vert), et au-dessous de la diagonale dans la partie des teintes sombres et des tons foncés (rouge), l'image est plus contrastée.

Vous pouvez faire la même expérience sur les autres curseurs et vous constaterez les mêmes modifications. Un double clic sur le mot **Région** remet tous les curseurs à zéro et votre courbe à sa position initiale.

Vous avez peut-être remarqué qu'il était possible de modifier l'étendue de chaque zone en déplaçant les curseurs qui se trouvent sous les graphiques. Cela peut être utile sur certaines photos lorsque l'on veut réduire la zone d'intervention des curseurs à certains pixels. En déplaçant par exemple le curseur qui délimite les tons foncés des tons moyens vers la droite, vous augmentez la gamme des tons foncés. Ainsi, chaque modification prendra en compte une gamme plus large de tons, y compris des tons qui par défaut seraient compris dans la gamme des tons moyens.

Les modifications avec la cible

En haut à gauche des courbes se trouve un petit cercle. Lightroom propose pour plusieurs réglages, ce type d'outil, appelé **Cible**. Cliquez dessus et survolez votre photo dans le panneau central. En fonction des régions que vous survolez, observez les courbes. Vous verrez les quatre régions de tons s'afficher en fonction de l'endroit où se trouve votre pointeur. Cette cible n'est pas là uniquement pour vous donner des indications, elle vous permet aussi de modifier votre photo.

Cliquez dans l'image sur une région à corriger et, sans relâcher, glissez votre pointeur vers le haut ou le bas. La gamme de tons correspondante se modifie, ainsi que la courbe et le curseur qui correspondent à cette région. N'oubliez pas en fin d'utilisation de cliquer à nouveau dans le petit cercle pour y redéposer la cible ou souvenez-vous du raccourci, mais il est un peu compliqué **Ctrl/Cmd + Alt + Maj + N**. Utilisez le raccourci touche **Echappement** (Esc), il est beaucoup plus simple.

Dans le menu **Affichage/Réglage de la cible**, vous pouvez aussi accéder à la cible des **Tonalités** que nous venons de voir ou bien à une des trois cibles du panneau **TSI** que nous verrons plus loin.

Observez à présent les nombres à droite des curseurs de la zone **Région**. Ce sont les mêmes que ceux que vous venez de voir dans les courbes. De même que toute intervention dans l'histogramme modifie les valeurs des paramètres que l'on trouve dans le panneau Réglages de base, de même ici, une intervention directe sur la courbe modifie la position des curseurs et des valeurs correspondantes.

Nous avons vu que les régions grises dans le graphique de la courbe marquent les limites de modification de courbe que vous pouvez effectuer. Pour pouvoir donner un contraste plus important à vos photos, choisissez **Contraste moyen** ou **Contraste fort** dans le menu déroulant de la zone **Courbes à points**. Vous pourrez constater que la surface des zones grises s'est modifiée et que vous repoussez donc les limites d'ajout de contraste. Sélectionnez **Linéaire** pour revenir aux réglages par défaut.

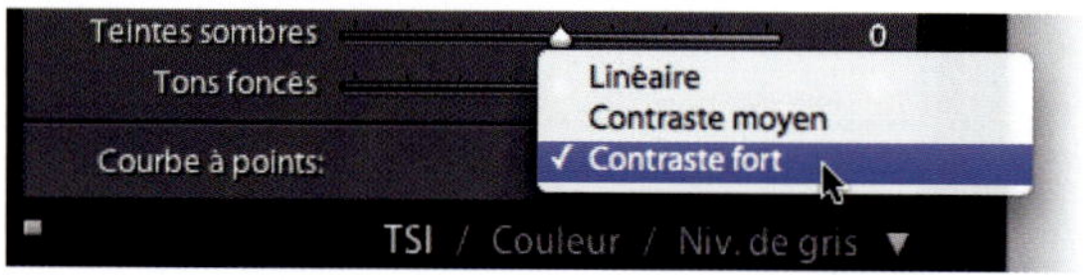

Figure 5.18 – Options des Courbes de tonalité.

Les flèches situées en bas des courbes permettent d'étaler les gammes choisies.

Les **Courbes** disposent d'un menu contextuel par un clic droit sur le graphique de la courbe :

- **Rétablir les segments de courbe** annule les réglages que vous avez pu réaliser dans les quatre régions. Cela équivaut à un double clic sur le mot Région.
- **Rétablir les séparations** réinitialise l'étendue des régions que vous pouvez modifier avec les curseurs sous la courbe.
- **Tout rétablir** rétablit les segments de courbes et les séparations.
- **Aplatir la courbe** réinitialise la courbe.
- **Afficher les informations** indique en haut à gauche des courbes les réglages avant/après.

Panneau TSI/Couleur/Niveaux de gris

Les réglages présents dans ce panneau sont des réglages de correction locale basée sur la teinte. C'est après avoir effectué les autres réglages dans le panneau Réglages de base et Courbe des tonalités que l'on utilise les commandes de ce panneau.

Ce panneau contient en fait trois jeux de commande, pour modifier les couleurs de vos photos en utilisant les teintes. Pour définir une couleur, on peut utiliser le modèle RVB qui attribue des valeurs de luminosité aux trois composantes Rouge, Vert et Bleu d'une photo. On peut aussi utiliser le modèle TSL, appelé ici improprement TSI, qui utilise les trois composantes Teinte, Saturation et Luminance. C'est un modèle proche de la perception physiologique de la couleur par l'œil humain.

Figure 5.19 – Les différentes teintes (en haut). Une teinte saturée au maximum à gauche et désaturée à droite (au milieu). La même teinte avec les variations de luminance (en bas).

- La Teinte correspond à la perception de la couleur (rouge, orange, ou magenta). C'est la forme pure d'une couleur sans adjonction de blanc ou de noir. C'est dans la teinte que l'on perçoit le plus les variations de couleur.
- La Saturation qui correspond à la pureté de la couleur (en théorie absence ou ajout de couleur complémentaire ; dans le langage commun terne, fade, délavé ou intense, pur, vif). Une désaturation totale de l'image la transforme en image en Niveau de Gris.
- La Luminance correspond à la quantité de lumière de la couleur (clair ou sombre)

TSI

Commençons par TSI. Cliquez sur **Tout** afin d'afficher ensemble les curseurs permettant de modifier les **Teintes** elles-mêmes**,** leur **Saturation** et leur **Luminance**. Sur la gauche se trouve le nom des huit couleurs, ou plutôt teintes modifiables (Rouge, Orange, Jaune, Vert, Bleu vert, Bleu, Pourpre, Magenta). Les lignes des curseurs vous aident à comprendre ce que vous allez faire.

- ✓ Dans la section **Teinte**, regardez par exemple la ligne du curseur **Rouge**. Vous pouvez y voir qu'en déplaçant votre curseur vers la gauche, les rouges deviendront magenta et, vers la droite, orangés. En regardant la barre des teintes dans la figure 5.18 on se rend compte que chaque teinte peut se modifier dans la direction de la teinte adjacente.
- ✓ Dans la section **Saturation**, les curseurs poussés vers la droite saturent davantage l'image. Vers la gauche ils la désaturent. En déplaçant tous les curseurs vers la gauche, on obtient une image noir et blanc, mais avec un résultat différent qu'en choisissant la commande Niveau de Gris que nous allons voir un peu plus loin.
- ✓ Dans la section **Luminance**, en poussant les curseurs vers la droite, on va éclaircir les couleurs, vers la gauche on va les assombrir.

Juste à gauche de chaque section se trouve une petite cible. Cliquez sur cette cible et survolez une couleur de votre photo. Le curseur correspondant à la couleur sur laquelle vous vous trouvez s'illumine. Cliquez sans relâcher et déplacez votre souris vers le haut ou le bas. La couleur sélectionnée est modifiée et vous pouvez voir le (ou les) curseur(s) correspondant bouger !

Figure 5.20 – En déplaçant l'outil cible de Teinte vers le bas (flèche verte) sur le taxi jaune, la couleur a basculé vers l'orange. La fenêtre Avant/Après nous permet de constater le changement.

En utilisant la section **Saturation**, vous pouvez ainsi aisément passer une partie des couleurs en noir et blanc en les désaturant complètement et en conservant uniquement les verts par exemple.

Couleur

Toujours dans le panneau **TSI/Couleur/Niv de gris**, cliquez sur **Couleur**. Vous disposez des mêmes fonctions que celles que nous venons de voir, mais présentées sous un angle différent. Vous devez d'abord choisir la couleur parmi les huit petits carrés, puis régler la teinte, la saturation et la luminance. Cela donne exactement les mêmes résultats. En cliquant sur **Tout**, vous obtenez la liste de toutes les couleurs puis des curseurs **Teinte**, **Saturation**, **Luminance**, Mais si on veut faire des modifications sur plusieurs couleurs, on choisira plutôt la section **TSI**, réservant la section **Couleur** lorsqu'on souhaite faire des modifications sur une seule couleur.

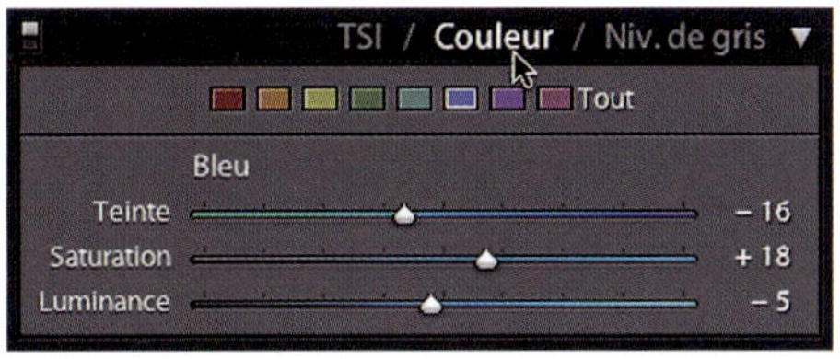

Figure 5.21 – Choisissez la couleur puis réglez ensuite la Teinte, la Saturation et la luminance.

Niveau de gris

Cliquez à présent sur **Niv. de gris**. Un clic sur cette fonction passe automatiquement votre photo en niveau de gris. Vous pouvez voir que par défaut, dans la section **Mélange des niveaux de gris** les curseurs de couleur sont à 0. Si vous cliquez sur le bouton **Automatique**, tous les curseurs de couleur prennent des positions différentes. Ses réglages correspondent au choix **Général-Echelle de gris** que vous pouvez faire dans le panneau de gauche **Paramètres prédéfinis**.

Si dans le menu **Préférences/Paramètres prédéfinis**, vous avez coché la case **Appliquer le mélange automatique des niveaux de gris lors de la conversion en niveaux de gris**, le niveau de gris devrait se faire avec le mélange automatique. C'est une option qui bugge de temps en temps mais qui sera sans doute corrigée dans une prochaine version.

Correction d'une photo en Niveau de Gris

Vous pouvez avoir fait déjà des corrections de tonalité et des corrections sur la courbe avant d'avoir converti votre image en niveau de gris, et ces corrections sont toujours visibles dans les panneaux respectifs. Vous pouvez bien sûr revenir sur ces corrections si elles ne conviennent plus à votre photo affichée maintenant en noir et blanc. L'utilisation de la touche Alt pour contrôler les pixels écrêtés vous sera très utile.

Vous pouvez aussi modifier votre photo en jouant sur les couleurs qui ne sont plus visibles à l'écran mais qui existent toujours dans le fichier original. Ainsi, vous pouvez par exemple faire en sorte que les zones correspondant au bleu de la photo RVB soient plus foncées ou plus claires. En déplaçant le curseur bleu vers la gauche, toutes les zones qui étaient bleues sont devenues plus foncées. Une fonction parfaite pour personnaliser ses photos noir et blanc.

Soyez très attentif en utilisant ses curseurs surtout si vous faites des modifications importantes. Un visage par exemple n'est pas composé que de rouge ; si vous l'éclaircissez en ne modifiant que le rouge, vous allez créer comme du bruit. Utilisez plutôt la cible qui se trouve à gauche de Mélange des niveaux de gris et faites-la glisser sur la zone de votre image que vous souhaitez éclaircir ou assombrir en glissant vers le haut ou vers le bas. Les curseurs des couleurs concernées seront automatiquement sélectionnés, mais vous pouvez affiner encore le réglage en intervenant directement sur les curseurs.

Figure 5.22 – Nous avons converti l'image en Niveau de gris. En haut nous n'avons pas modifié les valeurs des teintes. En bas nous avons éclairci les verts et les jaunes, et assombri les bleus.

Panneau Virage partiel

Ce panneau va vous permettre de donner une ou deux dominantes de couleur à votre photo. Vous pouvez dans une recherche d'effet créatif réaliser ces réglages sur une photo en couleur, mais ces réglages sont plutôt destinés à vos photos noir et blanc.

Ils s'apparentent au virage que l'on peut pratiquer sur des photos argentiques sur papier. Si vous avez passé votre photo en noir et blanc, vous pouvez créer un virage sépia, ou une bichromie par exemple.

1. Passez en niveaux de gris en cliquant sur **Niv. de gris** dans **Réglages de base** ou dans le panneau **TSI/Couleur/Niv de gris**.
2. Commençons par les **Tons clairs**. Choisissez la couleur que vous voulez attribuer aux tons clairs en cliquant sur le petit rectangle à droite.
3. Vous ouvrez une fenêtre qui vous permet de choisir la **Teinte** de votre couleur en déplaçant le petit carré qui est dans le dégradé des teintes. Vous appuyez sur votre souris après avoir déplacé le pointeur sur le **H** et déplacez-le vers la gauche ou vers la droite. Les valeurs de **H** (*hue* en anglais signifie teinte) se modifient de 0 à 360° (valeurs des teintes dans un cercle chromatique). Choisissez par exemple un jaune avec une valeur de 38°. Choisissez la saturation de la couleur en déplaçant le curseur S ; le petit carré se déplace de bas en haut. Choisissez une valeur autour de 25.
4. Vous pouvez maintenant choisir la couleur des **Tons foncés** de la même manière ou, si vous connaissez les valeurs que vous voulez utiliser, en les écrivant directement dans les champs de valeur. Choisissez un bleu d'une valeur de **Teinte** 220° et d'une **Saturation** à 20. Vous obtenez ainsi une photo avec des tons froids dans les ombres et des tons chauds dans les hautes lumières.

Utilisez ensuite le curseur **Balance** qui par défaut est à 0 pour définir le mélange des deux. Vers la droite, vous verrez plus la colorisation des tons clairs, vers la gauche des tons foncés. Trouvez un juste milieu pour mélanger les deux teintes.

Vous pouvez n'utiliser qu'un des deux tons pour une colorisation dans une seule teinte en laissant le curseur **Saturation** de l'autre à zéro. Pour un ton Sépia, utilisez par exemple les valeurs suivantes : **Tons clairs** : Saturation = 0 ; **Tons foncés** : Teinte = 37, Saturation = 33 ; **Balance** = -70.

En utilisant ce panneau avec une photo couleur, vous pouvez obtenir des résultats très créatifs. Essayez par exemple ce qui pourrait ressembler à un traitement croisé avec les valeurs suivantes : **Tons clairs** : Teinte = 50, Saturation = 79 ; **Tons foncés** : Teinte = 212, Saturation = 62 ; **Balance** = -20 (figure 5.23).

Figure 5.23 – Nous avons utilisé les réglages de Virage partiel à une photo couleur pour simuler un traitement croisé.

Outils Filtre gradué et Pinceau Réglage

Nous revenons ici à l'utilisation des outils que nous trouvons en dessous de l'histogramme. Si nous en parlons seulement maintenant c'est parce qu'il est préférable d'utiliser ces outils de corrections locales après avoir effectué les corrections globales. Il est fréquent d'avoir envie de compléter ces corrections de couleur et de tonalité sur l'ensemble de la photo, par l'éclaircissement, le renforcement de contraste, ou le changement de teinte d'une partie de la photo seulement. Ce type de correction est depuis longtemps possible dans Photoshop par l'utilisation des sélections ou l'utilisation des calques de réglage avec les masques de fusion.

Ces deux outils **Filtre gradué** et **Pinceau Réglage**, qui sont une nouveauté dans Lightroom 2, permettent maintenant de réaliser ce type de correction. Pour voir toutes les retouches locales possibles, commençons par sélectionner le **Pinceau réglage**.

Les effets du Pinceau réglage

Pour le sélectionner, cliquez sur la dernière icône dans la barre des outils sous l'Histogramme ou cliquez sur la touche **K**. En sélectionnant cet outil nous ouvrons, comme avec les outils vus précédemment, un panneau des options. Dans la partie **Effet** se trouve un menu déroulant qui permet de voir la liste des réglages possibles. La première chose à faire est de sélectionner un de ces réglages dans le menu déroulant ou en cliquant sur le nom de l'effet que l'on veut appliquer dans le tableau sous le curseur **Gain**.

Nous avons vu dans la section Tonalité du Panneau réglage de base comment utiliser **Exposition**, **Luminosité**, **Contraste**, **Saturation** et **Clarté** (voir page 169).

Netteté : améliore la définition des contours pour faire ressortir les détails de la photo. Une valeur négative rend les détails flous.

Couleur : on peut, avec ce réglage, peindre avec une couleur choisie dans un nuancier. La manière dont s'applique cette couleur correspond à peu près au mode « lumière tamisée » dans Photoshop. Nous pouvons l'utiliser pour corriger une dominante locale en appliquant sa complémentaire. Nous pouvons aussi l'appliquer pour modifier le bleu de la mer sans modifier le bleu du ciel. Son utilisation est complémentaire aux corrections globales de Température des couleurs ou de Teinte Saturation.

Figure 5.24 – Dans la section Effet de la boîte des options du Pinceau réglage nous pouvons ouvrir le Nuancier pour choisir la couleur utilisée et en sauvegarder d'autres.

Pour afficher le nuancier, cliquez sur le rectangle en couleur, situé à droite du mot Couleur dans la boîte des options.

- ✓ La partie gauche du grand rectangle affiche la couleur sélectionnée, la partie droite qui se modifie en cliquant dans le nuancier affiche la nouvelle couleur. Vous pouvez choisir également la couleur par une valeur de la teinte (**H**) et un pourcentage de saturation (**S**). Vous pouvez également choisir une couleur dans l'image en cliquant dans le nuancier, en faisant glisser la pipette sans relâcher la souris sur la couleur choisie dans votre image et en relâchant la souris. La couleur correspondante est sélectionnée dans le nuancier.

✓ Les cinq petits carrés permettent de mémoriser des couleurs. Pour changer une des couleurs mémorisées, choisissez une couleur dans le nuancier, faites un clic droit (**Ctrl + clic** sur Mac) sur un des carrés et choisissez **Définir cette nuance sur la couleur active**.

Adoucir la peau : ce réglage qui permet de lisser la peau fait partie des paramètres prédéfinis proposés par Lightroom. Si jamais il ne s'affichait pas, allez dans le menu Lightroom/Préférences, choisissez Paramètres prédéfinis puis cliquez sur Restaurer les paramètres prédéfinis de réglage local. Après avoir choisi **Adoucir la peau** en cliquant sur le petit rectangle bicoloré **Afficher les curseurs d'Effet**, on peut voir que c'est une combinaison de réglages Clarté à la valeur -100 et Netteté à la valeur 25. Vous pouvez bien sûr vous-même affiner ces deux réglages et enregistrer un nouveau paramètre prédéfini, comme nous allons le voir ci-dessous.

Paramètre prédéfini de réglage local : il est possible de créer ses propres combinaisons de réglage et de les enregistrer. Cliquez sur le petit rectangle bicoloré **Afficher les boutons d'Effet** au-dessus des valeurs de **Gain**. Dans ce tableau, il est possible de régler des valeurs pour plusieurs réglages, puis de cliquer sur le menu déroulant au-dessus des curseurs, de choisir **Enregistrer les paramètres actuels en tant que nouveau paramètre prédéfini...**, et de les nommer. Vous les retrouverez ensuite dans le menu déroulant à côté de l'option Adoucir la peau. L'enregistrement d'un paramètre prédéfini peut se faire en enregistrant qu'un seul réglage.

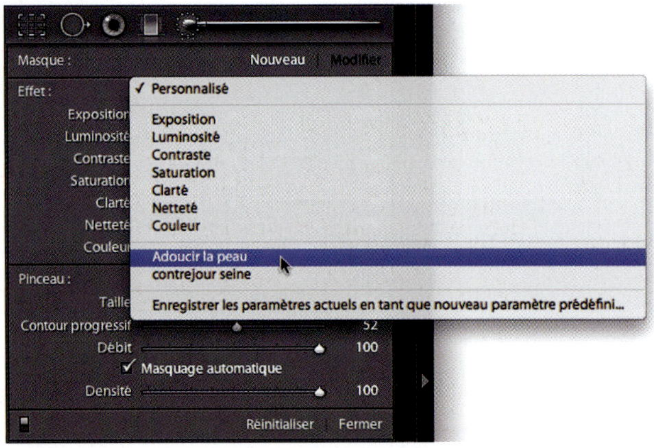

Figure 5.25 – Les options de paramètre du pinceau réglage.

Paramétrer les Pinceaux réglage

L'application locale de ces différents réglages se fait par la création d'un masque à l'aide d'un pinceau dont il est possible de régler les options. Il est possible de paramétrer deux styles de pinceau A ou B, et d'utiliser l'un ou l'autre. Il est possible de régler les paramètres suivants :

- **Taille** : les valeurs de 0 à 100 sont relatives mais ne correspondent pas à des pixels, puisque quel que soit le rapport d'agrandissement choisi dans le panneau Navigation, le pinceau aura toujours la même taille pour une même valeur. Il est également possible de modifier la taille avec la molette de la souris.
- **Contour progressif** : ce réglage permet d'avoir un fondu entre les zones retouchées et celles qui ne le sont pas, au lieu d'avoir une transition franche. Son réglage crée une zone de dégradé de plus ou moins grande taille, que l'on peut visualiser sur l'image avec le double cercle. Attention, un contour progressif faible avec un débit qui n'est pas au maximum peut laisser des traces du passage du coup de pinceau.
- **Débit** : ce réglage permet de régler la quantité d'effet appliqué à chaque coup de pinceau. Un débit réglé à 20 demandera de repasser plusieurs fois avec le pinceau pour atteindre le degré d'effet souhaité. Combiné avec un contour progressif au maximum, il permet de faire des corrections parfaitement fondues dans le reste de l'image. Un débit réglé à 100 réalisera l'effet de correction au premier coup de pinceau, un passage supplémentaire ne modifie rien.
- **Densité** : ce réglage permet de régler l'opacité de l'effet appliqué. Contrairement au réglage avec Débit, les coups de pinceau ne s'additionnent pas. Si entre deux coups de pinceau, on change l'opacité, le deuxième coup de pinceau passé au même endroit remplacera le premier coup de pinceau.
- **Masquage automatique** : lorsque cette option est choisie, l'effet ne sera appliqué que dans une zone de mêmes luminosité et teinte. Vous pouvez déborder de la zone avec le cercle du pinceau, mais ne passez pas le centre du pinceau dans une zone différente, car vous étendriez alors l'effet du masquage automatique à une autre zone. Vous pouvez activer momentanément cette option lorsque vous êtes en train de peindre en appuyant sur la touche **Ctrl/Cmd**.

La réalisation des corrections locales avec le Pinceau réglage

Après avoir choisi l'effet et réglé les options du pinceau, vous pouvez l'utiliser en le faisant glisser dans la zone à corriger de la photo. En relâchant la souris, vous ferez apparaître un bouton de réglage à l'endroit du premier clic dans l'image. Tant que vous ne ferez pas un nouveau réglage, tous les coups de pinceau que vous réaliserez seront rattachés à ce bouton de réglage.

En relâchant la souris, le bouton **Modifier** s'est activé dans la boîte des options de l'outil, ce qui vous permet en déplaçant le curseur **Gain**, d'affiner votre réglage. Pour accroître l'effet du réglage, vous pouvez pousser le curseur **Gain** vers la droite, vers la gauche pour le réduire. En cliquant sur Plus (+) ou sur Moins (-) à droite du nom de l'effet désiré, vous reprenez les derniers réglages positifs ou négatifs que vous avez faits pour cet effet avec le curseur.

Vous pouvez choisir d'afficher tous les curseurs d'effet en cliquant sur le petit rectangle bicoloré **Afficher les curseurs d'Effet** en modifiant non seulement la valeur du premier effet réalisé, mais en en rajoutant un autre. Vous pouvez ici, après avoir ajouté un peu de luminosité dans une zone, décider de réduire le contraste pour cette même zone.

Lorsque vous avez passé le pinceau sur une zone que vous ne vouliez pas corriger, appuyez sur la touche Alt, le signe Plus (+) au centre du pinceau se transforme en signe Moins (-) et votre pinceau en gomme. Vous pouvez alors supprimer ces corrections en passant cette gomme. Vous pouvez effacer des corrections en sélectionnant **Effacer** à côté des pinceaux A et B.

Pour arrêter une correction locale et en refaire une autre, cliquez sur **Nouveau** en haut de la boîte des options. Recommencer une nouvelle correction sur une même zone additionne les corrections.

Pour désactiver le Pinceau Réglage, cliquez sur son icône, ou sur **Fermer** en bas à droite de la boîte des options.

Figure 5.26 – Dans le mode Avant/Après nous pouvons voir à gauche l'ombre sur le lampadaire. Nous avons créé un masque avec le pinceau réglage que nous voyons affiché en rouge. Les paramètres de correction sont ceux affichés dans le cadre rouge. Dans l'aperçu en haut à gauche, nous voyons le résultat.

Le masque du Pinceau réglage

À chaque application d'un effet de retouche locale, Lightroom crée un masque symbolisé par un bouton gris. En déplaçant le pointeur de la souris sur ce bouton, vous faites apparaître ce masque. Cela permet de visualiser l'étendue de la correction et les zones de différentes opacités. Par défaut la couleur du masque est rouge. En appuyant sur les touches **Maj + O**, le masque devient successivement vert, blanc, noir, puis à nouveau rouge.

Pour retoucher un masque avec les corrections locales qui lui sont attachées, sélectionnez un des boutons de réglage gris dont le centre deviendra noir. Vous pouvez modifier le masque, le degré de modification en changeant le **Gain**, et même l'effet si vous vous êtes trompé entre Exposition et Luminosité. On peut modifier la saturation de l'effet Couleur avec **Gain**, mais la couleur elle-même ne peut pas être modifiée. Il faut annuler ce réglage et le recommencer avec une autre couleur.

Le Filtre gradué

Cet outil permet d'appliquer les mêmes corrections que le Pinceau de réglage, mais en les appliquant de manière dégressive sur toute la largeur ou la hauteur de l'image.

Pour le sélectionner, cliquez sur la quatrième icône dans la barre des outils sous l'Histogramme ou cliquez sur la touche **M**. En sélectionnant cet outil, nous ouvrons, comme avec l'outil Pinceau réglage, un panneau des options. Seule est présente la partie **Effet**, identique à ce que l'on a vu avec l'outil Pinceau de réglage (voir page 184). Il n'y a pas de panneau pour ajuster cet outil. Son réglage se fait directement sur l'image.

Glissez l'outil sur une photo sélectionnée, une croix apparaît. L'endroit où vous cliquez va marquer le début du dégradé, faites glisser la croix jusqu'à l'endroit où vous voulez l'arrêter. Trois lignes parallèles apparaissent maintenant sur l'image. Elles sont perpendiculaires à la direction dans laquelle vous avez déplacé la croix. La ligne tracée à l'endroit où vous avez cliqué, marque l'endroit où les corrections choisies dans Effet seront appliquées au maximum. La dernière ligne marque l'endroit où les corrections ne seront plus appliquées. La ligne du milieu montre l'endroit où le masque est à la moitié de son opacité. C'est aussi sur cette ligne du milieu que vient se placer le bouton de réglage.

Cliquez sur la touche **H** pour masquer les tracés du masque et vous rendre compte de l'effet. Recliquez sur la touche **H** pour les faire apparaître à nouveau. Un déplacement du pointeur de la souris sur la ligne du centre fait apparaître une double flèche incurvée et permet de faire pivoter le dégradé. Un déplacement du pointeur de la souris sur les lignes extérieures fait apparaître une main qui permet d'étendre le masque dégradé. Un déplacement du pointeur de la souris sur le bouton de réglage fait apparaître une main qui permet de déplacer le masque dégradé.

Il est possible, comme pour le pinceau de réglage, de combiner plusieurs effets de réglage et de les enregistrer. C'est ce qui a été fait pour la correction de la figure 5.27. Après avoir choisi un réglage d'exposition négatif, nous avons tracé le dégradé. Nous avons ensuite cliqué sur le petit rectangle **Afficher les curseurs d'effet** à droite de la boîte des options et ajusté l'Exposition à -2,00, la Luminosité à -61, le Contraste à 5, la Clarté à 30, et de colorer le ciel avec Couleur bleu (H : 224, S : 85). Voulant appliquer ce réglage sur d'autres photos prises au même moment, nous avons décidé de l'enregistrer, en cliquant sur le menu déroulant, et choisi **Enregistrer les paramètres actuels en tant que nouveau paramètre prédéfini...**, en les nommant « contrejour Seine ». Il est maintenant possible de le retrouver dans le menu déroulant et de l'appliquer à une autre photo.

Pour appliquer le même réglage à d'autres fichiers il est bien sûr possible d'utiliser **Synchroniser** et de cocher **Filtres Gradué** (voir page 198).

Figure 5.27 – Nous avons corrigé les hautes lumières avec le filtre gradué, puis enregistré le résultat de la correction avec tous les paramètres des curseurs sous le nom « contrejour Seine ».

Panneau Détail

Dans ce panneau, nous trouvons les outils pour donner de la netteté, réduire le bruit et, nouveauté de Lightroom 2, corriger les aberrations chromatiques des images.

En cliquant sous la flèche en dessous du mot Détail, on ouvre une fenêtre d'aperçu carrée qui nous montre l'image affichée au zoom 1:1. Pour choisir la zone que l'on veut voir affichée dans cette fenêtre, cliquez sur le petit carré à gauche, déplacez le pointeur de la souris qui a pris une forme de croix, et vous verrez la zone correspondante dans la fenêtre.

Pour fixer cette zone, cliquez sur la photo. Vous pouvez alors déplacer l'image de l'aperçu avec la main dans la fenêtre. En faisant un clic droit (**Ctrl + clic** sur Mac) sur la fenêtre, vous pouvez choisir d'agrandir au zoom 2:1.

En dessous de ce rapport d'agrandissement, vous ne pouvez pas voir les changements réalisés dans ce panneau. Si vous voulez voir plus que cette zone, affichez votre image au rapport 1:1 dans le panneau Navigation. Si vous avez masqué la fenêtre d'aperçu en cliquant sur la flèche noire en haut à droite, un triangle d'avertissement apparaît si l'image est affichée à un zoom inférieur à 1:1.

Cliquez sur le triangle pour afficher automatiquement la fenêtre à 1:1. Pour voir les résultats de Netteté sur l'image affichée à moins de 1:1, choisissez de l'afficher dans le module Bibliothèque en cliquant sur la touche **E**. Choisissez le rapport **1:1**, puis à nouveau **Adapt.**. Recliquez sur **D** pour revenir dans le module Développement.

Netteté

Pourquoi et comment apporter de la netteté à ses images ?

Les appareils photo numériques produisent des images qui nécessitent la plupart du temps un renforcement de la netteté parfois appelé accentuation. C'est entre autres raisons, la résolution du capteur, combinée à la résolvance de l'objectif et le filtre passe-bas devant le capteur, qui rendent cette opération nécessaire. En aucun cas, la netteté corrigera un flou dû à une mauvaise mise au point ou un mauvais choix de la vitesse. L'accentuation est une opération qui consiste à augmenter le contraste local et réduire les transitions entre deux zones de couleur et tonalité adjacentes. Elle augmente l'effet de bord en créant un microcontraste qui rend les pixels clairs, plus clairs et les pixels foncés, plus foncés.

Une accentuation trop prononcée peut détériorer une image en créant des halos sur les contours des zones de tonalités. Heureusement avec Lightroom, comme pour toutes les autres corrections, vous ne risquez pas de détériorer l'original de votre image.

Nous allons chercher à améliorer l'impression de netteté pour un examen à l'écran au rapport 1:1. Une accentuation supplémentaire sera nécessaire pour l'impression (voir page 247). L'accentuation dans Lightroom se réalise sur la couche Luminance. Lorsque vous déplacez un des curseurs **Gain**, **Rayon**, **Détail**, ou **Masquage** en cliquant sur la touche **Alt**, vous apercevez les zones sur lesquelles vous agissez. Il est difficile de donner des valeurs de correction pour chaque curseur, car cela dépend des performances de votre appareil photo, de l'objectif, des réglages à la prise de vue et du sujet photographié.

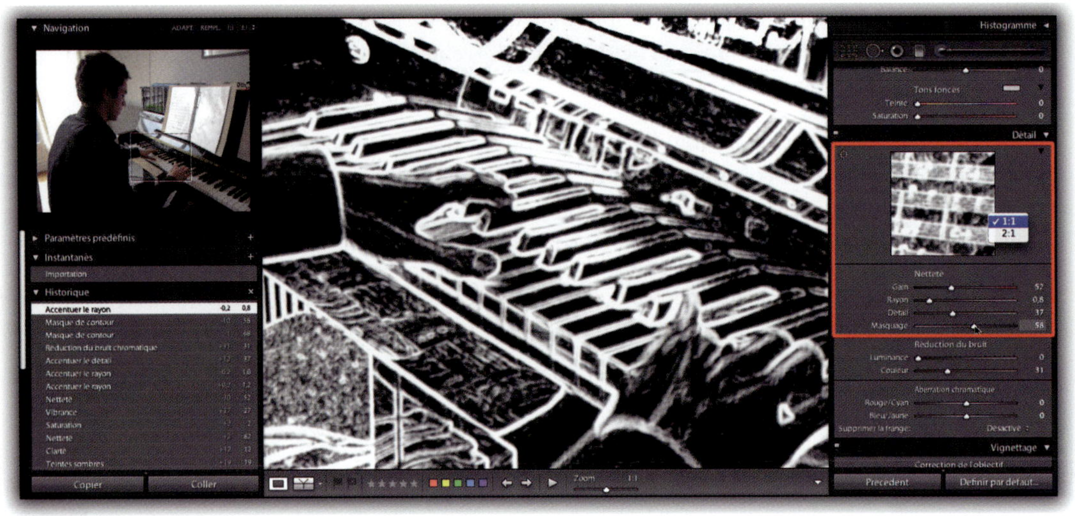

Figure 5.28 – En réglant la netteté on peut appuyer sur la touche Alt pour voir les zones d'action. Ici nous voyons en noir les zones sur lesquelles agit le masquage. On peut choisir le zoom pour la petite fenêtre d'aperçu en faisant un clic droit.

- ✓ Le curseur **Gain** dose l'augmentation du contraste et peut atteindre 150 %. On voit que celui-ci augmente surtout sur les contours et intègre déjà un effet de seuil pour ne pas trop accroître le bruit. Par défaut réglé à 25, il peut être augmenté jusqu'à 100. Il est parfois nécessaire de revenir sur ce premier réglage si on change la valeur du rayon. Une valeur à 0 annule toute accentuation, quel que soit le réglage des autres curseurs.
- ✓ Le curseur **Rayon** définit la profondeur de pixels de chaque côté des contours sur laquelle s'effectue l'augmentation du contraste. Par défaut réglé à 1, il ne peut être augmenté qu'avec beaucoup de précaution. Pour des sujets présentant de fins détails, vous risqueriez de faire apparaître des halos sur ceux-ci. Cela dépendra également de la définition de votre photo.
- ✓ Le curseur **Détail** agit sur les pixels les plus foncés en les assombrissant. Par défaut, il est réglé à 25. Le niveau d'assombrissement de pixels les plus foncés dépend également de la valeur de **Gain** sélectionnée. En dessous de cette valeur, on floute les textures. Au-dessus, on accentue les textures mais en risquant de faire monter le bruit. Tout dépend de votre image.
- ✓ Le curseur **Masquage** permet d'accentuer principalement les contours en protégeant les autres surfaces. Nous pouvons très facilement voir ce masque en appuyant sur la touche **Alt**. Les parties foncées correspondent aux zones masquées où l'accentuation ne se fera pas (figure 5.28). Le curseur poussé vers les valeurs maximum permet de ne renforcer que les bordures et évite une montée du bruit.

Bruit

Pourquoi observons-nous du bruit sur nos photos ?

Dans la théorie du signal, le bruit est une information non pertinente. C'est ce type d'information parasite générée par le capteur que nous apercevons parfois sur nos images. Il est beaucoup plus perceptible dans les zones sombres et se traduit par la présence de pixels colorés apparaissant de manière aléatoire. En photographie numérique, il existe de nombreuses sources de bruit. L'augmentation de la sensibilité du capteur (ISO) et la longue exposition favorisent la création de bruit. La quantité de bruit enregistré variera en fonction des capacités de chaque appareil numérique à traiter le signal et à réduire ce problème.

Le bruit chromatique ou de chrominance est souvent le plus visible et le plus perturbant dans l'examen de nos images. En augmentant la valeur du curseur **Couleur,** on arrive assez facilement à le faire disparaître. Le curseur est par défaut réglé à 25 pour les fichiers Raw, ce qui est souvent suffisant. La correction doit viser à supprimer le bruit tout en préservant les détails.

Le bruit de luminance se manifeste par des pixels plus ou moins foncés et peut ressembler au grain d'une pellicule. La réduction est possible avec le curseur **Luminance**, mais un réglage au-delà de 30 % engendre une perte importante dans les détails.

Aberration chromatique

D'où provient l'aberration chromatique ?

L'aberration chromatique est un phénomène qui est propre aux objectifs et qui était déjà présent dans la photographie argentique, mais qui est beaucoup plus visible en numérique. Elle provient du fait que les plans de mise au point sont différents pour des rayons de lumière n'ayant pas la même longueur d'onde, donc si la mise au point est effectuée pour le rouge, elle est mauvaise pour le bleu. Elle se manifeste par l'apparition des franges colorées à la limite des zones sombres et des zones claires. Ce phénomène est plus visible à la périphérie de l'image qu'au centre. Il existe aussi bien pour des objectifs grands-angulaires que pour des téléobjectifs et dépend de leur construction.

Nous allons voir sur la figure 5.29 comment réduire les franges colorées dues à l'aberration chromatique.

- ✓ Agrandissez l'image à 300 % et ajustez le paramètre **Gain** de netteté à 0, afin de mieux percevoir cette aberration.
- ✓ Commencez par ajuster le curseur **Rouge/Cyan** en cliquant sur **Alt** afin de masquer la frange bleu-jaune qui pourrait exister. Si vous voyez des franges vert-magenta apparaître, ce doit être le cas. Bougez le curseur afin de faire disparaître les franges.

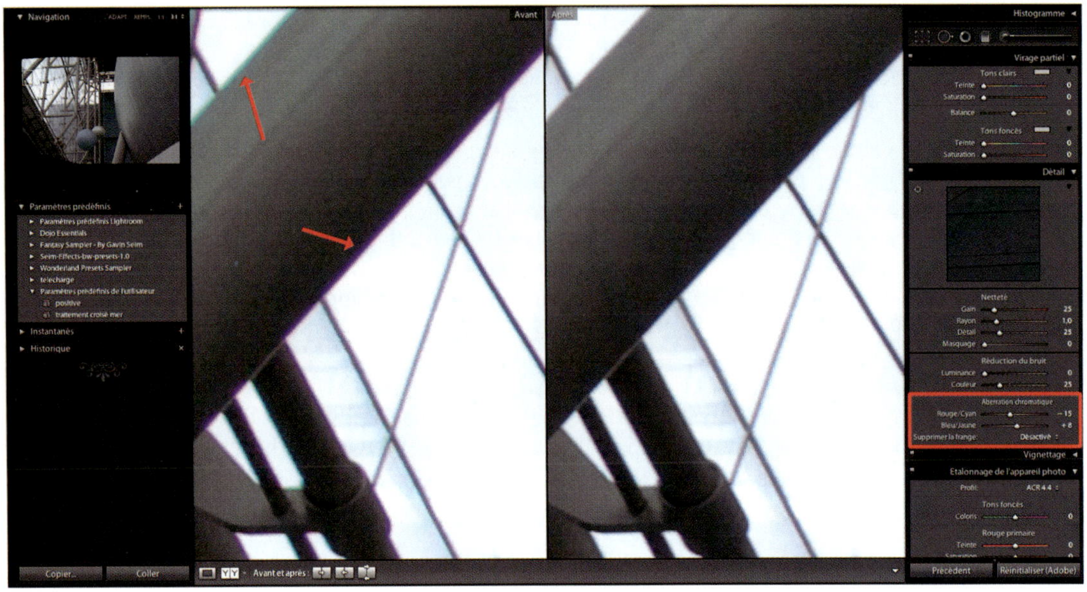

Figure 5.29 – Nous avons réduit les franges colorées dues à l'aberration chromatique dans le panneau Détail.

- ✓ Ajustez ensuite le curseur **Bleu/Jaune** pour faire disparaître le bleu ou le jaune qui pourrait subsister. Si vous avez bien ajusté le rouge-cyan, il est normalement inutile de réappuyer sur la touche Alt.
- ✓ N'oubliez pas de remonter le **Gain** si nécessaire au risque de faire réapparaître légèrement les franges colorées.

Sous les curseurs à droite de **Supprimer la frange** se trouve un menu déroulant présentant deux modes de suppression automatique des franges de couleur magenta appelées « purple fringing » entourant les zones foncées dans les très hautes lumières, par exemple des branches d'arbre sur un ciel très clair.

Ce phénomène serait plutôt lié au capteur, mais peut venir se rajouter à l'aberration chromatique. Cette correction peut donc venir en complément d'une correction manuelle de l'aberration chromatique.

Essayez **Eclaircir les contours** si celui-ci n'est pas suffisant, puis essayez **Tous les contours**. Si vous constatez l'apparition de pourtours désaturés, revenez à **Eclaircir les contours**.

Panneau Vignettage

D'où provient le vignettage ?

Le vignettage provoque une diminution de l'éclairement à la périphérie par rapport au centre. Il s'observe surtout avec les objectifs réglés à pleine ouverture du diaphragme et avec les zooms aux focales les plus courtes. Le vignettage se traduit par un obscurcissement plus ou moins perceptible des bords ou des angles de l'image. Il est surtout visible sur un ciel bleu ou un fond très clair.

Pour corriger le vignettage, allez dans la section **Correction de l'objectif** :

- En poussant le curseur **Quantité** vers la droite, on corrige le vignettage en éclaircissant de plus en plus les bords. En le poussant vers la gauche, nous créons un vignettage artificiel en assombrissant les bords.
- Ce curseur règle le diamètre de la correction. Si le vignettage est limité aux coins, poussez le curseur **Milieu** vers la droite. Si le vignettage s'étend vers le centre, poussez ce curseur vers la gauche.

Ces réglages ne s'appliquent que si la photo n'est pas recadrée.

Figure 5.30 – Les options de vignettage permettent de donner des effets de cadrage à vos photos.

La section **Après recadrage**, qui est une nouveauté dans Lightroom 2, nous propose normalement de corriger des photos après recadrage. Mais nous ne comprenons pas pourquoi il n'est alors pas possible de déplacer le centre de correction du vignettage. Il est à notre avis préférable de faire les corrections avant cadrage et de cadrer ensuite. Les réglages que nous trouvons ici sont plutôt destinés à donner des effets de cadrage à vos photos (voir figure 5.30). Pour bien voir les effets des curseurs commencez par pousser vers la gauche (valeur 0) le curseur Contour progressif :

- ✓ Le curseur **Gain** poussé vers la droite rajoute du blanc de plus en plus opaque sur les coins, poussé vers la gauche, il rajoute du noir de plus en plus opaque sur les coins. Vous corrigerez le vignettage en éclaircissant de plus en plus les bords.
- ✓ Le curseur **Milieu** poussé vers la droite augmente la partie centrale de l'image non modifiée, poussé vers la gauche il réduit la partie centrale de l'image non modifiée. Pour bien observer l'effet, mettez le **Gain** sur 100 ou 0, tout en laissant Contour progressif sur 0.
- ✓ Le curseur **Arrondi** réglé sur la valeur 0 donne une forme elliptique à la partie centrale. Poussé vers la droite, il arrondit la forme, et poussé vers la gauche, il donne une forme rectangulaire de plus en plus grande avec des bords arrondis. Si vous avez recadré la photo en lui donnant une forme carrée, vous obtenez un cercle et non une ellipse.
- ✓ Le curseur **Contour progressif** que nous avons pour l'instant laissé à 0 donnera un pourtour dégradé à toutes les formes que nous avons pu observer. Avec un gain sur des valeurs négatives, vous pourrez créer un vignettage artificiel.

Panneau Etalonnage de l'appareil photo

Il y a en fait dans ce Panneau deux fonctions qui permettent de modifier le rendu des photos, l'utilisation de profils réalisés par Adobe et la possibilité de créer votre propre profil. Ce sont des fonctions qu'il faut utiliser avant tout autre réglage.

Utiliser un profil de rendu

Dans le menu déroulant Profil, vous avez la possibilité de choisir différentes options de rendu ou plus simplement différentes manières de développer votre fichier Raw. Pour traduire les données brutes d'un appareil photo, Lightroom utilise le même moteur de développement que Camera Raw.

C'est ce rendu que vous trouvez dans le menu déroulant sous le nom de ACR 4.4 ou une plus ancienne version qui est la version de ACR dans laquelle a été intégré pour la première fois votre appareil photo.

Mais il existe aussi des profils créés par Adobe et qui devraient permettre à certains utilisateurs qui aiment bien les fonctions de rendu de leur appareil photo de les retrouver dans ce menu. Ces profils ne sont pas disponibles pour toutes les marques et doivent être téléchargés sur le site d'Adobe pour être présents dans Lightroom.

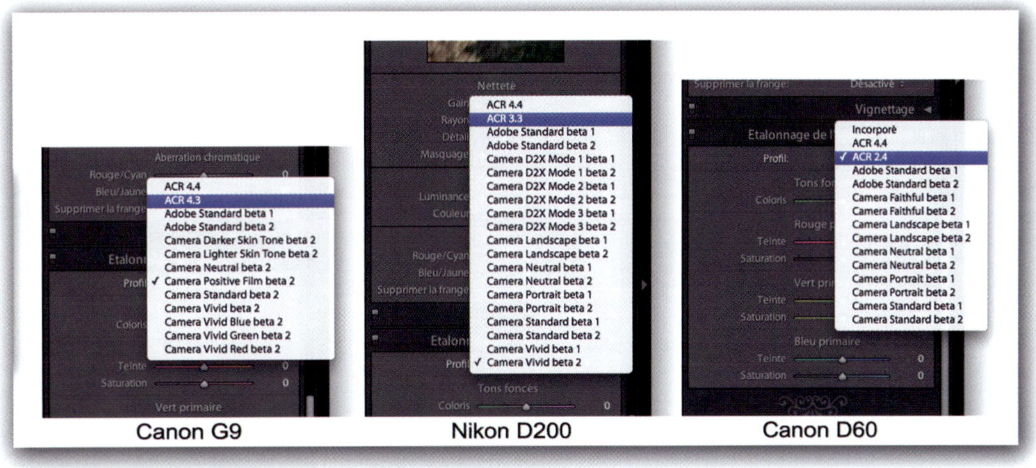

Figure 5.31 – Les différents rendus proposés par Lightroom, pour le Canon G9, le Nikon D200 et le Canon D60.

Une fois installé, vous serez en mesure de les utiliser. Vous pourrez également les enregistrer comme paramètre par défaut (voir ci-dessous), ou comme paramètre prédéfini (voir page 200).

Sur cette page Web : http://labs.adobe.com/wiki/index.php/DNG_Profiles, vous pouvez accéder au chapitre Downloads and Installation au téléchargement des profils de Camera, mais également à l'éditeur de profil DNG.

Créer un profil

Créer un profil est une opération plutôt complexe. Vous pouvez bien sûr décider dans ce panneau de modifier la balance de couleur et la Teinte et la Saturation de chaque couleur primaire à partir de ce que vous examinez sur une image. Mais il y a aucune chance que vous puissiez appliquer avec succès ces résultats sur toutes les images que vous importerez.

Plusieurs procédures sont possibles pour éditer un profil et notamment celles proposées par Adobe grâce à l'éditeur de profil DNG.

Vous modifierez un profil existant en modifiant une image contenant ce profil, autrement dit la procédure que nous avons déconseillée auparavant, mais là vous le ferez à travers l'éditeur qui extrapolera à partir des modifications réalisées. Et vous pourrez également créer un profil à partir d'une charte.

Toute la procédure est développée sur le site d'Adobe en anglais pour l'instant, à l'adresse suivante : http://labs.adobe.com/wiki/index.php/DNG_Profiles:Editor

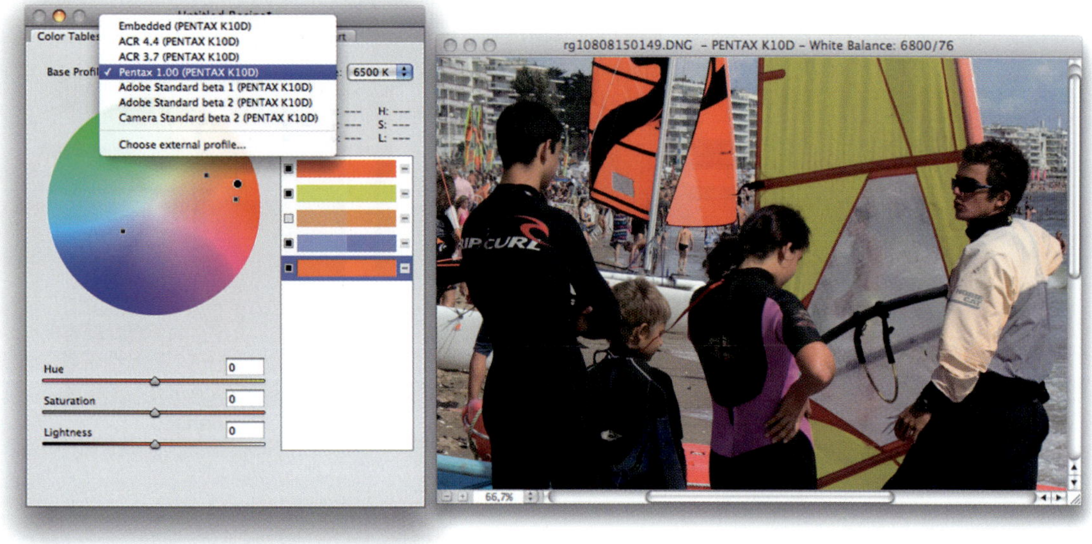

Figure 5.32 – Étalonnage de l'appareil photo, à l'aide de DNG Profile Editor.

Boutons Précèdent, Réinitialiser & Synchroniser

En bas des panneaux de droite du module **Développement** se trouvent deux boutons.

- ✓ Le bouton **Précédent** applique sur la photo sélectionnée les réglages réalisés sur la photo sélectionnée précédemment.
- ✓ Le bouton **Réinitialiser** permet de remettre à zéro tous les réglages des panneaux de droite en un seul clic.
- ✓ Si vous avez sélectionné plusieurs photos dans le **Film Fixe**, le bouton **Précédent** devient **Synchroniser…** En cliquant sur ce bouton, vous obtenez une fenêtre contenant les différents paramètres qui peuvent être appliqués à une photo. Vous pouvez choisir d'appliquer certains ou tous les paramètres de la photo active à toutes les photos sélectionnées dans le film fixe.

✓ En appuyant sur la touche Alt, la touche **Réinitialiser** devient **Définir par défaut** ce qui vous permet de définir quels paramètres de rendu vous appliquerez à tous les fichiers Raw présentant les mêmes caractéristiques que celui sur lesquels vous avez fait vos réglages. Ces paramètres ne seront appliqués qu'au Raw provenant d'appareils de cette catégorie. Vous pouvez même restreindre cette application à cet appareil ou même à cet appareil utilisé avec cette sensibilité ISO en cochant dans le menu **Préférences/Paramètres prédéfinis** les cases **Valeurs Par défaut spécifiques au numéro de série de l'appareil photo** ou **Valeurs par défaut spécifiques au paramètre ISO de l'appareil photo**.

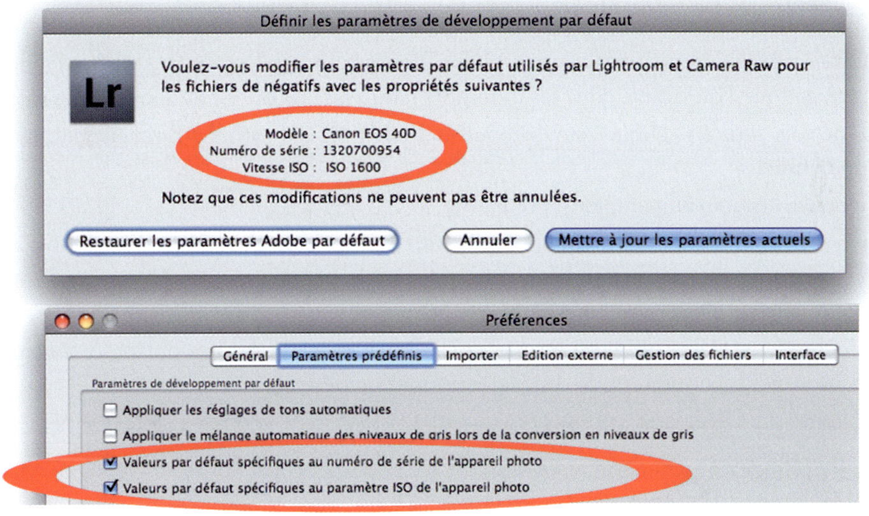

Figure 5.33 – Ici nous avons choisi de changer les paramètres appliqués par défaut pour toutes les photos prises avec un Canon EOS 40D à 1600 ISO. Pour spécifier la sensibilité et le numéro de série, il faut cocher les cases dans les préférences.

Panneaux de gauche

Comme nous l'avons vu pour le module **Bibliothèque**, les panneaux de gauche sont plutôt là pour la gestion, et ceux de droite pour les modifications. C'est encore un peu le cas ici. Nous passerons sur le panneau **Navigation** vu dans le chapitre précédent.

Panneau Paramètres prédéfinis

Dans ce panneau, Lightroom propose des réglages préenregistrés permettant des modifications. Ce sont les mêmes que ceux du panneau **Développement Rapide**, dans le module **Bibliothèque** (voir page 99). Vous pouvez également en créer vous-même, ou en importer.

Vous pouvez trouver sur le Web des paramètres prédéfinis à télécharger. Certains sont gratuits.

Comme la plupart des panneaux de gauche, Paramètres prédéfinis dispose à droite de son nom d'un bouton **Plus (+)** qui permet de créer des nouveaux paramètres prédéfinis de développement susceptibles d'être appliqués à d'autres photos.

1. Choisissez une photo et faites vos modifications pour améliorer son aspect à l'aide des différents réglages que l'on trouve dans les différents panneaux de droite du module développement.
2. Une fois satisfait, cliquez sur le bouton **Plus (+)** à droite du nom du panneau **Paramètres prédéfinis**.
3. Donnez un nom au paramètre prédéfini.
4. Choisissez le dossier dans lequel vous voulez l'enregistrer. **Paramètres prédéfinis de l'utilisateur** vous est proposé par défaut. Mais vous pouvez choisir de créer un **Nouveau dossier** en le nommant, afin de classer vos paramètres prédéfinis.
5. Cochez les réglages qui vous intéressent. Vous n'êtes en effet pas obligé de tout enregistrer. Des boutons vous permettent de tout sélectionner ou désélectionner en un clic.
6. Cliquez sur **Créer** et le paramètre s'ajoute à la liste dans le dossier sélectionné.

Pour supprimer un paramètre, sélectionnez-le d'un clic puis cliquez sur le signe **Moins (–)**. Vous pouvez aussi faire un clic droit (**Ctrl + clic** sur Mac) et choisir **Supprimer**.

Pour organiser vos paramètres, vous pouvez faire un clic droit (**Ctrl + clic** sur Mac) sur un des dossiers, choisir **Nouveau dossier**, le nommer et glisser sur celui-ci tous les paramètres prédéfinis que vous trouvez dans les autres dossiers. Il n'est pas forcément nécessaire d'appliquer un paramètre pour voir le rendu, il suffit de survoler un des paramètres, pour voir l'aperçu dans le panneau de **Navigation** juste au-dessus.

Notez qu'un Paramètre prédéfini n'est pas figé : vous pouvez le modifier. Pour cela, ajoutez quelques réglages à votre photo et faites un clic droit (**Ctrl + clic** sur Mac) sur un des instantanés que vous souhaitez mettre à jour et choisissez **Mettre à jour avec les paramètres actuels**. Vous ne pouvez pas modifier un des Paramètres prédéfinis Lightroom.

Figure 5.34 – En survolant le paramètre prédéfini « Fort contraste noir et blanc » nous voyons le rendu dans l'aperçu, alors que dans le panneau central la photo reste inchangée.

Ces paramètres étant enregistrés comme de simples fichiers, vous pouvez les récupérer d'un ordinateur à un autre. Pour cela, choisissez **Afficher dans le Finder/l'Explorateur** et il ne vous reste plus qu'à les copier et les coller sur un autre poste de travail, dans le même dossier.

Panneau Instantanés

Le panneau suivant vous permet d'enregistrer une étape précise de votre travail de correction pour pouvoir y revenir à tout moment. Cela peut être utile si vous effacez votre historique ou si vous voulez comparer deux étapes rapidement. Par défaut, vous trouvez un instantané qui correspond à votre image au moment de son importation. Pour créer un autre instantané, il faut que vous ayez réalisé au moins un réglage sur votre photo. Choisissez une de vos photos dans le **Film Fixe** puis appliquez-lui quelques réglages. Ces réglages s'ajoutent à l'historique que nous verrons juste après. Lorsque vous arrivez à un point des réglages que vous souhaitez mémoriser (pour pouvoir y revenir en cas d'erreur), cliquez sur le bouton **Plus** (+) à droite du nom du panneau **Instantané**. Un nouvel instantané se crée et vous n'avez plus qu'à le nommer.

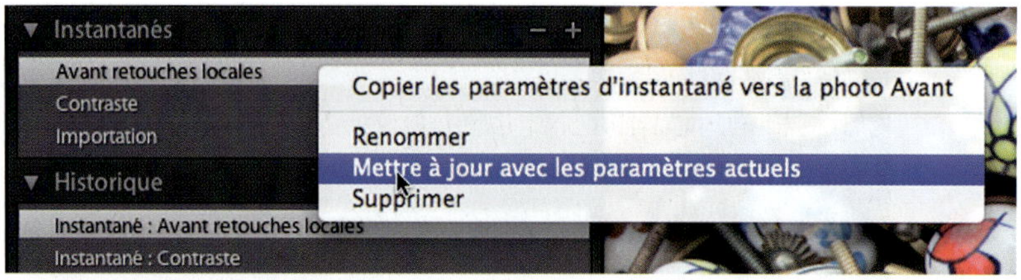

Figure 5.35 – Création d'un instantané et la possibilité de mise à jour.

Un simple survol de chaque instantané affiche un aperçu immédiat dans le panneau **Navigation**, de la même façon que les paramètres prédéfinis. Il est possible de supprimer un instantané en le sélectionnant puis en cliquant sur le bouton **Moins** (-), ou bien en faisant un clic droit (**Ctrl + clic** sur Mac) sur le nom et en choisissant **Supprimer**.

Vous pouvez également mettre à jour un paramètre prédéfini : ajoutez quelques réglages à votre photo et faites un clic droit (**Ctrl + clic** sur Mac) sur un des instantanés que vous souhaitez mettre à jour et choisissez **Mettre à jour avec les paramètres actuels**. Les instantanés sont gardés en mémoire dans le catalogue. Si vous quittez l'application, vous les retrouverez à la prochaine ouverture de Lightroom.

Panneau Historique

Le panneau **Historique** mémorise de façon linéaire les modifications apportées à vos photos. À chaque clic sur une fonction, un nouvel état d'historique s'ajoute. Non seulement le nom de la fonction utilisée s'affiche mais, à sa droite, s'inscrivent la valeur de la modification et la valeur du réglage choisi. Par exemple, si vous modifiez la luminosité de 82 à 76, s'affichera –6 et 76.

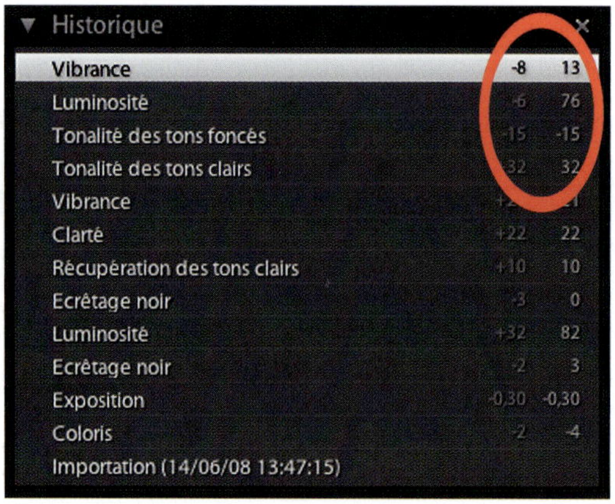

Figure 5.36 – L'historique mémorise tous vos réglages, ainsi que les valeurs des modifications.

En revanche, nous avons vu que le **Ctrl/Cmd + Z** qui permet d'annuler une action, mémorise aussi les changements de module. Ces actions n'apparaissent pas dans l'historique, mais dans le menu **Edition**. Aussi, si vous faites un changement de module puis un réglage, un **Ctrl/Cmd + Z** annulera d'abord le réglage. Un nouveau **Ctrl/Cmd + Z** annulera le changement de module**.**

L'historique mémorise les réglages. Les flèches à gauche du **Film Fixe** ne mémorisent que les changements de modules. Un clic sur un état d'historique vous ramène en arrière dans vos actions et rétablit les réglages de votre photo comme ils étaient à cet instant. Un nouveau réglage à partir de cet état efface les réglages qui sont au-dessus. N'oubliez pas de créer un instantané si vous voulez garder un de ces états avant de faire un nouveau réglage. Vous pouvez le réaliser en faisant un clic droit (**Ctrl + clic** sur Mac) sur un état d'historique.

En revanche, pas question de supprimer un seul état d'historique. La fonction **Tout effacer (X)** à droite du nom du panneau effacera tout l'historique en conservant dans la fenêtre le dernier état.

Bouton Copier/Coller

Tout en bas des panneaux de gauche, vous trouverez deux boutons **Copier** et **Coller**. Ils permettent de copier des réglages d'une photo sur une autre très rapidement. Les réglages que vous avez copiés restent actifs jusqu'à la fermeture du catalogue. Cette fonction peut remplacer la fonction Synchroniser des panneaux de droite, lorsque par exemple vos photos n'appartiennent pas au même dossier ou à la même collection. Utilisez-la également s'il est trop difficile de choisir dans le Film fixe, un ensemble d'images pour les Synchroniser.

La barre d'outils

Le module **Développement** possède de nombreux outils, que nous avons déjà vus dans le module **Bibliothèque** (voir page 127). Nous allons voir l'outil Avant/Après et le Zoom qui sont spécifiques à ce module. Pour les afficher, cliquez sur la flèche à droite de la barre d'outils et sélectionnez-les.

Comparaison d'une image avant/après

Dans le module **Bibliothèque,** nous avons vu que vous pouvez comparer les photos les unes aux autres, deux à deux ou plus. Ici, la comparaison des photos se fait en mode Avant/Après, sur la même photo. Vous pouvez ainsi comparer la photo avec les réglages réalisés et la photo originale, mais également avec les réglages d'une étape précédente.

Avant/Après Gauche/Droite

Nous allons vous proposer ici quelques exemples d'utilisation de cette fonction afin que vous puissiez comprendre tout le bénéfice que vous pourrez en tirer :

1. Commencez à faire quelques réglages par exemple dans le panneau Réglages de Base.
2. Cliquez sur la deuxième icône **Alterner entre les modes Avant et Après (YY)** dans la barre d'outils. Votre image s'affiche alors en double. À gauche, **Avant** est votre image avant tout réglage, celle que vous aviez à l'importation. À droite, **Après** est votre image après les quelques réglages que vous venez de réaliser.
3. En cliquant sur une image, vous agrandissez les deux aperçus à la même taille, celle choisie dans le panneau Navigation. Vous les déplacez grâce à l'outil Main de manière identique, pour pouvoir comparer les mêmes zones. Recliquez et vous les retrouvez au zoom **Adapt.** ou **Rempl.** selon ce que vous avez choisi dans le panneau Navigation. (voir page 74).

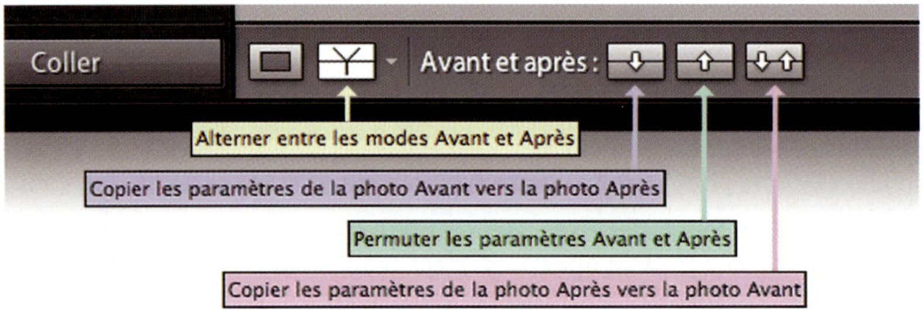

Figure 5.37 – Dans le mode Avant/Après vous pouvez modifier ce que vous affichez.

4. Vous allez maintenant continuer vos réglages en restant en mode comparaison, mais plusieurs possibilités s'offrent à vous dans les réglages Avant et Après. Choisissez en cliquant sur les icônes correspondantes :
   - **Copier les paramètres de la photo Avant vers la photo Après**, si vous n'êtes pas du tout satisfait de vos réglages et que vous voulez recommencer en retrouvant votre photo d'origine. Notez bien que cette étape dont vous ne voulez plus est néanmoins enregistrée dans l'historique et que vous pouvez même l'enregistrer en tant qu'instantané.
   - **Copier les paramètres de la photo Après vers la photo Avant**, si vous êtes satisfait de vos réglages et que vous pensez partir de cette étape avec ces nouveaux réglages pour poursuivre d'autres réglages, par exemple des corrections locales grâce au pinceau Réglage.
   - **Permuter les paramètres Avant et Après**, si vous doutez de ces nouveaux réglages. Vous voudriez bien garder ces nouveaux réglages comme base de comparaison, mais vous voulez recommencer de nouveaux réglages en repartant de l'étape que vous aviez réalisée auparavant. Faites un autre type de réglages avec le pinceau Réglage par exemple.

- Choisissez maintenant si vous préférez **Avant** ou **Après** et poursuivez vos réglages en faisant passer dans la fenêtre de droite la correction que vous préférez.

Vous pouvez créer des copies virtuelles à partir de ces aperçus. Il suffit de faire un clic droit (**Ctrl + clic** sur Mac) sur la photo de gauche ou de droite et de choisir **Créer une copie virtuelle**. Vous travaillerez alors sur la copie virtuelle, l'original n'est plus modifié.

Division Avant/Après Gauche/Droite

Par défaut, c'est le mode **Avant/Après Gauche/Droite** qui est sélectionné. Il permet de comparer simplement une photo en plaçant l'original à gauche et en permettant la modification de la version de droite. En cliquant sur le menu déroulant du mode comparaison **Avant/Après** dans la barre d'outils, vous disposez de trois autres options. Parmi elles, **Division Avant/Après Gauche/Droite**. Ce mode coupe votre photo en deux et vous pouvez la travailler comme dans le mode précédent, sauf que vous ferez la comparaison avec la partie complémentaire de votre image et vous ne pourrez pas comparer des zones équivalentes.

Figure 5.38 – Les différents modes de comparaison en cliquant sur la flèche orientée vers le bas. Nous avons choisi Division Avant/Après Haut/Bas.

Haut/Bas

Les mêmes modes de comparaison sont disponibles en version **Haut/Bas**. Choisissez en fonction du format de votre photo. Il sera plus facile de comparer une photo à l'italienne avec le mode **Haut/Bas**.

Outil Zoom

Dans le module **Développement**, vous disposez en bas de l'écran, dans la barre d'outils, d'un curseur de zoom, qui vous évite d'aller dans le panneau **Navigation**. Les niveaux de Zoom s'affichent sur la droite et sont identiques à ceux que vous pouvez trouver dans le panneau Navigation.

Le panneau central

L'aperçu du panneau central du module **Développement** sert à voir les modifications que vous apportez à votre photo avec les commandes du panneau de droite. Vous l'utilisez directement quand vous utilisez les outils Recadrage, Suppression des tons directs, Yeux rouges, Filtre gradué ou Pinceau réglage.

Vous avez cependant des options qui vous permettent de modifier la présentation de l'aperçu que nous trouvons dans les commandes Transformation et Options d'affichage.

Transformation

Faites un clic droit (**Ctrl + clic** sur Mac) sur une photo dans le Panneau central et rendez-vous dans le sous-menu **Transformation**.

- ✓ Choisissez **Rotation antihoraire** pour faire pivoter la photo à l'inverse du sens des aiguilles d'une montre. Choisissez **Rotation horaire** pour faire tourner la photo dans le sens des aiguilles d'une montre.
- ✓ Choisissez **Symétrie axe horizontal** pour faire une symétrie de votre photo comme si un miroir était placé à sa droite.
- ✓ Choisissez **Symétrie axe vertical** pour faire une symétrie de votre photo comme si un miroir était placé sous votre photo. Une fois les symétries effectuées, si vous choisissez à nouveau les options de symétrie, les miroirs seront placés respectivement à gauche et au-dessus de la photo. Cette action peut être annulée à l'aide du **Ctrl/Cmd + Z**.

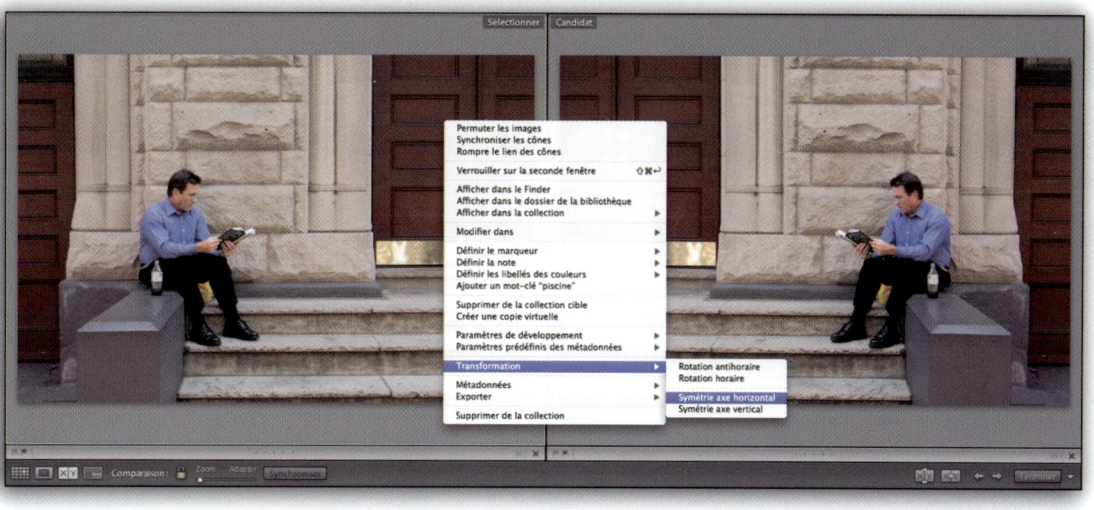

Figure 5.39 – Dans le mode comparaison du module Bibliothèque nous avons fait un clic droit sur l'image et choisi Transformation/Symétrie axe horizontal.

Options d'affichage

Dans le menu Affichage se trouvent les **Options d'affichage** du module **Développement**. Vous disposez ici des mêmes options que pour le mode Loupe du module **Bibliothèque**. Reportez-vous au chapitre précédent pour plus de détails (voir page 140).

6

Diaporama

À l'origine, le diaporama était un spectacle de projection de diapositives sur un ou plusieurs écrans, parfois sonorisé. Le diaporama est aujourd'hui numérique, l'écran de projection a été remplacé par l'écran de l'ordinateur, mais c'est encore une manière pour les photographes de présenter leur travail.

Grâce à Lightroom, la création d'un diaporama est très simple. Il y a trois façons de générer des diaporamas dans Lightroom. La première façon est le diaporama **Impromptu** (voir page 226), qui peut être lancé depuis la barre d'outils dans n'importe quel module de Lightroom. La seconde est le diaporama paramétré, lu dans le module Développement de Lightroom. Et la dernière méthode consiste à exporter ces diaporamas au format PDF pour les lire depuis n'importe quel ordinateur, sans avoir besoin de Lightroom.

Avant de passer dans le module **Diaporama**, vous allez devoir sélectionner vos photos. Il faut sélectionner et afficher les photos à utiliser dans le diaporama dans le mode **Grille**. Si vos photos sont dans des dossiers différents, le meilleur moyen est de créer dans le panneau Collection du module Bibliothèque une collection (voir page 82) avec votre sélection de photos, car vous retrouverez ce panneau dans le module Diaporama. Après avoir créé une collection, ouvrez le module **Diaporama**, et sélectionnez dans le Groupe de panneaux de gauche la collection que vous avez créée.

Pour définir l'ordre de lecture des photos dans le diaporama, il suffit d'utiliser le **Film Fixe**. Cliquez sur une photo et déplacez-la où vous voulez dans le **Film Fixe**. Elles seront lues dans cet ordre, à moins de choisir l'option aléatoire dans les réglages que nous allons voir. Vous ne pourrez pas modifier l'ordre de présentation dans le film fixe si vous avez choisi une collection dynamique pour faire votre diaporama. L'ordre de tri sera celui choisi dans la barre d'outils du module Bibliothèque.

Figure 6.1 – Dans le film fixe, nous avons cliqué sur la deuxième photo pour la déplacer après la troisième. Nous remarquons la petite image et le trait vertical plus épais qui indique la place que la photo va occuper.

Il est également possible, si on a sélectionné un grand nombre de photos et qu'on désire en voir simultanément le plus possible, de les trier en mode Grille. Cliquez sur la touche **G**, puis sur **Maj + Tab** pour masquer tous les panneaux et offrir le maximum de surface à la grille. Vous pouvez encore modifier la taille des vignettes dans la barre des outils et appuyez successivement sur la touche **J** pour modifier l'aspect des cellules. Revenez au module Diaporama par le raccourci **Ctrl/Cmd + Alt + 3**.

Panneaux de gauche

Les panneaux de gauche du module **Diaporama** sont beaucoup moins nombreux que dans les deux premiers modules. Ici, vous disposez juste d'un aperçu, de modèles prédéfinis et d'un panneau collections.

Panneau Aperçu et Panneau Collections

Remplaçant le panneau Navigation, le panneau **Aperçu** vous montre à quoi va ressembler votre diaporama. Le survol d'un modèle, juste sous le panneau **Aperçu**, vous donnera une idée de la mise en page. De même qu'un survol des différentes collections dans le panneau Collection vous montrera la première photo de chaque collection.

Le panneau **Collections** est identique à celui que l'on trouve dans le module Bibliothèque et Web. Mais il n'est pas possible de créer ici de nouvelles collections, comme dans le module Bibliothèque où l'on a accès à toutes les photos et à tous les dossiers (voir page 82).

Dans le module Diaporama, on peut en revanche sélectionner l'une ou l'autre collection pour créer des diaporamas.

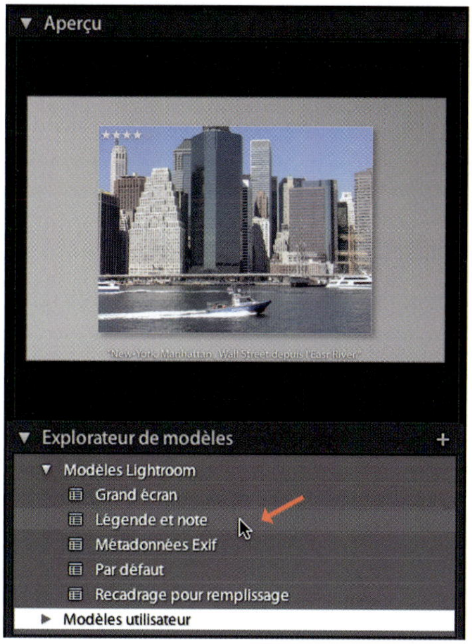

Figure 6.2 – Nous pouvons voir dans la fenêtre de l'aperçu le modèle « Légende et note » sans le sélectionner, par un simple survol dans le panneau Explorateur de modèles.

Panneau Explorateur de modèles

L'explorateur de modèles contient des modèles Lightroom pour vos diaporamas. Cela vous permet de créer rapidement un diaporama.

- ✓ **Grand Ecran** propose l'image entière avec un fond noir, sans aucune information.
- ✓ **Légende et note** affiche les photos entières avec leur légende et leur note sur un fond gris.
- ✓ **Métadonnées Exif** affiche la photo sur fond noir avec votre plaque d'identité, le nom du créateur et quelques infos Exif.
- ✓ **Par défaut** affiche la photo avec la plaque d'identité et en bas le nom de la photo.
- ✓ **Recadrage**, comme le mode remplissage du panneau Navigation, affiche l'image en plein écran, quitte à la recadrer pour qu'il n'y ait aucun espace vide.

Ces modèles peuvent bien sûr être modifiés à l'aide de tous les réglages que vous pouvez trouver dans les différents panneaux de droite et que nous examinerons un peu plus loin. Après avoir réalisé ces modifications, vous devez l'enregistrer comme Modèle utilisateur en cliquant sur le signe **Plus (+)** à droite du nom du panneau.

Vous pourrez, en cas de modifications supplémentaires, mettre à jour ce modèle utilisateur en faisant un clic droit (**Ctrl + clic** sur Mac) sur son nom et en choisissant **Mettre à jour avec les paramètres actuels**.

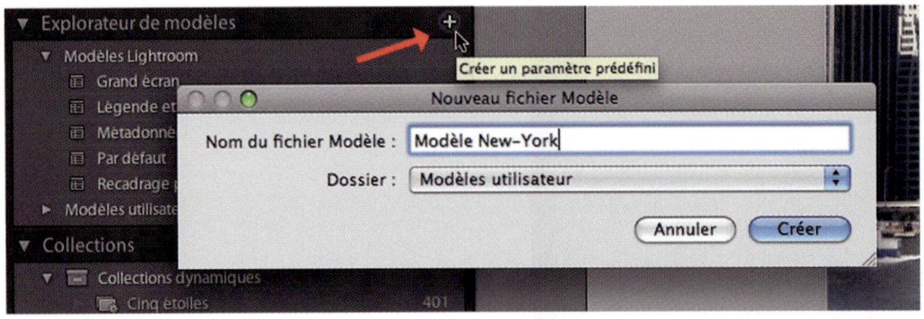

Figure 6.3 - Cliquez sur le bouton Plus pour créer un nouveau modèle.

Si vous souhaitez supprimer un des modèles, sélectionnez-le et cliquez sur le bouton **Moins (-)** à droite du nom du panneau. Vous pouvez également faire un clic droit (**Ctrl + clic** sur Mac) sur le modèle choisi et cliquer sur **Supprimer** dans le menu contextuel.

Ces modèles ont l'avantage de s'enregistrer sous la forme de fichiers que vous pouvez passer d'un poste de travail à l'autre. Faites un clic droit (**Ctrl + clic** sur Mac) dans les modèles et choisissez **Afficher dans le Finder/l'Explorateur**. Un dossier s'ouvre, contenant les modèles de diaporamas (si vous les avez affichés, l'extension est **.lrtemplate**). Il suffit de le replacer dans le même dossier sur un autre ordinateur pour que le modèle apparaisse dans le panneau **Explorateur de modèles**. Vous pouvez aussi choisir directement l'option **Exporter** ou **Importer par un clic droit**.

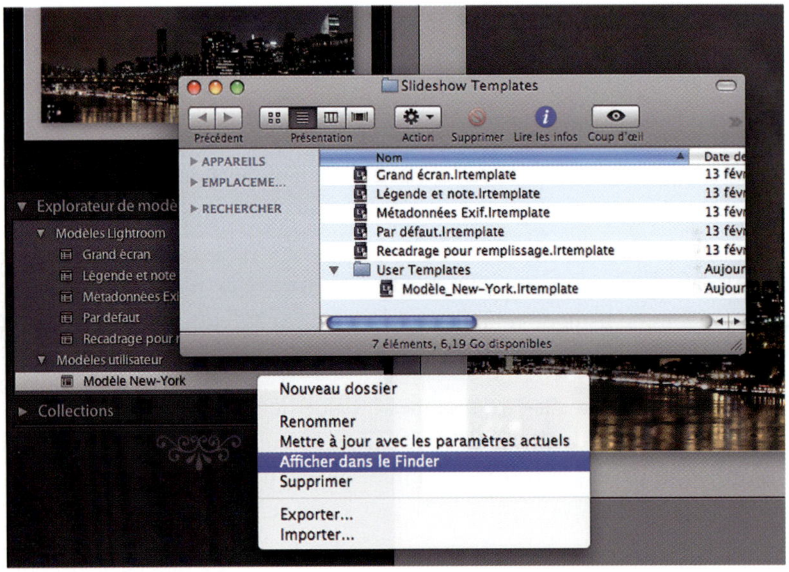

Figure 6.4 – Les paramètres prédéfinis sont enregistrés sous forme de fichiers dans le dossier « Slideshow templates ».

Panneaux de droite

Panneau Options

Dans ce panneau, vous choisirez des options concernant la présentation de la photo.

Zoom pour remplir l'image

En cochant cette case, Lightroom va agrandir la photo pour remplir l'écran. Ce n'est pas une bonne option si votre diaporama contient des photos verticales, car elles seront alors recadrées. Les photos horizontales peuvent également être recadrées si elles ne sont pas dans le même rapport de proportion que l'écran à moins que vous n'ayez déterminé des marges dans le panneau Disposition qui permettent un affichage sans perte.

Contour du cadre

En cochant cette case, vous créez un cadre autour de la photo et pouvez définir l'**Epaisseur** du cadre en pixels en bougeant le curseur. Vous pouvez définir la couleur du cadre et créer votre propre nuancier en cliquant sur le petit rectangle. La fenêtre de sélection de couleurs est légèrement différente de celles que nous avons pu voir dans le module Développement avec les retouches locales (voir page 185).

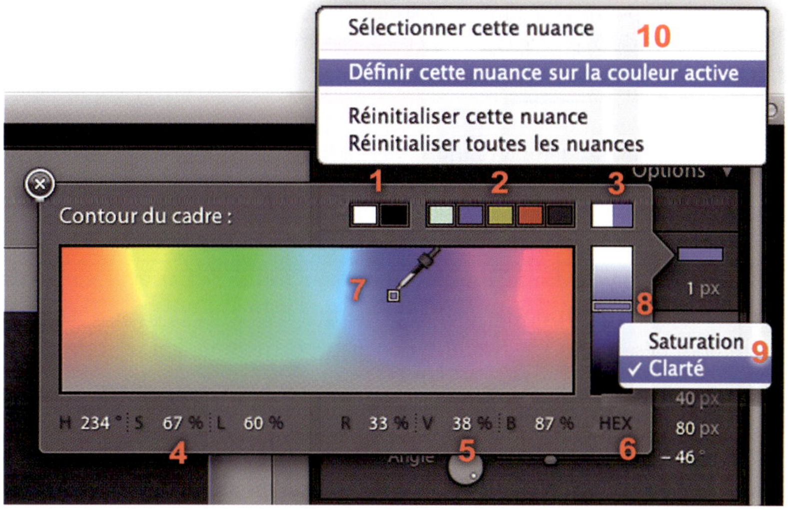

Figure 6.5 – La fenêtre de sélection des couleurs.

Dans la partie supérieure de la fenêtre de sélection de couleurs :

- ✓ Les deux premiers petits rectangles (1) permettent de choisir la couleur Blanc ou Noir.
- ✓ Les cinq rectangles (2) suivants permettent de mémoriser des couleurs en faisant un clic droit (10) et en choisissant **Définir cette nuance sur la couleur active**. Vous pouvez créer ainsi votre propre nuancier que vous retrouverez également dans les modules Web et Impression.
- ✓ Le grand rectangle à droite (3) comporte une partie gauche qui affiche la dernière couleur utilisée, et une partie droite qui affiche la couleur active (c'est-à-dire celle que vous êtes en train de sélectionner). En cliquant sur la partie droite, vous pouvez ouvrir le sélecteur du système si vous trouvez celui-ci plus facile à utiliser.

Dans la partie inférieure, vous pouvez lire les valeurs de la couleur active dans trois modèles de représentation des couleurs :

- ✓ **HSL** : (4) *Hue* en anglais se traduit par teinte, S comme saturation, L comme luminosité (voir page 183).
- ✓ **RVB** : (5) rouge, vert, bleu avec des valeurs de 0 à 100 % (voir page 161).
- ✓ **HEX** (6) comme hexadécimales. En cliquant dessus, vous remplacerez les valeurs RVB par les valeurs hexadécimales que l'on a l'habitude d'utiliser pour désigner les couleurs dans les sites Web.

Les couleurs dans le système hexadécimal

Le système hexadécimal est un système de numération en base 16 nombres, qui utilise les dix chiffres arabes pour les dix premiers chiffres et les six lettres de A à F pour les six suivants. Dans ces nombres à six caractères, les deux premiers désignent la valeur du rouge, les deux suivants, la valeur du vert et les deux derniers, la valeur du bleu.

Dans la partie médiane, les deux rectangles permettent de choisir la couleur active :

- ✓ Dans le grand rectangle, on trouve un petit carré (7) que l'on peut déplacer de gauche à droite pour modifier la teinte et de haut en bas pour modifier la luminosité.
- ✓ Dans le petit rectangle à droite, un curseur (8) sous forme de barrette permet de faire varier la saturation. La barrette positionnée en bas ne permet d'afficher et de sélectionner que des couleurs complètement désaturées, c'est-à-dire des valeurs de noir, de blanc et de gris neutre.

Un clic droit (**Ctrl + clic** sur Mac) dans ce dernier rectangle permet d'inverser l'affichage des valeurs entre la saturation et la clarté (9), autrement dit la luminosité.

Le déplacement de haut en bas dans le grand rectangle modifie alors la saturation et la barrette du petit rectangle la luminosité.

Ombre portée

En cochant cette case, vous pouvez créer une ombre donnant l'impression que vos photos sont décollées du fond. L'ombre portée est forcément noire, et si vous ne choisissez pas une couleur de fond différente, elle ne sera pas visible. Elle n'apparaîtra pas non plus si vous avez coché la case **Zoom**.

- ✓ Le curseur **Opacité** définit la transparence de l'ombre.
- ✓ **Translation** règle son décalage. Plus la valeur en pixels est élevée, plus l'ombre est importante.
- ✓ **Rayon** pour une valeur de 0 px donne une ombre dont les contours sont nets et deviennent de plus en plus flous en poussant le curseur vers la droite.
- ✓ **Angle** définit la provenance de la source de lumière et, en conséquence, la position de l'ombre.

Figure 6.6 – Sur cette diapositive, nous avons ajouté dans le panneau « Options » une ombre portée (rouge), nous avons affiché les repères dans le panneau « Disposition » (vert), et nous avons choisi une plaque d'identité dans le panneau « Incrustations » (bleu).

Panneau Disposition

Ce panneau va permettre de déterminer la taille en pixels des marges autour des photos, indiquées à droite des curseurs. En cochant la case **Afficher les repères**, vous apercevez des lignes qui montrent le positionnement des marges.

Vous modifiez la taille des marges **Gauche, Droite, De tête, De pied** de manière identique si le petit carré à gauche de **Tout lier** est blanc. Pour les régler indépendamment l'une de l'autre, il faut cliquer sur le petit carré à gauche de **Tout lier**. Il est possible de lier par exemple Droite et De tête et de décentrer la photo vers la droite et le bas.

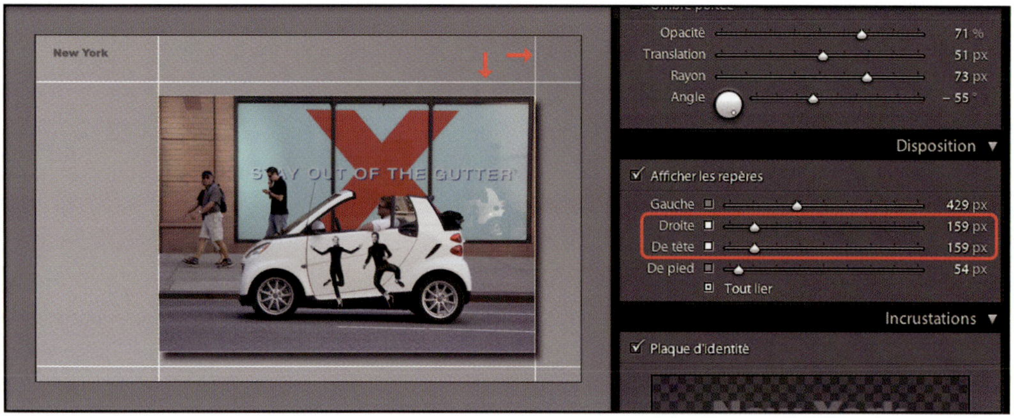

Figure 6.7 – Nous avons cliqué dans les carrés des repères « Droite » et « De tête », qui sont blancs. La taille de ces marges est identique.

Les carrés blancs indiquent quelles sont les marges qui sont liées entre elles et dont la taille ou la modification seront identiques. Vous pouvez aussi cliquer sur les marges dans la photo et les déplacer en cliquant et glissant avec votre souris.

Si vous avez coché la case **Zoom** dans le panneau **Options**, vous pouvez cliquer dans chacune des photos une à une pour les recaler dans les marges. Le contour de chaque photo apparaît pour vous y aider.

Panneau Incrustations

Ce panneau permet d'ajouter dans le fond ou sur les photos différents types d'informations et d'en régler leur apparence.

La plaque d'identité

Nous avons vu comment paramétrer la plaque d'identité dans le chapitre de présentation (voir page 69). En cochant cette case, la plaque sera présente sur chaque page de votre diaporama. Vous pouvez revenir sur la personnalisation de la plaque en cliquant sur l'aperçu de la plaque dans le panneau **Incrustations** et en choisissant **Modifier**. Vous pouvez également modifier sa taille en double-cliquant dessus, dans le panneau central, et la déplacer avec l'outil main. Son positionnement est relatif et se règle de la même manière que les Notes ou les champs de texte (voir ci-dessous).

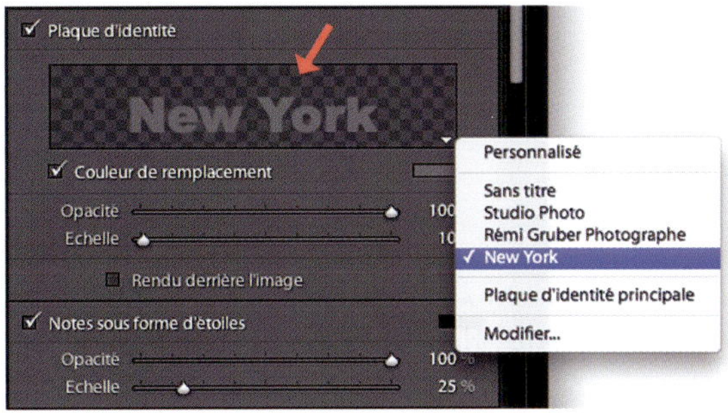

Figure 6.8 – Pour choisir une plaque d'identité ou en éditer une, cliquez dans la fenêtre.

Par défaut, le texte de votre plaque est blanc. Mais vous pouvez modifier cette couleur en cochant la case **Couleur de remplacement** et en cliquant à droite sur le rectangle de couleur pour choisir une couleur différente. Réglez la transparence à l'aide du curseur **Opacité** et la taille avec le curseur **Echelle** ou en utilisant les poignées sur la photo affichée dans le panneau central. Cochez la case **Rendu derrière l'image** si vous souhaitez placer les photos au premier plan et masquer ainsi partiellement la plaque s'il y a un chevauchement. Si vous avez créé plusieurs plaques, un clic sur l'aperçu de la plaque dans le panneau **Incrustations** permet de choisir la plaque parmi votre liste ou bien de choisir simplement la plaque principale, c'est-à-dire celle qui est affichée en haut à gauche de votre interface si vous avez choisi de l'activer.

Notes sous forme d'étoiles

Les notes que vous avez attribuées à vos photos ayant été inscrites dans les métadonnées peuvent être affichées dans vos diaporamas. Cochez la case **Notes sous forme d'étoiles** et réglez les options d'opacité et d'échelle. N'oubliez pas de choisir une couleur en fonction de la couleur de fond de votre diaporama. Les notes sous forme d'étoiles apparaissent par défaut en haut à gauche de votre photo, à l'intérieur de la photo. Vous pouvez cliquer dessus pour les déplacer et modifier leur taille. Leur positionnement se règle de la même manière que les champs texte (voir ci-dessous).

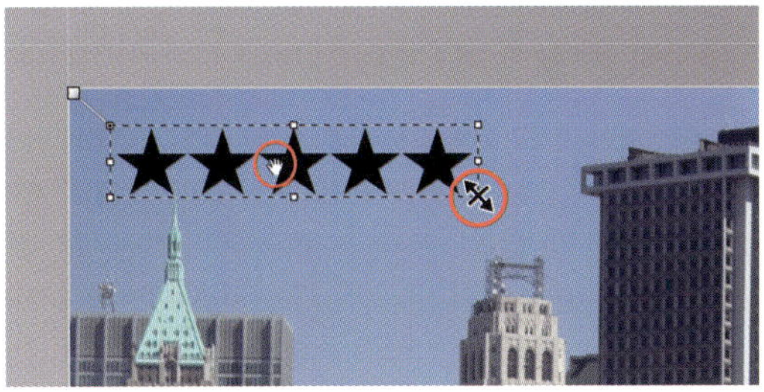

Figure 6.9 – Vous pouvez déplacer et modifier la taille des notes.

Pour les supprimer, il suffit de décocher la case ou de sélectionner les notes dans le panneau central et utiliser la touche **Suppr**.

Incrustation de texte

Ces options permettent de régler l'apparence de chaque champ de texte qu'il faut avoir créé au préalable dans la barre d'outils. Dans la barre d'outils, vous disposez d'un bouton **ABC** qui permet de créer des champs texte dans votre diaporama. Il suffit de cliquer une fois dessus, puis de choisir dans le menu déroulant à sa droite, le type de contenu. Par défaut, Lightroom propose : **Date**, **Exposition**, **Matériel**, **Nom du fichier**, **Séquence** et **Texte personnalisé**. Les paramètres proposés par Lightroom sont normalement automatiquement fournis par l'appareil (sauf s'il s'agit de photos scannées). Dès que vous choisissez un champ de texte, il apparaît en bas à gauche du diaporama. À vous de le saisir et de le déplacer. Pour créer un nouveau champ, cliquez d'abord dans la photo pour désélectionner le champ actif, sans quoi il sera remplacé par celui choisi.

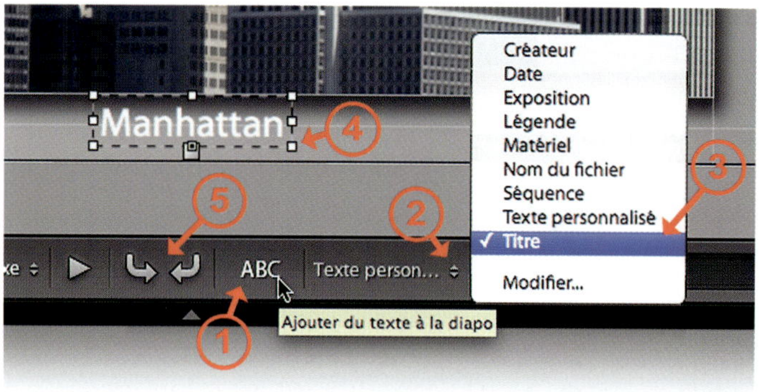

Figure 6.10 – Pour insérer du texte, nous avons cliqué sur ABC (1), ouvert le menu déroulant (2), choisi le champ IPTC Titre. Nous l'avons déplacé sous la photo (4) et les flèches permettent de le faire pivoter (5).

Si vous choisissez **Texte personnalisé**, un champ vide s'ajoute au diaporama et vous pouvez entrer du texte juste à droite du menu de sélection du type de champs. Nous allons créer un nouveau champ de texte en utilisant les métadonnées, où apparaît le nom de l'auteur de la photographie :

1. Dans le menu déroulant qui apparaît en cliquant sur le bouton ABC de la barre d'outils, cliquez sur **Modifier**... Une fenêtre **Editeur de modèles de texte** apparaît.
2. Sélectionnez ce qui peut se trouver dans le grand champ de texte blanc éditable en cliquant dessus et supprimez-le en cliquant sur la touche **Effacement arrière**.
3. Choisissez dans le premier menu déroulant de la section **Données IPTC**, le champ **Créateur** et cliquez sur **Insérer**.

4. Dans le menu déroulant Paramètre prédéfini tout en haut de la fenêtre, choisissez **Enregistrer les paramètres prédéfinis actuels en tant que nouveau paramètre prédéfini...** et nommez-le « Créateur » et cliquez sur Créer, puis sur Terminer de la grande fenêtre.
5. Vous retrouvez maintenant ce nouveau Paramètre prédéfini dans le menu déroulant de la barre d'outils.

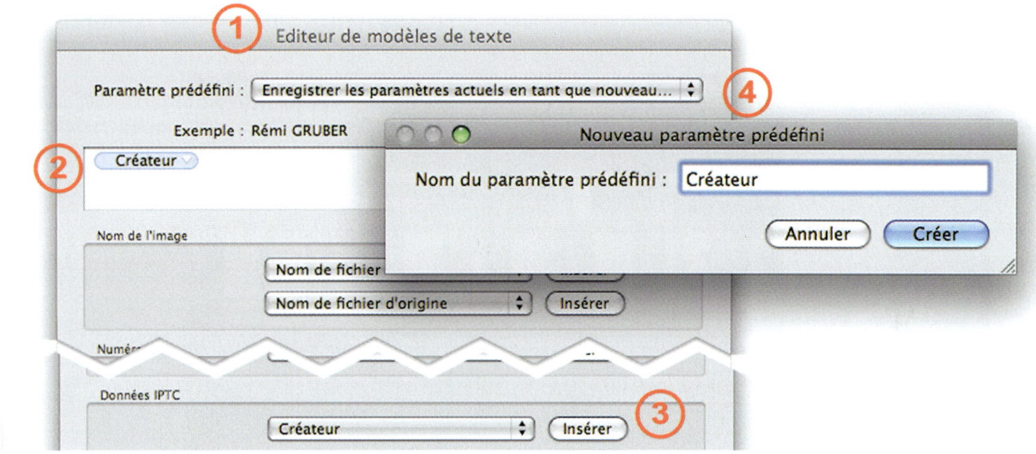

Figure 6.11 – Création d'un nouveau champ dans la fenêtre Editeur de modèles de texte.

Si vous créez un diaporama avec des photos provenant de photographes différents, vous aurez le nom du photographe qui apparaîtra là où vous avez décidé de positionner ce champ. Il faut bien sûr que dans les métadonnées ce champ Créateur soit rempli (voir page 41).

Déplacement et modification de la taille des champs

Ces champs peuvent être agrandis ou réduits en cliquant simplement sur l'objet concerné dans le centre de l'interface. Utilisez ensuite l'une des poignées se trouvant autour du champ pour le redimensionner. Ils peuvent également être déplacés. Dans la barre d'outils, deux flèches courbées, l'une vers la droite et l'autre vers la gauche, permettent de faire pivoter le champ sélectionné (voir figure 6.16). Vous pouvez aussi passer par le menu **Diaporama/Rotation horaire** ou **Rotation antihoraire**.

Points de référence

Lors du déplacement, vous remarquez comme un chaînage de votre champ de texte à un endroit précis de l'écran. Il s'agit de points de référence qui vont servir de repère à votre incrustation en fonction du format vertical ou horizontal des photos. Imaginez par exemple que vous ajoutiez un champ texte chaîné au coin en haut à gauche d'une photo verticale ; lorsqu'une photo horizontale sera affichée dans le diaporama, le champ sera également en haut à gauche de la photo et se déplacera ainsi en fonction du format des photos.

Parmi les points de référence : les coins et les milieux de chaque côté du diaporama et des photos.

Figure 6.12 – Les champs de texte sont liés à des points de référence de la photo ou de l'écran en haut en bas. Les points jaunes ne se déplacent qu'en cliquant dessus.

Par défaut, le point de référence se déplace dès que votre champ se rapproche d'un autre point de référence possible. Mais si vous souhaitez qu'il reste attaché au même point, il suffit de cliquer sur le point en question. Il devient alors jaune avec un point central noir et ne bougera plus à moins que vous ne cliquiez à nouveau dessus.

Réglage des options

Parmi les options, vous pouvez régler la couleur, en cliquant sur le rectangle de couleur à droite de **Incrustation de texte**, et l'opacité en déplaçant le curseur. Vous pouvez également choisir la police et le style (gras, normal, italique, etc.). Ces options concernent le champ sélectionné si vous en avez créé plusieurs. Vous pouvez ainsi ajouter autant de champs que vous le souhaitez et les paramétrer de façon différente.

Une autre façon de procéder est de passer par le menu **Diaporama/Ajouter une incrustation de texte…** Un champ apparaît alors contenant un texte par défaut : « Contenu textuel par défaut ». Vous n'avez plus qu'à entrer le texte désiré dans le champ à droite de **Texte personnalisé** dans la barre d'outils.

Ombre

Cette option permet de créer une ombre à chacune des incrustations réalisées, qu'il s'agisse de la plaque d'identité, des notes ou du texte. Il suffit de sélectionner un champ, puis de cocher la case **Ombre** pour ajouter une ombre portée au champ choisi. Les options que vous trouvez ici sont les mêmes que pour l'ombre portée appliquée aux photos : opacité, translation, rayon et angle.

Panneau Fond

Vous disposez dans ce panneau de trois options pour le fond, que vous pouvez superposer : **Dégradé de couleurs**, **Image d'arrière-plan** et **Couleur d'arrière-plan**. Pour mettre un dégradé en fond de vos diaporamas, cochez la case **Dégradé de couleurs**. Le dégradé se réalise sur la Couleur d'arrière-plan choisie en bas du panneau. Le curseur **Opacité** permet de définir la transparence du dégradé par rapport à la couleur ou à l'image de fond. L'angle permet de définir l'orientation du dégradé. Vous pouvez le régler en utilisant le curseur, le bouton ou écrire dans le champ.

Vous pouvez également ajouter une photo en fond de diaporama. Pour cela, cochez la case **Image d'arrière-plan**. Lightroom vous demande alors de glisser depuis le film fixe une photo dans l'emplacement prévu. Le curseur **Opacité** permet de définir la transparence de la photo.

Figure 6.13 – Nous avons coché Image d'arrière-plan et glissé depuis le film fixe une photo dans le cadre. Nous la voyons en arrière-plan du diaporama.

Enfin, cochez la case **Couleur d'arrière-plan** pour choisir la couleur de fond du diaporama. Cliquez sur le rectangle de couleur à droite de **Couleur d'arrière-plan** pour la définir.

Ces trois fonds se superposent dans l'ordre où ils apparaissent dans le panneau. Par exemple : même si votre photo d'arrière-plan est à 100 % d'opacité, vous verrez le dégradé au-dessus, qui a la luminance de la couleur d'arrière-plan si celle-ci est activée.

Si le dégradé n'est pas activé, la couleur de fond ne se voit que si l'image d'arrière-plan a une opacité inférieure à 100 %.

Panneau Titres

Le panneau **Titres** permet de créer un écran de présentation et un écran de fin pour le diaporama. Les options pour ces deux pages étant identiques, nous allons juste voir les options pour l'écran d'introduction.

Cliquer sur **Ecran d'introduction** si vous désirez créer une page d'introduction, et choisissez dans le petit rectangle la couleur de cet écran grâce au nuancier (voir page 213).

Vous pouvez en cliquant dans le rectangle, choisir d'éditer une autre plaque d'identité. Les plaques d'identité ne pouvant être écrites que sur une ligne si vous désirez une première page plus riche, vous pouvez créer une page avec du texte dans Photoshop, mais nous allons voir comment en réaliser une dans Lightroom.

Figure 6.14 – Créez un écran d'Introduction créé dans Lightroom (voir ci-après).

1. Vous avez sans doute déjà avancé dans la fabrication de votre diaporama. Il serait donc dommage de perdre toutes les options que vous avez choisies. Ouvrez donc le panneau de droite **Explorateur de modèles** et cliquez sur le signe **Plus (+)** pour créer un nouveau modèle, nommez-le et enregistrez-le dans le dossier Modèles utilisateurs.
2. Allez dans le module **Bibliothèque** et choisissez une photo que vous voudriez mettre en écran d'introduction. Faites-en une collection que vous appellerez « une ».
3. Retournez dans le module **Diaporama** et dans le panneau **Collection** à droite, choisissez la collection « une ».
4. Dans le panneau **Explorateur de modèles**, choisissez le modèle **Grand écran**.
5. Dans le panneau **Options**, nous avons mis un contour du cadre de 6 pixels de couleur R60, G60, B60.
6. Dans le panneau de droite **Disposition**, sélectionnez **Afficher les repères**, liez Gauche et Droite, mais ne liez pas De tête et De pied. Déplacez manuellement les repères de tête et de pied pour donner une dimension et une position qui vous permettront d'écrire sous la photo.
7. Dans la barre d'outils en cliquant sur **ABC**, créez le nombre de champ texte que vous souhaitez. Positionnez-les et donnez-leur une taille. Ici nous avons créé deux champs de texte.
8. Dans le panneau **Fond**, nous avons coché **Dégradé de couleurs** avec une **Opacité** de 100 % et un **Angle** de -90°.
9. Lorsque vous avez fini votre mise en page, cliquez sur le bouton **Exporter JPEG...**, et exportez ce diaporama constitué d'une seule photo dans le dossier de votre choix. Choisissez qualité 100 et Taille maximum. Un menu déroulant Tailles communes vous propose 1 600 x 1 200 qui est en vérité 1 200 x 1 600.

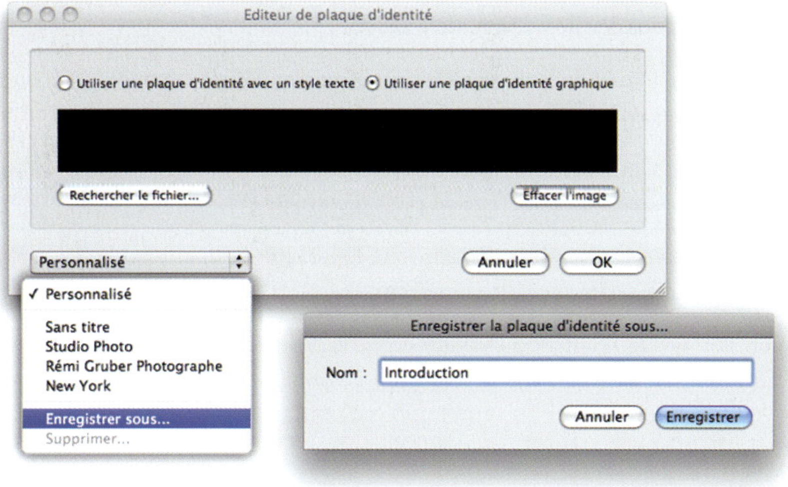

Figure 6.15 – Enregistrez une nouvelle plaque d'identité.

10. Dans le panneau de gauche Explorateur de modèles, cliquez sur le **Plus (+)** pour enregistrer ce modèle. Nommez-le « une » et enregistrez-le dans le dossier Modèles utilisateurs. Resélectionnez maintenant la collection que vous aviez réunie pour réaliser votre diaporama et choisissez le modèle que vous aviez enregistré dans le dossier Modèle utilisateur.
11. Dans le panneau Titres, sélectionnez **Ecran d'Introduction**, ajoutez une plaque d'identité et cliquez sur la plaque en choisissant **Modifier...** Dans l'Editeur de plaque d'identité (voir figure 6.15) choisissez **Utiliser une plaque d'identité Graphique**, cliquez sur le bouton **Recherchez le fichier...**, sélectionnez le fichier JPG dans le dossier que vous avez créé précédemment (9). Dans le menu déroulant en bas à gauche de la fenêtre Editeur de plaques d'identité, choisissez **Enregistrer sous...**, nommez-le « Introduction », et cliquez sur **Enregistrer** puis **OK**.

Vous avez maintenant une page d'Introduction personnalisée dont vous pouvez ajuster la taille grâce au curseur **Echelle** et vous pouvez donner une couleur au fond en cliquant sur le rectangle à droite sous le nom du panneau Titres.

Il est possible d'avoir un aperçu de l'écran d'introduction en cliquant sur le curseur **Echelle** et en maintenant le clic sur la souris (voir figure 6.14).

Panneau Lecture

Le panneau de lecture permet de définir les options à la lecture du diaporama. Cochez la case **Fichier audio** si vous souhaitez que Lightroom passe de la musique pendant la lecture du diaporama dans Lightroom. Attention, cela fonctionne différemment sur Mac et sur PC. Sur Mac, vous pourrez automatiquement choisir une liste de lecture de **iTunes**. En revanche sur PC, il faudra cliquer sur **Cliquez ici pour sélectionner un dossier de fichiers de musique**.

En cochant la case **Durée de la diapositive**, vous pouvez définir le temps d'affichage des photos ainsi que la durée des fondus entre deux photos. Les valeurs vont de 0 à 20 secondes.

En cochant la case **Couleur,** vous créez un fondu qui se fera non pas avec la photo précédente, mais avec une couleur que vous choisissez dans le petit rectangle.

Enfin, cochez la case **Ordre aléatoire** afin que la lecture du diaporama ne se fasse pas dans l'ordre que vous avez choisi mais dans un ordre indéterminé.

Répétition permet de relancer automatiquement la lecture de votre document après la dernière page. Cette option n'est valable que pour la lecture dans Lightroom. Pour la lecture avec Adobe Reader qui permet de lire un document PDF et notamment un diaporama, il faut dans les Préférences, cocher Boucle après la dernière page dans la section Plein écran.

Lecture du diaporama dans Lightroom

Vous pouvez regarder le diaporama que vous avez créé, dans la fenêtre de la zone centrale, dans Lightroom en plein écran ou en créant un diaporama au format PDF.

Dans la fenêtre du panneau central

C'est la manière la plus rapide pour tester le diaporama et le modifier si besoin en arrêtant la lecture. Vous pouvez utiliser le raccourci **L** pour tamiser ou éteindre la lumière de l'interface autour.

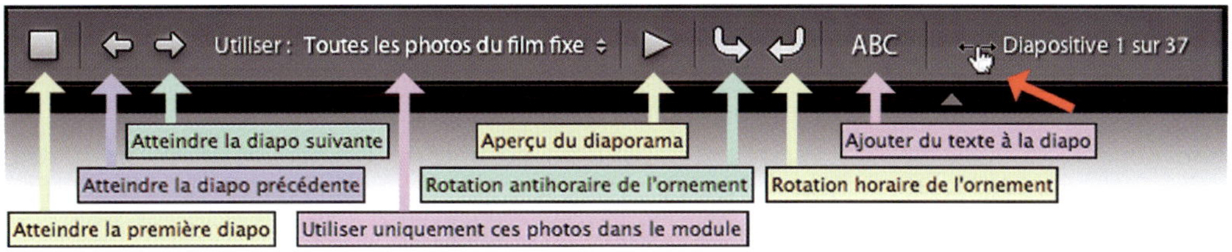

Figure 6.16 – La barre d'outils du module Diaporama. Pour aller à une autre diapo, cliquez tout à droite et déplacez le pointeur de la souris.

Dans la barre d'outil du module **Diaporama**, vous trouvez des boutons de lecture standard. De gauche à droite :

- ✓ **Atteindre la première diapo**, qui devient **Arrêter le diaporama** quand la lecture est en marche. Si vous utilisez ce bouton pour arrêter le diaporama (ou si vous passez par le menu **Lecture/Arrêter le diaporama**), la lecture reprend avec la page d'introduction suivie par la photo sur laquelle nous nous sommes arrêtés. Vous pouvez aussi stopper le diaporama en cliquant simplement dedans.
- ✓ **Atteindre la diapo précédente, Atteindre la diapo suivante** sont des boutons qui permettent de faire défiler les diapos à son rythme, en cliquant dessus.
- ✓ **Utiliser** ouvre un menu qui permet encore de sélectionner les photos que l'on veut dans modifier la collection :
  - Toutes les photos du film fixe, ce sont les photos de la collection.
  - **Photos sélectionnées**, ce sont les photos que vous avez pu sélectionner les unes après les autres en utilisant la touche **Ctrl/Cmd.**
  - **Photos marquées**, ce sont les photos marquées par le marqueur retenu. Vous pouvez marquer les photos en les sélectionnant dans le Film fixe et en appuyant sur la touche **P**. Attention, ce marqueur ne s'applique qu'à la photo active.

- ✓ **Aperçu du diaporama** permet de démarrer le diaporama selon les options choisies. Quand le diaporama fonctionne, ce bouton est remplacé par un autre bouton **Mettre le diaporama sur pause** qui n'a pas la même fonction que le premier bouton **Arrêter le diaporama.** Quand le diaporama est sur pause, on peut le redémarrer en cliquant à nouveau sur la flèche.
- ✓ Le bouton **Aperçu** que l'on trouve en bas des panneaux de droite a la même fonction que le bouton **Aperçu du diaporama** décrit ci-dessus et symbolisé par une flèche.
- ✓ Tout à droite de la barre d'outils sont indiqués le nombre de diapositives que contient le diaporama et la vue sélectionnée. En déplaçant le pointeur de la souris sur ce titre, la flèche prend la forme d'un index avec une double flèche. En maintenant le clic sur la souris et en la déplaçant de gauche à droite, vous pouvez faire défiler les diapositives très rapidement.

Diaporama en plein écran

Le bouton **Lecture** qui se trouve en bas à droite des panneaux de droite permet de lancer le diaporama dans Lightroom, mais en plein écran cette fois. Il est possible de le lancer aussi en choisissant **Lancer le diaporama** par le menu **Lecture** ou par la touche **Retour chariot** du clavier. Pour stopper la lecture, faites un clic ou enfoncez la touche **Echappement** du clavier.

Diaporama Impromptu

Le diaporama impromptu peut être lancé depuis n'importe quel module par le menu **Fenêtre/Diaporama impromptu**. Si aucune photo n'est sélectionnée, toutes les photos sont lancées en lecture. Si vous sélectionnez quelques images dans le module bibliothèque en mode **Grille** ou dans le **Film Fixe** et faites **Ctrl/Cmd + Entrée**, le diaporama se lance alors en plein écran et ne contient que les photos sélectionnées. Notez que c'est le modèle et les options choisis dans le module **Diaporama** qui seront utilisés.

Dans les autres modules que celui de la bibliothèque, vous pouvez sélectionner des photos dans le **Film Fixe** avant de lancer le diaporama impromptu. Vous pouvez également lancer le diaporama impromptu à partir de la flèche que l'on trouve dans la barre d'outils des modules Bibliothèque et Développement.

● ● ● Diaporama au format PDF

Lorsque vos photos sont sélectionnées et que les options du panorama sont réglées, vous allez pouvoir l'exporter en PDF.

Une nouveauté dans Lightroom 2 est de pouvoir exporter un diaporama sous la forme d'une série de fichiers JPEG individuels. Nous en avons montré une utilisation possible dans la fabrication d'une plaque d'identité pour un écran d'introduction quand on ne dispose pas de Photoshop (voir page 223).

La principale utilisation reste néanmoins la fabrication d'un fichier PDF.

1. Cliquez sur le bouton **Exporter PDF...** en bas du groupe de panneaux de gauche du module **Diaporama**.
2. Dans la boîte de dialogue qui s'ouvre, entrez un nom pour votre diaporama et choisissez un dossier où l'enregistrer.
3. Chaque diapo est soumise à une compression de type JPEG, dont vous devez définir la qualité en choisissant une valeur de 0 à 100. La taille du fichier PDF sera moins importante avec une qualité inférieure, mais certaines images risquent d'en souffrir. Le profil sRVB est intégré automatiquement dans les photos.
4. Cochez la case **Afficher automatiquement en plein écran** pour que le PDF recouvre la totalité de l'écran dès son ouverture.
5. À droite, dans **Largeur** et **Hauteur**, vous pouvez définir les dimensions de votre diaporama. Par défaut, il propose la taille de votre résolution d'écran.

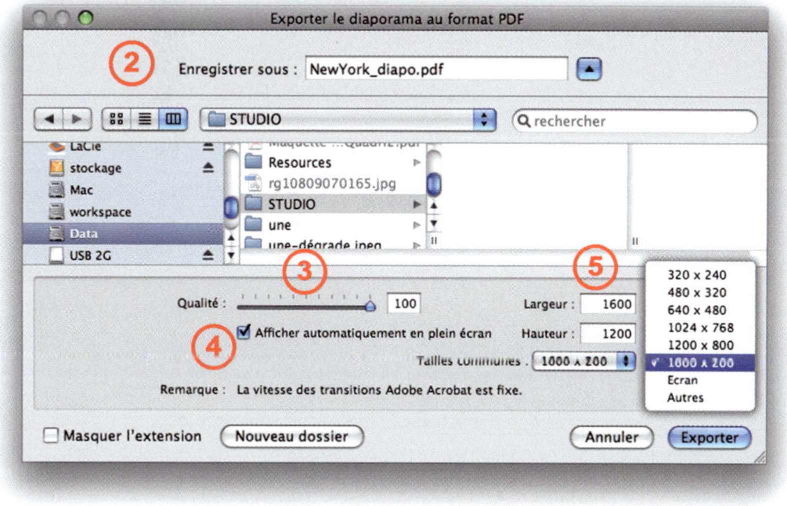

Figure 6.17 – Exportation du diaporama.

6. Une remarque vous indique en bas de la boîte de dialogue que la vitesse des transitions est fixe. Il semble pourtant que Adobe Acrobat 8 et Adobe Reader 9 prennent en compte les vitesses d'affichage et de transition, mais pas la couleur choisie dans le panneau Lecture.

7. Cliquez sur **Enregistrer** (PC) ou **Exporter** (Mac). Regardez en haut à gauche de l'interface pour voir si l'opération d'exportation est terminée car selon le nombre de photos cela peut prendre un certain temps.
8. Rendez-vous à l'endroit où vous venez d'enregistrer votre PDF. Double-cliquez dessus et il se lance alors.

Dans le CD d'installation de Lightroom, vous trouverez un dossier contenant Adobe Reader, le logiciel de lecture des fichiers PDF. Il vous permettra de lire vos diaporamas exportés en PDF. Il est gratuit est disponible également sur le site d'Adobe. Ainsi, vous pouvez envoyer sans problème votre diaporama par mail et vos interlocuteurs obtiendront à leur tour un fichier facile à lire. Sur la plupart des systèmes d'aujourd'hui, Adobe Reader est installé.

7 Impression

Maintenant que vous avez classé vos photos, que vous les avez retouchées et que vous avez créé des diaporamas pour vos clients, vous allez pouvoir passer à l'étape suivante. Lightroom est ainsi fait. Il accompagne, de module en module, votre flux de travail. Vos clients ont vu les photos sur écran et ont probablement fait un premier choix. Mais maintenant, il va falloir leur tirer des épreuves afin qu'ils voient le résultat sur papier. Et si ce n'est pas pour vos clients, vous avez certainement envie d'imprimer vos propres photos !

Le module **Impression** est là pour vous simplifier la tâche. La première chose à faire avant de s'y rendre est de faire une sélection des photos à imprimer. Vous pouvez donc utiliser aussi bien la collection rapide que les dossiers ou les collections personnalisées. L'essentiel est que les photos que vous souhaitez imprimer apparaissent dans le **Film Fixe**.

Une fois cela fait, cliquez sur **Impression** dans le sélecteur de module. Vous entrez alors dans l'interface du module d'impression avec, dans le **Film Fixe**, les photos sélectionnées. Le module **Impression** se présente comme les autres avec des panneaux à gauche et à droite.

Panneaux de gauche

Les panneaux de gauche présentent un aperçu, des modèles d'impression et les collections que vous avez pu créer dans le module Bibliothèque. Avec les modèles proposés, vous pouvez imprimer rapidement les photos sélectionnées.

Panneau Aperçu et panneau Collections

Comme dans le module **Diaporama,** une sélection ou un survol du modèle qui se trouve juste en dessous affiche un aperçu. Un clic droit (**Ctrl + clic** sur Mac) sur cet aperçu affiche un menu contextuel, qui est le même que celui obtenu en faisant un clic droit sur l'aperçu du panneau central. Si vous avez choisi un modèle utilisant comme moteur de disposition la Collection d'Images ou la Planche contact/Grille, vous n'obtenez pas le même menu contextuel. Vous pouvez voir le moteur utilisé dans le panneau de droite Moteur de disposition. Le menu contextuel des modèles « collection d'images » permet de modifier la mise en page.

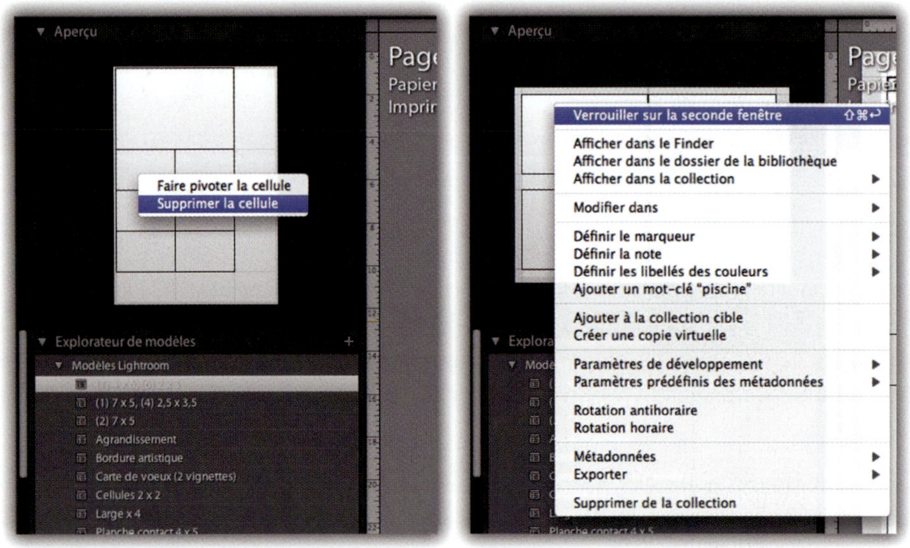

Figure 7.1 – À gauche le menu contextuel d'un modèle Collection d'images, à droite d'un modèle Planche contact/Grille.

Le panneau **Collections** est identique à celui que l'on trouve dans le module Bibliothèque et Diaporama. Mais il n'est pas possible de créer ici des nouvelles collections, comme dans le module Bibliothèque où l'on a accès à toutes les photos et tous les dossiers (voir page 82). Dans ce module, on peut en revanche sélectionner l'une ou l'autre collection pour choisir des photos à imprimer.

Panneau Explorateur de modèles

L'explorateur de modèles se présente un peu comme celui du module **Diaporama**. Vous disposez de modèles prédéfinis :

- ✓ **(1)4x6, (6)2x3** : Ce modèle ainsi que les trois suivants utilisent comme Moteur d'impression la Collection d'images. Sur la même page, la même photo est imprimée à différents formats. Pour ce modèle, nous imprimons une photo au format 4x6 et six photos au format 2x3. L'unité de mesure ici utilisée est le pouce qui est égal à 2,54 cm. Cela donne donc une photo de 10,16 x 15,24 cm et quatre photos de 5,08 x 7,62 cm.
- ✓ **(1)7x5, (4)2,5X3,5** : La même photo est imprimée une fois au format 17,8 x 12,7 cm et quatre fois au format 6,4 x 8,9 cm.
- ✓ **(2)7x5** : La même photo est imprimée deux fois au format 17,8 x 12,7 cm.
- ✓ **Agrandissement centré** : identique à **Agrandissement**, à la différence que les marges permettent d'obtenir une photo centrée.
- ✓ **Bordure artistique** : les marges sont à peu près les mêmes en haut et sur les côtés, mais celle du bas est très haute afin d'y placer par exemple des notes ou éléments de texte.
- ✓ **Cellules 2x2** : la page est coupée en 4, contenant quatre photos différentes, en hauteur, 2 à 2.
- ✓ **Large x4** : la page est coupée en quatre parties en longueur, les unes au-dessus des autres. Les photos sont recadrées.
- ✓ **Planche contact 4x5** : planche contact de quatre photos en largeur par 5 en hauteur, soit vingt photos par planche.
- ✓ **Planche contact 5x8** : planche contact de cinq photos en largeur par 8 en hauteur, soit 40 photos par planche.
- ✓ **Triptyque** : la page est coupée en trois parties carrées, les unes au-dessus des autres. Les photos sont recadrées.

Ces modèles permettent d'obtenir rapidement une mise en page prête à l'emploi pour vos impressions. Mais vous pouvez les modifier, les supprimer ou en ajouter d'autres.

1. Choisissez un modèle dans l'**Explorateur de modèles** du panneau de gauche.
2. Faites des réglages dans les panneaux de droite.
3. Si vous souhaitez enregistrer ce modèle modifié, cliquez sur le bouton **Plus (+)** à droite du nom du panneau **Explorateur de modèles**.
4. Dans la fenêtre Nouveau fichier Modèle, entrez un nom à la place de **Modèle sans titre**. Faites en sorte qu'il soit assez descriptif.
5. Choisissez un dossier dans le menu déroulant ou créez-en un nouveau en choisissant Nouveau Dossier… Cliquez sur **Créer** pour le valider. Vous le retrouverez dans la liste par ordre alphabétique.
6. Pour supprimer un modèle que vous avez créé, faites un clic droit (**Ctrl + clic** sur Mac) dessus et choisissez **Supprimer** ou bien après avoir sélectionné le modèle à supprimer, cliquez sur le bouton **Moins (-)** à droite du nom du panneau **Explorateur de modèles**.
7. Enfin, ces modèles peuvent être partagés d'un ordinateur à l'autre ou d'un utilisateur à l'autre. Il suffit pour cela de cliquer sur **Exporter** et de choisir **Importer** à partir du catalogue où vous voulez les utiliser.

Figure 7.2 – Nous avons enregistré un nouveau modèle dans un nouveau dossier.

Vous pouvez aussi les localiser, puis de les déplacer comme n'importe quel fichier. Faites un clic droit (**Ctrl + clic** sur Mac) sur le modèle que vous souhaitez partager et choisissez **Afficher dans le Finder/l'Explorateur**.

Le dossier des modèles d'impression s'ouvre alors avec le modèle sélectionné. Il ne vous reste plus qu'à le copier ou l'envoyer par mail.

Il suffira ensuite de le replacer au même endroit sur un autre poste, Mac ou PC, pour qu'il apparaisse dans la liste de l'**Explorateur de modèles**.

Boutons Mise en page... et Paramètres d'impression

Le bouton **Mise en page** permet de définir le format d'impression et son imprimante si vous en avez plusieurs. Vous pouvez accéder à cette fonction en passant par le menu **Fichier/Mise en page**.

Dans le menu **Format pour** (Mac) ou **Nom** (Windows), choisissez une imprimante. Choisissez la **Taille** du papier et une impression avec ou sans bordures si votre imprimante le permet. Choisissez l'**Orientation** et l'**Echelle** d'impression, que normalement vous laisserez à 100 % puisque vous avez réglé votre mise en page dans le panneau **Disposition**.

Lorsqu'une imprimante est installée, les boutons **Paramètres d'impression** et **Imprimer** ouvrent la même fenêtre de réglages que nous examinons un peu plus loin. Mais le bouton **Paramètres d'impression** permet de définir les réglages de votre imprimante et d'enregistrer ces paramètres afin de les rendre disponibles lors d'une impression.

Les paramètres sont différents selon votre imprimante, consultez son manuel d'utilisation. Vous devez définir le format, l'orientation, le type de papier, etc. Vous pouvez aussi accéder à cette fonction en passant par le menu **Fichier/Paramètres d'impression**.

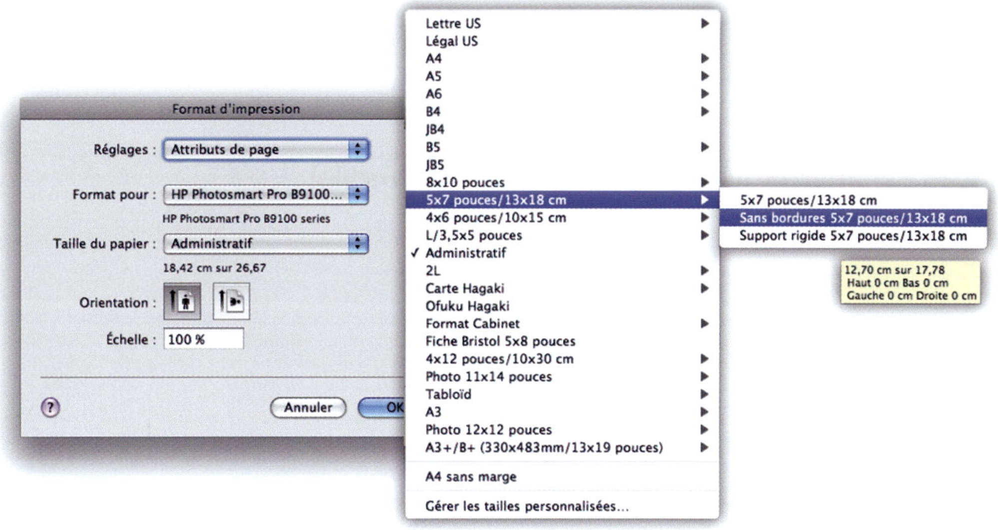

Figure 7.3 – Nous avons cliqué sur « Mise en page... », pour choisir l'imprimante et le format d'impression.

Panneaux de droite

À droite de l'interface du module **Impression** se trouvent les panneaux qui vont vous permettre de régler les options des modèles fournis par défaut, ou de créer vos propres modèles. Sélectionnez plusieurs photos dans le **Film Fixe** et choisissez un des modèles.

Panneau Moteur de disposition

Planche contact/Grille est le moteur à utiliser pour créer des modèles permettant d'imprimer une ou plusieurs photos de même taille sur une ou plusieurs pages. Ce moteur est parfait pour la création de planches contact.

Collection d'images est le moteur à utiliser pour créer des modèles permettant d'imprimer une seule photo dans une grande variété de tailles, sur une ou plusieurs pages. Ce moteur est parfait pour imprimer des photos scolaires.

Les panneaux permettant de créer des modèles ne sont pas identiques si vous choisissez un moteur ou l'autre. Nous allons commencer par étudier les options que nous avons avec le moteur Planche contact/Grille.

Pour mieux comprendre les différentes options, commencez par choisir le modèle **Triptyque** dans le module **Explorateur de modèles**. Choisissez une collection comportant des photos verticales et horizontales. Dans le film Fixe choisissez une photo Verticale et deux horizontales.

Panneau Paramètres d'images (Planche contact/grille)

Le premier panneau permet de définir le placement de la photo dans les cellules. Ces options sont définies systématiquement pour l'ensemble des photos choisies.

Zoom pour remplissage

Si cette option est sélectionnée, la photo va être recadrée pour remplir la cellule. Vous pouvez cliquer sur la photo et recadrer différemment en déplaçant les photos avec la main qui apparaît.

Si cette option est décochée, la taille des cellules reste la même, mais les photos se positionnent sans recadrage à la verticale et l'horizontale.

Figure 7.4 – Nous avons choisi à droite l'option « Zoom pour le remplissage ». Les deux photos ont été recadrées.

Adaptation par rotation

Si vous choisissez cette option, une photo verticale pivotera automatiquement dans une cellule horizontale ou une photo horizontale pivotera dans une cellule verticale. Ainsi, les images ont la même taille. Pour comprendre cette option, il faut que les cellules ne soient pas carrées. Allez dans le panneau **Disposition** et tout en bas dans la section **Taille des cellules**, décochez l'option **Cellules carrées**. Positionnez le pointeur de la souris sur un des bords verticaux d'une cellule et déplacez-le vers l'extérieur. Les cellules prennent une dimension horizontale et la photo verticale a pivoté. Décochez l'option Zoom pour remplissage et vous verrez vos photos en entier.

Répétition de la photo sur chaque page

En choisissant cette option, vous imprimez la même photo à la même taille sur toute la page. Vous remarquerez que les cellules et donc les photos ont forcément toutes la même taille contrairement à l'option Collection d'images que nous verrons plus loin.

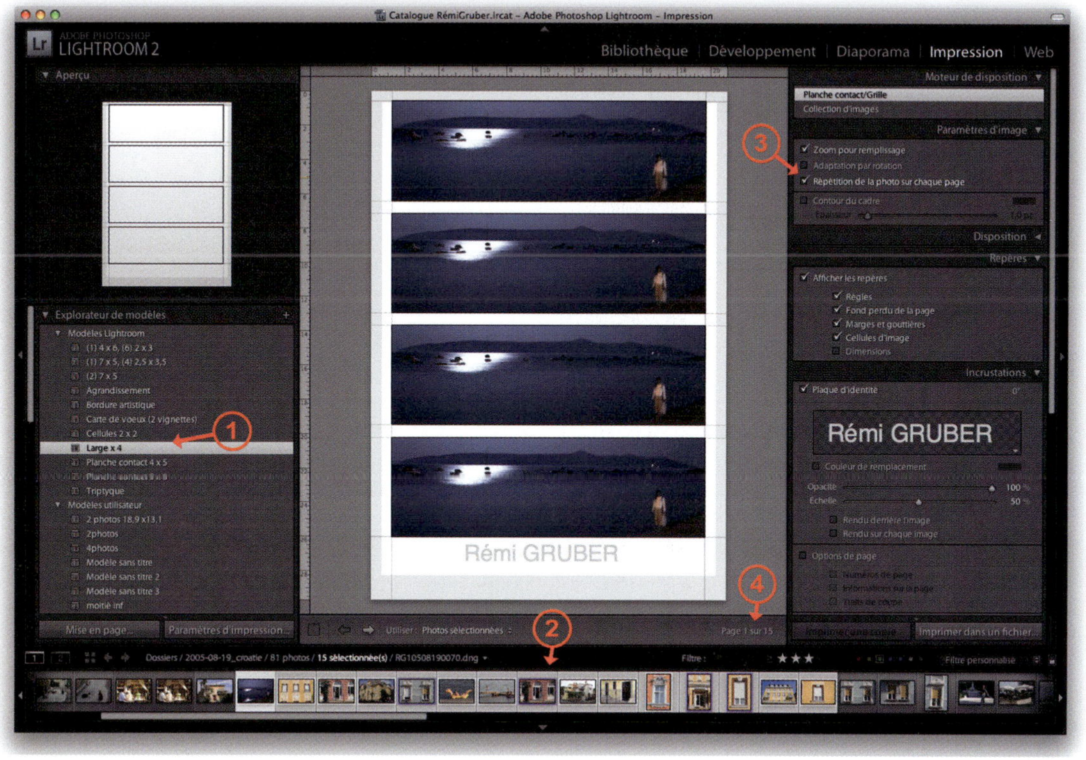

Figure 7.5 – Nous avons choisi le modèle « Large x 4 » (1), sélectionné 15 images dans le film fixe (2), et coché l'option « Répétition de la photo… » (3). Le nombre de pages est affiché (4).

Ayant sélectionné 15 photos, vous remarquez tout à droite de la barre d'outils que vous affichez la **Page 1 sur 15**. Utilisez les flèches à gauche pour passer d'une photo à l'autre, ou placez le pointeur de la souris tout à droite sur **Page 1 sur 15** et déplacez l'index marqué d'une double flèche vers la gauche ou la droite. Chaque page contient une photo répétée.

Contour du cadre

Cette section permet d'ajouter un cadre à la photo. Utilisez le curseur **Epaisseur** pour régler la taille du contour du cadre de 0 à 20 points ou cliquez sur le nombre pour entrer l'épaisseur souhaitée.

La photo peut être légèrement recadrée selon ce que vous avez choisi pour la taille des cellules et l'épaisseur du contour. Par défaut, le cadre est noir. Cliquez sur le rectangle à droite de **Contour du cadre** pour choisir une couleur dans le nuancier (voir page 213).

Panneau Disposition (Planche contact/grille)

Dans le panneau central, vous disposez d'une règle verticale et d'une règle horizontale qui vous permettent de définir précisément les marges. L'unité de mesure de cette règle se définit dans le menu déroulant à droite de **Unités de la règle.**

Les unités de mesure et leur équivalence

1 pouce = 2,54 cm, 1 point pica = 0,353 mm, 1 pica = 12 points = 4,23 mm.

Marges

Dans cette section, vous définissez les marges **Gauche**, **Droite**, **De tête** et **De pied** de votre page. Si votre imprimante ne propose pas l'option d'impression sans bord, vous ne pourrez pas régler les marges à 0.

Utilisez les curseurs de la section **Marges** pour les modifier et suivez le rendu en temps réel dans le panneau central. Ici, contrairement au module **Diaporama**, les marges ne peuvent pas être liées pour être déplacées en même temps.

Mais vous pouvez cliquer sur les dimensions des marges à droite des curseurs pour définir une marge précise.

Vous pouvez aussi placer le pointeur de la souris sur les marges dans le panneau central pour les modifier. Vous remarquez que dans les marges s'affiche la taille des cellules.

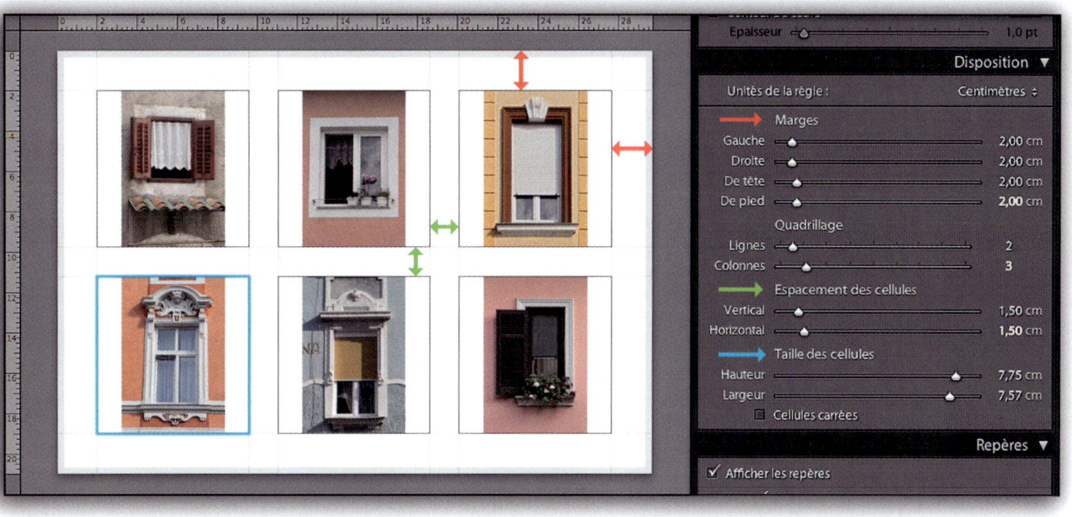

Figure 7.6 – Dans le panneau Disposition nous avons réglé les marges (rouge), l'espacement des cellules (vert) et la taille des cellules (bleu).

Quadrillage et espacement des cellules

Dans la section **Quadrillage**, vous allez pouvoir définir un nombre de colonnes et de lignes et donc, le nombre de cellules par page. En modifiant le nombre de cellules, leur taille change, mais la dimension des marges et l'espacement entre les cellules restent fixes.

Par défaut, il n'y a pas d'espace entre les cellules. La section **Espacement des cellules** permet de définir indépendamment l'espacement **Vertical** et **Horizontal**.

Taille des cellules

Nous avons vu que la modification du quadrillage et de l'espacement changeait la taille des cellules. Vous pouvez intervenir ici pour définir directement la **Taille des cellules**, qui n'est pas forcément identique à la taille des photos.

Cela dépend du choix que vous avez fait pour les options de **Zoom** et **d'Adaptation dans le panneau Paramètres d'image**. Pour connaître la taille des photos, vous devez, dans le panneau **Repères** en dessous, cochez l'option **Dimensions**.

Si vous cochez la case **Cellules carrées,** le déplacement des deux curseurs dans les sections **Taille des cellules** et **Espacement des cellules** sera simultané.

Panneau Repères (Planche contact/grille)

Dans ce panneau, nous pouvons choisir d'afficher ou non des éléments d'aide à la mise en page. Décochez **Afficher les repères**, pour masquer tous les éléments qui vous ont servi à la mise en page.

Vous pouvez afficher ou masquer indépendamment :

- ✓ les **Règles**, dans lesquelles vous pouvez voir un petit curseur orange qui vous indique le positionnement du pointeur de votre souris. Un clic droit (**Ctrl + clic** sur Mac) dans les règles vous permet de changer l'unité de mesure ;
- ✓ le **Fond perdu de la page** marqué de gris, qui correspond à la zone non imprimable et qui dépend de votre imprimante ;
- ✓ les **Marges** que l'on trouve sur les bords de la page et les **gouttières** situées entre les cellules, marquées par des traits gris sur lesquels vous pouvez placer le pointeur de la souris pour les modifier ;
- ✓ les **Cellules d'image**, encadrées par un trait noir sur lequel vous pouvez également placer le pointeur de la souris pour en modifier la taille ;
- ✓ les **Dimensions**, qui s'affichent en haut des cellules ou des images et qui incluent l'épaisseur du contour.

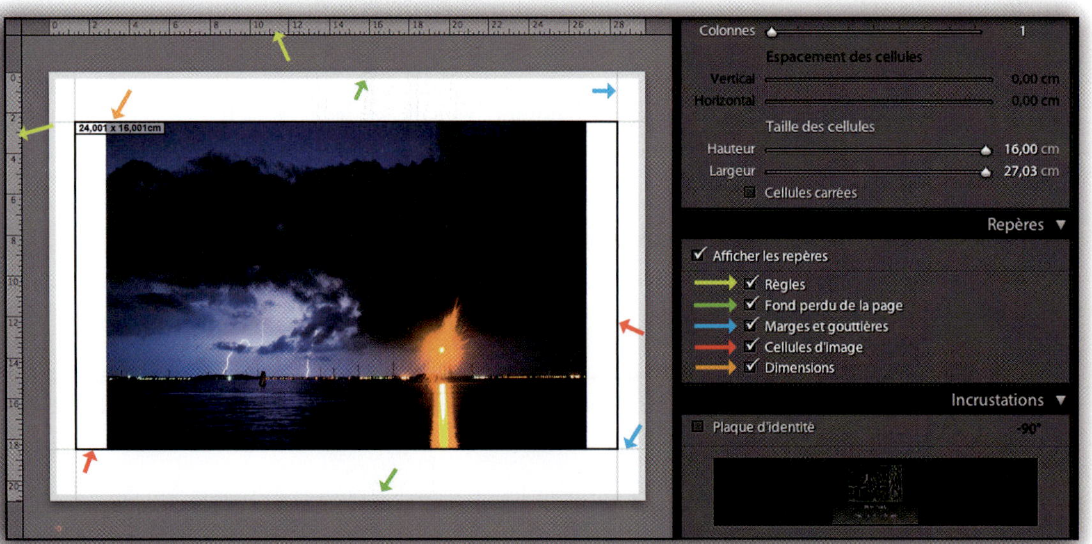

Figure 7.7 – Dans le panneau Repères nous avons affiché les règles (jaune), le fond perdu de la page (vert), les marges (bleu), les cellules (rouge), les dimensions (orange).

Panneau Incrustations (Planche contact/grille)

Nous avons vu dans le module **Diaporama** que nous pouvions ajouter des informations sur chaque photo grâce aux métadonnées, ou encore ajouter des champs de texte personnalisés. Ici aussi vous allez pouvoir personnaliser vos impressions en ajoutant votre plaque d'identité et d'autres informations.

Plaque d'identité

Cochez la case **Plaque d'identité** et cliquez sur le bouton à droite pour rafraîchir l'affichage. Votre plaque apparaît sur la photo. Vous pouvez définir une couleur de remplacement si votre plaque est constituée de texte. Cochez **Couleur de remplacement** et cliquez sur le rectangle noir à sa droite pour définir une nouvelle couleur.

En bas à droite de l'aperçu de votre plaque dans le panneau **Incrustations**, vous pouvez cliquer sur une petite flèche qui vous propose les plaques disponibles ou encore la possibilité de la modifier.

Réglez ensuite sa transparence avec le curseur **Opacité** et sa taille avec le curseur **Echelle**. 50 % donnent une largeur de la moitié de la page ou de la moitié de la largeur de la photo si vous choisissez **Rendu sur chaque image**. Si vous cliquez sur une plaque d'identité dans le panneau central, vous ferez apparaître des pointillés de sélection et le pointeur de la souris qui prend la forme d'une main permet alors de la déplacer. Les petits carrés dans les coins et sur les côtés sont des poignées qui permettent de la redimensionner.

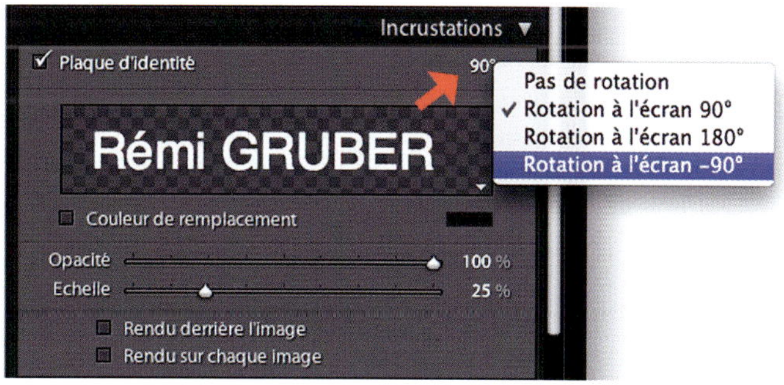

Figure 7.8 – En cliquant en haut à droite vous pouvez ouvrir le menu pour faire pivoter la carte d'identité.

Tout en haut du panneau sous le mot Incrustations vous pouvez faire apparaître un menu déroulant en cliquant sur 0° qui permet de choisir une rotation pour la plaque d'identité **Rotation à l'écran 90°, Rotation à l'écran 180°, Rotation à l'écran -90°**.

L'option **Rendu derrière l'image** permet de placer la plaque au-dessous des photos.

L'option **Rendu sur chaque image** suivante permet à la plaque d'agir comme un copyright placé en filigrane.

Options de page

Cochez la case **Options de page**, pour accéder à diverses options.

- ✓ **Numéros de page** affiche le numéro de la page d'impression en bas à droite de la page, que vous ayez imprimé une ou plusieurs pages.
- ✓ **Informations sur la page** affiche le taux de netteté choisi pour l'impression, le profil choisi et le nom de l'imprimante, en bas à gauche de la photo.
- ✓ Les **traits de coupe** s'affichent aux coins des cellules ce qui ne permet pas forcément de bien couper les photos si elles ne remplissent pas complètement les cellules.

Informations sur la photo

Cochez la case **Informations sur la photo**, puis cliquez à droite dans le menu déroulant pour choisir une information supplémentaire à afficher centrée sous chaque photo. En dehors des informations Exif **(Date, Exposition, Matériel, Nom du fichier)**, vous retrouverez ici les modèles de texte que vous avez pu créer dans la barre d'outils du module Diaporama en cliquant sur **ABC**.

Vous pouvez en cliquant sur **Modifier...** créer un nouveau modèle qui peut également associer plusieurs données dans la fenêtre **Editeur de modèles de texte** (voir page 218).

Choisissez **Texte personnalisé**. Un champ de texte apparaît alors sous **Informations sur la photo**. Entrez votre texte personnalisé, qui sera le même sous toutes les photos.

En dessous, réglez la taille de la police de ces informations de 6 à 16 points maximum. La taille agit sur toutes les infos : **Options de la page** et **Informations sur la photo**.

Nous avons vu que les panneaux n'étaient pas identiques si nous choisissions le moteur Collection d'images dans le premier panneau. Nous allons maintenant étudier les panneaux avec ce moteur.

Nous ne donnerons des descriptions que lorsque les options sont différentes de celles que nous venons de voir avec le moteur Planche contact/Grille. Dans le film Fixe, choisissez une photo verticale et une photo horizontale pour observer les différences dans le panneau central.

Vous devrez pour cela cliquer sur les flèches dans la barre d'outils. Dans les panneaux de gauche dans le panneau **Explorateur de modèles**, choisissez dans les modèles Lightroom le modèle **(1)7x5, (4)2,5x3,5**.

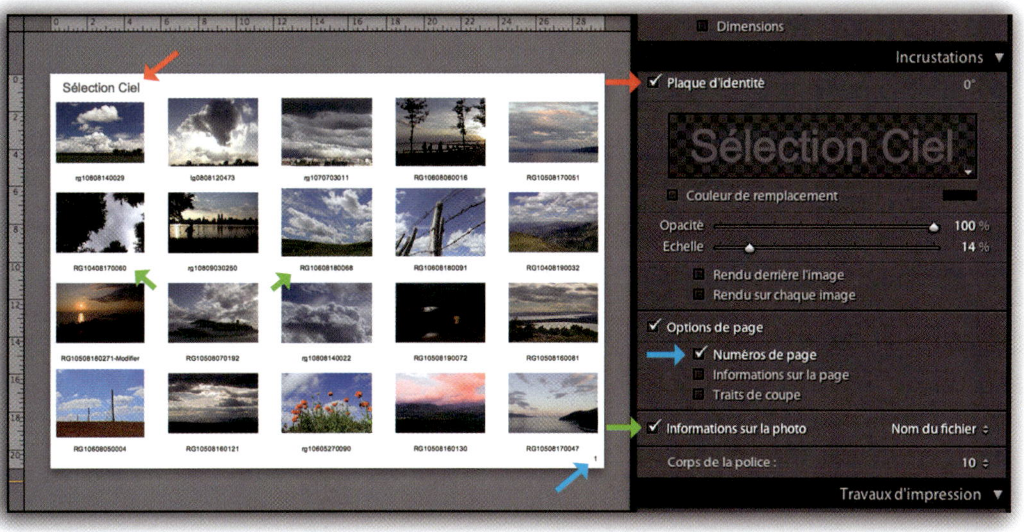

Figure 7.9 – Dans le panneau Incrustations nous avons créé une plaque d'identité (rouge), affiché un numéro de page (bleu), et affiché le nom de fichier sous chaque photo (vert).

Panneau Paramètres d'images (Collection d'images)

Ce panneau permet de définir le placement de la photo dans les cellules. Les options **Zoom** pour remplissage et **Adaptation par rotation** sont identiques à celles que l'on trouve avec le moteur Planche contact/Grille (voir page 236).

Bordure de la photo

Cette option détermine la taille de la bordure ou de la marge à l'intérieur de la cellule. Nous vous rappelons que 1 point = 0,353 mm.

Contour interne

Nous pouvons mettre un cadre autour de la photo en choisissant sa largeur et sa couleur. L'ajout d'un **Contour** diminue toujours la taille de la photo imprimée.

La couleur se détermine par un clic sur le petit rectangle qui ouvre un nuancier dont nous vous avons expliqué le fonctionnement dans le chapitre Diaporama (voir page 213).

Règles, grille et repères (Collection d'images)

Ce panneau n'existe pas avec le moteur Planche contact, mais il correspond au panneau Repères. Il nous permet de choisir quels éléments d'aide à la construction de la mise en page nous voulons afficher dans le panneau central. Nous y retrouvons la **Règle** dont nous pouvons ici choisir l'unité, le **Fond perdu** et les **Dimensions** (voir page 240).

Grille

Cette option permet d'afficher ou masquer une grille qui change en fonction de l'unité choisie avec les règles. Si vous cliquez sur les photos avec le pointeur de la souris dans le panneau central, vous pouvez déplacer les cellules. Si vous superposez deux cellules, vous avez un petit panneau triangulaire jaune d'avertissement qui s'affiche dans le coin supérieur droit de la page.

Pour limiter les risques de superposition de cellules lors du déplacement des cellules, il est possible d'activer ou de désactiver un **Magnétisme**. Vous avez le choix dans le menu déroulant entre **Désactivé cellules** qui active le magnétisme des cellules et **Grille** qui active le magnétisme de la grille.

Figure 7.10 – Nous avons choisi collection d'images pour imprimer à des formats différents la même photo. Pour supprimer une mise en page, cliquez sur la croix dans le rond rouge.

Cellules (Collection d'images)

Ce panneau n'existe pas avec le moteur Planche contact. Vous pouvez ici créer très rapidement une nouvelle mise en page en choisissant les tailles de cellules.

Commencez par cliquer sur le bouton **Effacer la disposition** pour réaliser une nouvelle mise en page.

Sur les six boutons sont affichées des tailles de cellules avec l'unité qui a été choisie plus haut dans le panneau **Règles**, **grille** et **repères**. Si vous cliquez sur un de ces boutons, vous affichez directement sur la page une cellule de la taille choisie, et vous pouvez bien sûr sélectionner un autre bouton pour insérer une cellule d'une autre taille. Les boutons ont un menu déroulant qui permet de choisir différentes tailles ou de créer une taille en choisissant dans le menu déroulant **Modifier...**

Si vous ajoutez plus de cellules qu'une page peut en contenir, une autre page se crée automatiquement. Si vous déplacez le pointeur de la souris sur une des pages, un petit symbole rouge de suppression se crée dans le coin en haut à gauche de la page. Cliquez dessus pour supprimer une des pages. Vous pouvez également créer une nouvelle page vide en cliquant sur le bouton **Nouvelle page**.

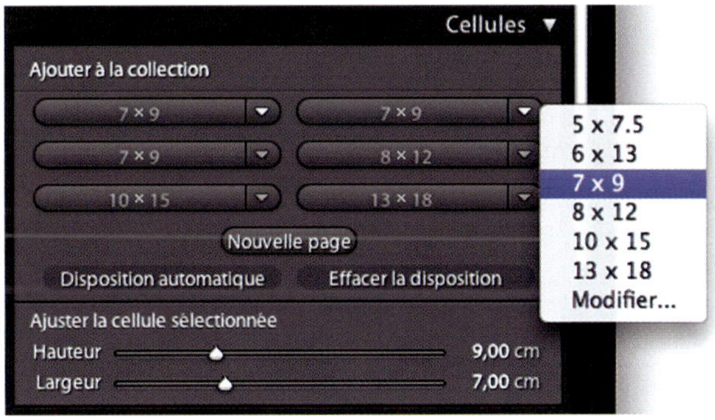

Figure 7.11 – Dans le panneau cellules, vous pouvez choisir la taille, de créer une nouvelle page et d'optimiser la mise en page.

Le bouton **Disposition automatique** permet d'optimiser la surface utilisée en repositionnant toutes les cellules. Pour supprimer une cellule sur une page, sélectionnez-la et appuyez sur la touche de votre clavier **Effacement arrière** ou faites un clic droit (**Ctrl + clic** sur Mac) et choisissez **Supprimer la cellule**. Vous pouvez également par un clic droit **Faire pivoter la cellule**.

Dans le bas du panneau, la section **Ajuster la cellule sélectionnée** permet de régler avec les curseurs la **Hauteur** et la **Largeur**. Lorsqu'une cellule est sélectionnée, des petits carrés apparaissent sur les côtés et à chaque coin. Ces petits carrés sont des poignées grâce auxquelles vous pouvez également modifier la taille de la cellule en les déplaçant avec la souris.

Incrustations (Collection d'images)

Les options sont presque toutes identiques à celles que l'on trouve avec le moteur Planche contact/ Grille (voir page 241).

Étant donné que cette mise en page est destinée à imprimer une même photo à différents exemplaires, nous pouvons imaginer qu'il sera nécessaire après l'impression de découper ces différentes images au format choisi. C'est pour cette raison que nous avons la possibilité d'imprimer des **Repères de coupe**, sous forme de **Lignes** ou sous forme de **Traits de coupe**. Vous trouverez ces options tout en bas du panneau Incrustations.

Panneau Travaux d'impression (Planche contact/grille ou Collection d'images)

Ce panneau est identique quel que soit le choix réalisé **Planche contact/grille** ou **Collection d'images** dans le panneau Moteur de disposition

Après avoir réalisé une mise en page, la seule chose réalisable avant Lightroom 2 était de l'imprimer. Si l'on voulait conserver un fichier de cette mise en page pour l'envoyer par mail ou lui apporter des modifications dans Photoshop, la seule solution toujours possible, mais un peu compliquée, était de choisir Imprimer et de l'enregistrer au format PDF.

Il est maintenant possible d'enregistrer toute la mise en page que vous avez réalisée dans un fichier JPEG. Vous trouverez cette option dans le menu déroulant de la première section **Imprimer au format** où vous choisirez **Fichier JPEG.** Les options du panneau sont alors différentes de celles que l'on trouve lorsque l'option **Imprimante** est sélectionnée.

Vous pouvez définir la résolution, choisir la netteté d'impression, définir le taux de compression, les dimensions du fichier et lui appliquer un profil ICC avec un mode de rendu. Nous allons voir chacune de ces options en indiquant si elles appartiennent à **Fichier JPEG** ou **Imprimante**.

Impression en mode brouillon (Imprimante et Fichier JPEG)

Utilisez cette option Impression en mode Brouillon si vous voulez imprimer rapidement des planches contact et des versions sans grande qualité d'une photo. Ce sont les aperçus des photos contenues dans le catalogue qui sont utilisés dans ce mode et envoyés à l'imprimante. La qualité risque donc d'être moins bonne surtout si vous n'avez pas créé un aperçu de taille 1:1.

Si vous ne l'avez pas fait auparavant, vous pouvez toujours le créer en allant dans le menu **Bibliothèque/Aperçus/Rendu des aperçus 1:1**. Dans ce mode, les réglages de netteté et de gestion des couleurs ne sont pas accessibles.

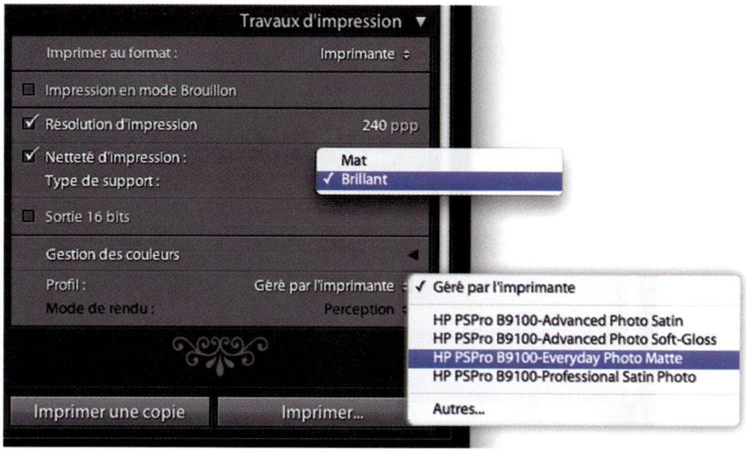

Figure 7.12 – Dans le Panneau Travaux d'impression, choisissez votre profil si vous désirez que Lightroom gère l'impression.

Résolution du fichier (ou résolution d'impression)

Ayant défini une taille de l'impression en cliquant sur le bouton Mise en page, il faut maintenant choisir à quel usage cette image est destinée pour choisir une résolution. Nous vous rappelons que ppp signifie pixels par pouce et que ce que vous choisissez ici c'est combien de pixels votre imprimante choisira pour imprimer une longueur de 1 pouce (2,54 cm).

Pour un affichage écran, vous pouvez choisir 72 ppp, pour une impression jet d'encre, une résolution de 240 ppp, pour une impression dans un labo ou, chez un imprimeur en offset, il vous sera demandé une résolution de 300 ppp.

Netteté d'impression (imprimante et fichier JPEG)

Nous avons déjà vu qu'un renforcement de la netteté appelé également accentuation des images numériques devait être réalisé (voir page 191). L'accentuation que vous réalisez ici s'additionne au réglage de la netteté que vous avez déjà réalisé dans le menu développement. Cela peut se traduire par une suraccentuation et il vaut mieux décocher ici cette option.

Si vous n'aviez pas accentué votre photo auparavant, vous avez plusieurs choix à faire qui dépendent du sujet de votre photo, de la taille de votre impression et du type de papier utilisé. Dans le menu déroulant, vous pouvez choisir **Faible** pour de petits tirages, **Standard** pour des tirages moyens, **Elevé** pour les plus grands agrandissements. L'accentuation sera plus forte si dans le menu **Type de support**, vous choisissez **Mat**. L'option **Brillant** est aussi valable pour les papiers satinés.

Cette possibilité de Netteté d'impression est présente pour l'enregistrement des fichiers JPEG et son avantage est que le bord des images qui présente un contraste avec le fond ne subira pas une accentuation. Mais il faudra bien veiller à ce que ces fichiers ne soient pas à nouveau traités pour la netteté lors d'une impression avec un autre logiciel.

Qualité JPEG (pour fchier JPEG)

La meilleure qualité sera obtenue avec le curseur réglé à 100, mais le taux de compression sera alors minimum et la taille de vos fichiers plus grande. Si la question de la taille de fichiers n'est pas importante, choisissez cette qualité.

Dimensions de fichier personnalisées (pour fichier JPEG)

Par défaut, la dimension sera celle que vous avez sélectionnée en cliquant sur le **bouton Mise en page**, mais vous pouvez encore la modifier ici, en entrant des valeurs dans les champs de hauteur et de largeur ou en glissant sur les champs numériques le pointeur de la souris transformé en index avec double flèche. Soyez attentif car un changement de dimension peut entraîner une modification de la disposition des photos.

Sortie 16 bits

Sélectionnez l'option Sortie 16 bits uniquement si vous effectuez votre impression sur une imprimante 16 bits sous Mac OS 10.5 (Leopard). Décochez cette option si ce n'est pas le cas, car vous risquez de ne pas pouvoir imprimer.

Gestion des couleurs (pour fichier JPEG)

La section **Gestion des couleurs** n'est pas la même si vous choisissez dans la section Imprimer au format l'option **Fichier JPEG** ou **Imprimante**. Nous allons commencer par les options qu'affiche **Fichier JPEG**.

La gestion des couleurs et les espaces colorimétriques

Étant donné qu'un appareil photo numérique est capable d'enregistrer un plus grand nombre de nuances de couleur que votre écran ne peut en reproduire et qu'un écran peut reproduire un plus grand nombre de couleurs que votre imprimante, il va falloir gérer ces différences afin que l'impression soit la plus conforme à nos attentes.

Ce qu'on appelle un espace colorimétrique correspond à l'ensemble des couleurs que celui-ci peut représenter. Lightroom travaille dans un espace colorimétrique très large appelé Melissa afin d'être capable de représenter tout ce qu'a pu capter votre appareil photo numérique.

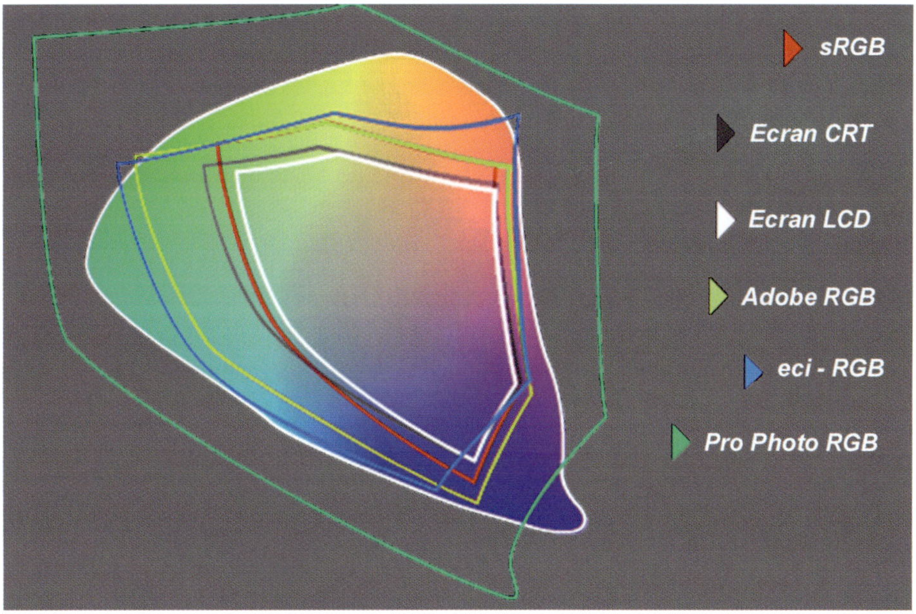

Figure 7.13 – Comparaison de différents espaces colorimétriques avec des espaces moyens couverts par des écrans RVB.

Vous pouvez choisir ici avec quel profil colorimétrique vous allez enregistrer votre fichier JPEG et en conséquence, dans quel espace colorimétrique vous allez le convertir. Pour choisir le Profil cliquez sur la double flèche du menu déroulant et choisissez l'un de ces trois espaces colorimétriques :

- ✓ **sRVB** est un espace colorimétrique proche des possibilités d'affichage de la majeure partie des écrans. Utilisez ce profil si votre mise en page est destinée à être vue sur un écran. La gamme des couleurs est réduite à l'impression.
- ✓ **Adobe RVB** est un espace colorimétrique plus large que sRVB, qui englobe la totalité des couleurs de la plupart des imprimantes, et bien sûr celle des écrans. En choisissant ce profil, vous éviterez de supprimer à l'impression des couleurs que votre appareil photo a pu enregistrer.
- ✓ **ProPhoto RVB** est un espace colorimétrique très large qui englobe la totalité des couleurs enregistrables par votre appareil photo numérique. Si on choisit cette espace, on est sûr de sauvegarder tout ce que votre appareil photo a pu enregistrer. C'est donc un excellent format de sauvegarde, car il préserve un maximum de couleurs, mais il est considéré comme trop large pour pouvoir être utilisé avec des écrans qui ont un espace colorimétrique beaucoup plus étroit. Il est de toute façon déconseillé de l'utiliser avec un format JPEG qui ne supporte pas une profondeur de couleur de 16 bits.

Quand on doit représenter une photo avec moins de couleurs qu'elle n'a été enregistrée, il va falloir faire en sorte que le rendu soit le plus harmonieux possible. Nous devons donc choisir avec quel mode de rendu nous allons convertir les couleurs affichées par Lightroom dans l'espace colorimétrique Melissa qui est très grand dans un espace d'impression qui sera forcément plus petit.

Pour choisir le **Mode de rendu** cliquez sur la double flèche du menu déroulant et choisissez l'un de ces deux modes :

- ✓ **Perception** conserve les différences visuelles entre les couleurs. Ce mode fait rentrer les couleurs hors espace de destination dans celui-ci, tout en déplaçant les autres couleurs de façon proportionnelle. Les dégradés ne sont donc pas écrasés, mais on peut observer une désaturation de l'image si celle-ci possède beaucoup de couleurs très saturées situées hors de l'espace de destination.
- ✓ **Relatif** qui remplace les couleurs les plus saturées « non imprimables » par une couleur située à la limite de l'espace de destination. Des couleurs différentes situées hors de l'espace de destination prendront la même valeur. Ce mode est à utiliser s'il y a très peu de couleurs hors de l'espace de destination, afin de ne pas désaturer inutilement toutes les couleurs.

Par conséquent, il est difficile de conseiller un mode de rendu plutôt qu'un autre. Le choix d'un mode de rendu dépend beaucoup des capacités de son imprimante, du choix du papier et du sujet de la prise de vue. Il est parfois nécessaire de faire un essai avec l'un et l'autre.

Gestion des couleurs (pour imprimante)

Si vous choisissez dans la section Imprimer au format l'option **Imprimante**, vous avez deux possibilités : laisser Lightroom gérer la couleur ou laisser le pilote de l'imprimante le faire.

Choisissez de laisser Lightroom gérer la couleur si vous utilisez des profils colorimétriques personnalisés que vous avez créés pour votre imprimante, ses encres et pour chaque type de papier.

Si vous choisissez d'utiliser Lightroom avec l'utilisation de profils génériques, les résultats seront à peu près identiques que si vous choisissez de laisser l'imprimante gérer les couleurs.

Cela dépend évidemment de la qualité du pilote de l'imprimante. Mais c'est ce que nous avons constaté ici avec l'utilisation d'une imprimante HP Photosmart Pro B9180.

- ✓ Nous allons commencer par voir la solution où vous confiez la gestion des couleurs au logiciel de votre imprimante. Dans le menu déroulant **Profil**, choisissez **Géré par l'imprimante.** Pour sélectionner les options de gestion des couleurs de votre imprimante, vous pouvez cliquer directement sur le bouton **Imprimer**. Si vous cliquez sur le bouton **Paramètres d'impression** en bas des panneaux de gauche, vous ouvrez la même fenêtre et vous pouvez enregistrer ces options. Selon votre imprimante, cherchez le réglage de gestion des couleurs et activez-le. Dans notre cas, le réglage est dans **Concordance des couleurs** et la gestion des couleurs est automatiquement activée. Puis, dans le menu **Type/Qualité du papier**, nous avons déterminé le type de papier, la qualité d'impression, et choisi d'utiliser la correspondance des couleurs HP.

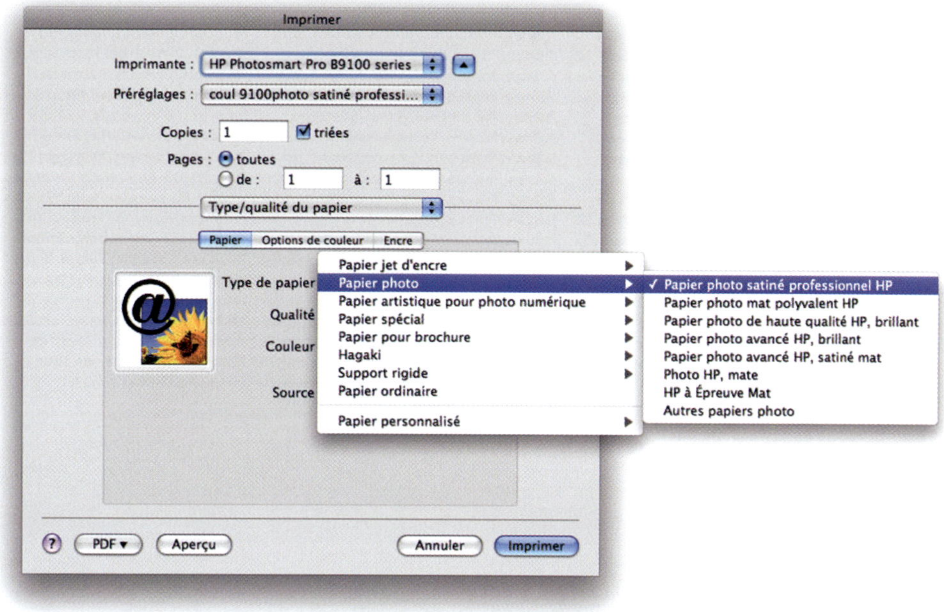

Figure 7.14 – Si vous laissez gérer l'impression par votre imprimante vous devrez choisir les options dans le pilote. Ici une imprimante HP Photosmart Pro 9100.

✓ Pour confier la gestion des couleurs à Lightroom, il faut avoir installé des profils à utiliser pour cette imprimante, que vous êtes allé chercher sur le site de la marque de votre imprimante. Aller dans le menu **Profil** et cliquez sur le menu **Autres...** Choisissez le profil qui convient pour votre imprimante et pour le papier utilisé. Vous retrouvez maintenant ce profil dans la liste du menu **Profil**. Vous devez choisir le **Mode de rendu** comme nous l'avons vu un peu plus haut entre **Perception** ou **Relative**. Cliquez sur le bouton **Imprimer...** et la boîte de dialogue dépendant du pilote d'impression de votre imprimante s'ouvre. Vous pouvez choisir l'imprimante, le nombre de copies, etc. Vous devez désactiver la gestion des couleurs par votre imprimante, si ce n'est pas automatiquement réalisé. Il faut choisir le type de papier utilisé, la résolution de l'impression, puis cliquer sur **Imprimer**.

Le bouton **Imprimer une copie** qui se trouve en bas du panneau permet de réimprimer la même photo avec les mêmes réglages.

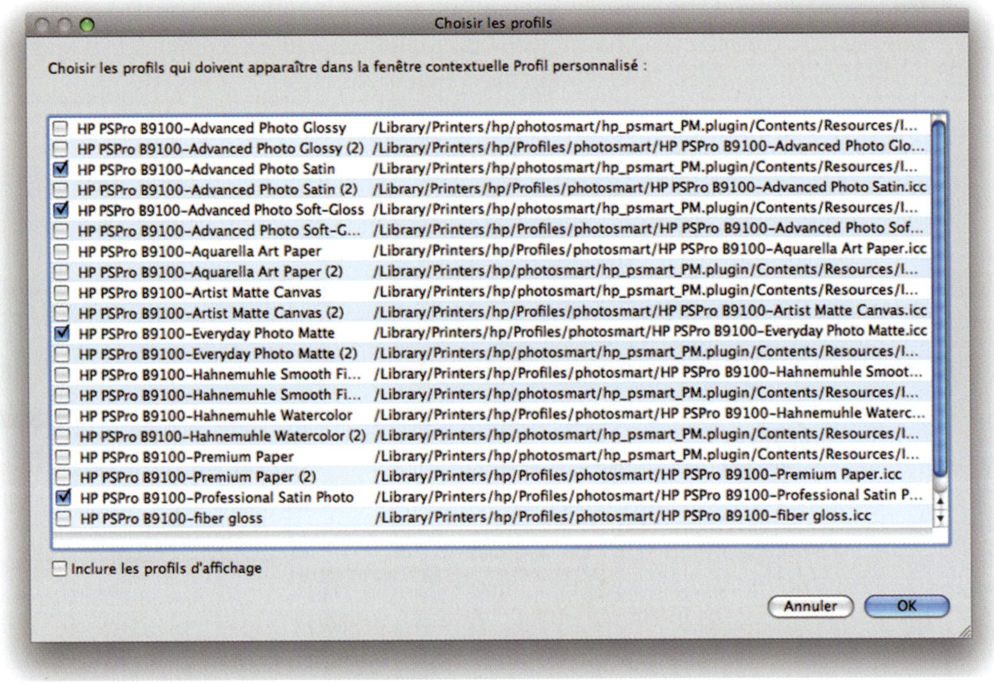

Figure 7.15 – Après avoir cliqué sur Autres, choisissez les profils qui doivent apparaître dans la fenêtre contextuelle Profil personnalisé. Ici tous les profils que nous avons pu charger pour une imprimante HP.

●●● La barre d'outils et le panneau central

La barre d'outil d'impression est assez basique.

Outils Avant/Après

La barre d'outils possède deux flèches qui, nous l'avons déjà vu, permettent de passer d'une page à l'autre, ou d'une photo à l'autre lorsque plusieurs sont sélectionnées.

Le carré se trouvant à gauche des flèches permet d'un clic de revenir à la première page.

Au lieu d'utiliser les flèches, vous pouvez également passer par le menu **Impression** et utiliser les fonctions suivantes : **Atteindre la première page**, **Atteindre la page précédente**, **Atteindre la page suivante**, **Atteindre la dernière page**.

À droite se trouve un titre indiquant le nombre de pages prêtes pour l'impression, Page **X sur Y**. En cliquant une fois dans cette zone, une boîte de dialogue s'ouvre et vous demande quelle page vous souhaitez atteindre. Entrez un numéro de page et cliquez sur **OK**.

Le panneau central affiche alors la page demandée. En déplaçant le pointeur de la souris sur cette zone, la flèche prend la forme d'un index avec une double flèche. En maintenant le clic sur la souris et en la déplaçant de gauche à droite, vous pouvez faire défiler les pages très rapidement.

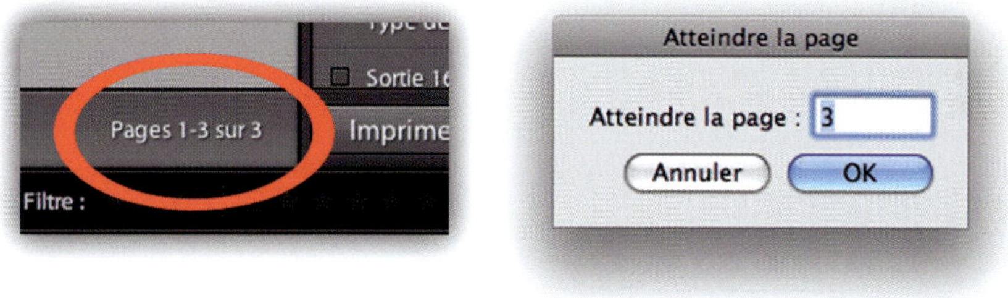

Figure 7.16 – Si vous avez plusieurs pages à imprimer vous pouvez cliquer en bas de la fenêtre à droite pour atteindre la page de votre choix.

Panneau central

Au centre de l'interface, vous disposez d'un aperçu de grande taille qui affiche en temps réel toutes les options que vous choisissez dans le panneau droit.

En haut à gauche de la page se trouvent des informations : le nombre de pages sur X pages, le type de papier sélectionné et le nom de l'imprimante. Ces informations peuvent être masquées par le menu **Affichage/Afficher l'incrustation d'informations**.

Au centre, vous disposez également d'un menu contextuel pour régler des options. Nous avons vu en introduction à ce module que ce même menu est disponible dans le panneau **Aperçu**. Il aura le même effet dans les deux zones.

Faites un clic droit (**Ctrl + clic** sur Mac) sur une photo dans le centre ou dans l'aperçu. Les fonctions disponibles ici sont les mêmes que dans les modules **Bibliothèque** et **Développement**. Nous vous renvoyons au chapitre **Bibliothèque** où ce menu est détaillé.

Les paramètres que vous venez de régler dans l'ensemble de ce module peuvent être enregistrés en passant par le menu **Impression/Enregistrer les paramètres du module Impression**. Juste en dessous dans ce menu, vous pouvez revenir aux réglages précédents en choisissant **Récupérer les modifications précédentes du module Impression**.

Annexes

Webographie

Si vous souhaitez en savoir encore plus sur Lightroom, voici quelques adresses Web que nous vous conseillons.

Sites en français

- **www.utiliser-lightroom.fr** : un site riche de bons conseils et mis à jour régulièrement, animé par Gilles Théophile, photographe free-lance entre autres activités.
- **http://peccatte.karefil.com/Software/Metadata.htm#Meta** : le site de Patrick Peccate, spécialiste des métadonnées, donne toutes les informations possibles sur la question.
- **http://blog.tuquoque.com/category/metadonnees** : le blog du même Patrick Peccate sur le même sujet.
- **http://fotopassion.fr/creer-index-galerie-lightroom/** : un site qui propose de créer un index pour les galeries réalisées avec Lightroom.
- **www.volkergilbertphoto.com** : Volker Gilbert anime un site qui traite de la photo en général de façon très professionnelle.
- **www.adobe.com/fr/products/photoshoplightroom/resources.html** : une page du site d'Adobe qui vous présente en français une série de ressources sur Lightroom, qui sont elles pour la plupart en anglais.

- **www.lemondedelaphoto.com/-Labo,2-.html** : un site avec de nombreux conseils pour réaliser, optimiser et diffuser ses photos avec des articles réalisés par le même Gilles Théophile.
- **http://advancedphotoshop.fr/index.php/?Photoshop-lightroom** : le site en français de « Advanced Photoshop », magazine dédié au monde de l'image, vous propose des tutoriels.
- **www.wisibility.com** : un blog français qui réalise des tutoriels vidéos et donne des news sur le graphisme.

Sites en anglais

- **www.adobe.com/support/photoshoplightroom/** : le site d'Adobe en anglais qui propose tutoriels et video.
- **www.lightroomkillertips.com** : un blog dédié à Lightroom avec des astuces et des vidéos.
- **www.lightroomtools.com** : un site qui contient des tutoriels, des tests et des news.
- **http://www.photoshopuser.com/lightroom2** : la NAPP (National Association of Photoshop Professionals) propose conseils et astuces.
- **http://blogs.oreilly.com/lightroom/** : un blog plein de conseils sur l'utilisation de certaines options de Lightroom.
- **http://theturninggate.net/lightroom/** : un site qui propose de nombreux modèles de galeries Web, utilisables avec Lightroom.
- **http://slideshowpro.net/products/slideshowpro/slideshowpro_for_lightroom** : des modèles de diaporama, utilisables avec Lightroom.
- **http://www.lightroomgalleries.com/template-manuals/** : un site qui présente des modèles de galeries Web pour Lightroom, et propose le téléchargement d'un mode d'emploi.

Raccourcis clavier

Nous n'avons pas reproduit ici tous les raccourcis clavier que vous pourrez retrouver dans l'aide Lightroom à l'adresse suivante :
http://help.adobe.com/fr_FR/Lightroom/2.0/WS18e2013dd74eab5fe275e2711d1b186fe9-7fff.html

Nous avons simplement sélectionné celles que nous avons jugé les plus utiles et que nous vous recommandons d'apprendre pour optimiser votre travail. Lorsque les raccourcis sont différents pour Windows ou Mac OS, nous avons utilisé une barre oblique inversée (Windows\Mac OS).

Utilisation des panneaux	
Afficher/Masquer les panneaux latéraux	Tab
Afficher/Masquer tous les panneaux	Maj+Tab
Afficher/Masquer la barre d'outils	T
Activer/Désactiver le mode Solo	Maj\Alt-clic sur un panneau
Ouvrir/Fermer tous les panneaux	Ctrl\Cmd-clic sur un panneau
Changement du mode d'affichage	
Activer le mode Loupe Bibliothèque	E
Activer le mode Grille Bibliothèque	G
Activer le mode Comparaison Bibliothèque	C
Ouvrir la photo sélectionnée dans module Développement	D
Parcourir les modes Eclairage de fond	L
Afficher/Masquer tous les panneaux	Maj+Tab
Activer/Désactiver le mode Eclairage réduit	Ctrl\Cmd + Maj + L
Parcourir les modes d'affichage	F
Alterner entre l'affichage Normal et Plein écran en masquant les panneaux	Ctrl\Cmd + Maj + F
Utilisation d'une seconde fenêtre	
Ouvrir la fenêtre secondaire	F11 \Cmd + F11
Les raccourcis liés à l'utilisation d'une seconde fenêtre sont identiques à ceux du module Bibliothèque, avec la touche Maj en plus. Exemple : Activer le mode Grille (Maj+G).	
Gestion des photos et des catalogues	
Ouvrir la fenêtre secondaire	F11 \Cmd + F11
Créer une copie virtuelle (dans modules Bibliothèque et Développement)	Ctrl\Cmd + apostrophe
Afficher dans l'Explorateur ou le Finder (dans modules Bibliothèque et Développement)	Ctrl\Cmd + R
Accéder à la photo suivante/précédente dans le film fixe	Flèche droite/Flèche gauche
Supprimer les photos sélectionnées	Supprimer
Supprimer les photos rejetées	Ctrl + Retour arrière\ Cmd + Suppression
Modifier dans Photoshop	Ctrl\Cmd + E
Exporter les photos sélectionnées	Ctrl\Cmd + Maj + E
Comparaison de photos dans le module Bibliothèque	
Passer en mode Ensemble	N
Alterner entre Loupe et Zoom	Barre d'espace ou Z
Intervertir les photos sélectionnées et candidates en mode Comparaison	Flèche Bas
Zoom avant / Zoom arrière en mode Loupe	Ctrl + = / Ctrl + - \ Cmd + = / Cmd + -

Faire défiler vers le haut ou le bas la photo agrandie en mode Loupe (fonctionne également dans les modules Développement et Web), sur un clavier pleine taille.	Page précédente/suivante
Faire défiler vers le haut ou le bas la photo agrandie en mode Loupe (fonctionne également dans les modules Développement et Web), sur un clavier de portable	Fn + Flèche Bas/ Fn + Flèche Haut
Augmenter/Réduire la taille des vignettes en mode Grille	+ / -
Faire défiler les vignettes vers le haut ou le bas en mode Grille, sur un clavier pleine taille	Page précédente/suivante
Afficher/Masquer les extras de cellule	Ctrl\Cmd + Maj + H
Afficher/Masquer les badges	Ctrl\Cmd + Maj + Alt+ H
Parcourir les modes Grille	J
Ouvrir les options d'affichage de la bibliothèque	Ctrl\Cmd + J
Sélectionner toutes les photos	Ctrl\Cmd + A
Désélectionner toutes les photos	Ctrl\Cmd + D
Associer dans une pile	Ctrl\Cmd + G
Désempiler	Ctrl\Cmd + Maj + G
Réduire / Développer une pile	S
Attribution de notes et de filtrage de photos	
Marquer une photo comme sélectionnée	P
Marquer une photo comme rejetée	X
Marquer une photo comme neutre	U
Afficher/Masquer la barre Filtre de Bibliothèque	$
Ouvrir plusieurs filtres dans la barre Filtre	Maj-clic sur les libellés de filtre
Activer/Désactiver les filtres	Ctrl/Cmd + L
Activer le filtre Texte	Ctrl/Cmd + F
Ajouter à la collection rapide	B
Utilisation du module Développement	
Réinitialiser un curseur	Deux clics sur le nom du curseur
Réinitialiser un groupe de curseurs	Clic sur le nom du groupe en maintenant la touche Alt enfoncée
Sélectionner l'outil de recadrage (dans tous les modules)	R
Réinitialiser le recadrage	Ctrl/Cmd + Alt + R
Augmenter/Réduire la taille du pinceau	; (point-virgule) / , (virgule)
Augmenter/Réduire le contour progressif du pinceau	Maj + ; (point-virgule) / Maj + , (virgule)
Afficher/Masquer le bouton de réglage local	H
Parcourir les couleurs d'incrustation des masques de réglage local	Maj + O

Index

F

G

H

I

S

T

V

X

Y

Z

52224 - (I) - (2) - CSB90° - ARC-VCT - Dépôt légal : févier 2009
Imprimé en France par I.M.E. - 25110 Baume-les-Dames